全国翻译专业系列规划教材

笔译技巧与实践

A Concise Course of Translation Skills and Practice

主编　郑意长　韩子钰

对外经济贸易大学出版社
中国·北京

图书在版编目（CIP）数据

笔译技巧与实践／郑意长，韩子钰主编．—北京：对外经济贸易大学出版社，2014
全国翻译专业系列规划教材
ISBN 978-7-5663-1036-1

Ⅰ．①笔… Ⅱ．①郑… ②韩… Ⅲ．①英语-翻译-资格考试-教材 Ⅳ．①H315.9

中国版本图书馆 CIP 数据核字（2014）第 101922 号

笔译技巧与实践

A Concise Course of Translation Skills and Practice

郑意长 韩子钰 **主编**

责任编辑：李 丽 张 顺

对外经济贸易大学出版社
北京市朝阳区惠新东街 10 号 邮政编码：100029
邮购电话：010-64492338 发行部电话：010-64492342
网址：http://www.uibep.com E-mail：uibep@126.com

山东省沂南县汇丰印刷有限公司印装 新华书店北京发行所发行
成品尺寸：185mm×260mm 15 印张 346 千字
2014 年 6 月北京第 1 版 2014 年 6 月第 1 次印刷

ISBN 978-7-5663-1036-1
印数：0 001-3 000 册 定价：27.00 元

出版说明

"全国翻译专业系列规划教材"是对外经济贸易大学出版社联合全国重点高等院校的骨干教师推出的一套面向翻译专业学生、涵盖不同模块的立体化教材。

全国翻译硕士专业学位（MTI）的目标是培养德、智、体全面发展，能适应全球经济一体化及提高国家国际竞争力的需要，适应国家经济、文化、社会建设需要的，具有熟练翻译技能和宽广知识面的能够胜任不同专业领域所需要的高层次、应用型、专业型口笔译人才。高层次、应用型、专业型口笔译人才的培养是MTI教育的宗旨，也是开发这套教材所遵循的原则。

教材以职业翻译技能训练为核心，以适当的应用型翻译理论为指导，配合不同学科领域的专题训练，旨在完善学生翻译学科知识结构，提高学生口、笔译实践能力，培养应用型、实践型、专业型高级翻译人才。本套教材由笔译、口译、理论、百科知识四个模块组成：

一、口译模块

口译技巧与实践
交替传译
同声传译
视译
法庭口译
外交口译
传媒口译
口译研究

二、笔译模块

笔译技巧与实践
文学翻译
经贸翻译
法律翻译
科技翻译
传媒翻译
中国典籍英译
英汉翻译实务
汉英翻译实务
计算机辅助翻译
商务汉英翻译
商务英汉翻译

三、理论模块

中国翻译简史
西方翻译简史
中国翻译理论概述
西方翻译理论概述

四、百科知识模块

英汉对比研究　　　　　　　　文体与翻译

翻译与跨文化交际　　　　　　中西文明

本套教材的编者不仅具备MTI教学经验，还拥有极其丰富的口、笔译实践经验，教材中将融入他们多年来累积下来的口、笔译专业训练方法和珍贵的实践素材。编者们集教学经验和专业背景于一身，这是本套教材编撰质量的有力保证。

本套教材配有PPT课件等教辅资源，供教师教学参考。

对外经济贸易大学出版社

2013年10月

前 言

改革开放以来，我国的翻译事业获得了令人瞩目的发展。今天的翻译事业，无论在规模、形式还是在内容、质量上，以及对中国各领域发展的贡献上都是史无前例的。为适应我国社会主义现代化建设事业发展的新的、更深层次的需要，各高等院校在本科和研究生阶段如火如荼得开展着翻译专业教育。翻译人才的专业化教育需要专门化的翻译教程，因此针对翻译专业学生的教学大纲、培养目标及学习特点，我们编写了本教材以供翻译专业本科生、研究生及具有同等水平的翻译自学者使用。

一、编写原则

本教材编写原则是：精讲技巧、贴近实际、突出实践。首先，当代的翻译研究已成为一门显学，各种翻译技巧及理论层出不穷。在汗牛充栋的翻译技巧与理论中，我们千挑万选，撷取对翻译专业学生最合适、最适用的内容，尽量做到技巧与实践的自然融合；其次，翻译专业的学生毕业后大多进入翻译工作的第一线，因此教材必须要贴近实际，全部的语言材料和内容安排要比较鲜活，体现鲜明的时代感，以便学生举一反三，日后改进翻译操作、提高翻译质量；再次，翻译实践工作者，首要之事当属反复的磨练与积累。因此，本教材提供了丰富的翻译实例及大量的单元练习，自始至终都注重突出实践。

二、特点概述

本教材技巧、理论与实践相结合，内容详实，具有以下特点：

1. 在教材编写体系方面，以传统翻译教材体系为基础，兼顾语篇翻译法，适当引入当代翻译流派的某些学术研究成果，这有助于翻译学习者开阔理论视野，提高对翻译本质、翻译技巧及翻译理论的认知，为进一步学习和研究打好基础。

2. 每个单元都明确列出“教学目标”，并配有丰富的练习环节，具有“精讲多练、重点突出、由浅入深、循序渐进”的特点。

3. 注重英汉比较与分析。英汉的对比与分析能力是笔译者的基本理论素养，也是翻译专业大纲的基本要求。编者采用自身及其他翻译理论和实践领域专家的多年研究成果，在编写过程中以英汉对比为本体视角，从阐释、译例到练习等各方面均予以充分重视。

4. 重视词语、固定表达式、句子及语篇等各个层次的综合讲解与训练，使学生对英汉两种语言的本质属性与内在结构有系统的认知，并通过逐层推进的练习设计使学生最终掌握英汉双语在各个语言层次的转换能力。

5. 各类应用型语篇翻译及古汉语文化语料翻译等实战型内容是本教材的另一大特点。这有助于激发学生对翻译问题的兴趣，引发他们对翻译实战素养的各种思索与联想。

三、内容概述

本教材分“汉译英”和“英译汉”上下两篇，每个单元均配有相应的练习，并另附答案。其中，上篇“汉译英”部分共计五个单元：第一单元“词语的翻译”、第二单元“固定表达式的翻译”、第三单元“句子的翻译”、第四单元“语篇的翻译”及第五单元“古汉语文化语料的翻译”；下篇“英译汉”部分共计四个单元：第一单元“英译汉的语言视角”、第二单元“词语的翻译”、第三单元“句子的翻译”及第四单元“语篇的翻译”。

上篇“汉译英”部分由郑意长副教授编写，下篇“英译汉”部分由韩子钰副教授编写。

在本教材的编写过程中，我们得到了出版社和所在学校各级领导和老师的大力支持，在此特致以衷心的感谢。限于编写时间及编写者能力，书中不足之处在所难免，望广大读者不吝赐教，我们会在未来的学习研究中，不断修改提高。

郑意长，韩子钰

2013 年 3 月于天津

目　录

上篇　汉 译 英

下篇　英 译 汉

上篇

汉译英

第一单元

词语的翻译

教学目标

本单元首先从词语的增加、删减和转换三方面使学生掌握词语汉英翻译的基本技巧，而后从颜色词、动植物词、数字词、委婉语和叠词等方面提高学生词语翻译的实战能力，使学生能从语言、文化、社会生活等多角度系统地掌握词语的汉英翻译。

第一节 词语的增加

一、增词的基本技巧

根据译入语的语法结构、表达习惯、语义连贯和修辞的需要，增加一些原文中虽无其词却有其意的一些词语，从而更忠实通顺地表达原文的思想内容。这样，原文中的表层与深层信息都可最大程度地翻译出来，使译语读者得到与原语读者大致相同的阅读感受。

增词的基本技巧大体可分为两个方面：出于语法结构需要的增词和出于语义或修辞需要的增词。

（一）出于语法结构需要的增词

1. 增补代词

代词的增补主要表现在以下几个方面：首先，汉语中无主语的句子较为常见，而英语则不同，因此译者须因地制宜地增补代词充当主语；其次，在英语中凡提及人的器官或归其所有、与其相关的事物时，常常在前面添加物主代词，而此类代词在汉语中则使用较少；再次，只要不影响句意的理解，汉语句子中作宾语的代词往往可省略。而英语则不然，及物动词必带宾语。

（1）凭舟望去，远处是黛色群山和五彩斑斓的田野。

Leaning against the boat, *you* can see dark green mountains and gorgeous fields in the far distance.

（2）接到你的来信，非常高兴。

I was very happy to have received your letter.

（3）工人们天天带午饭到厂里去吃。

The workers take *their* lunches to the factory every day.

（4）她用手蒙住脸，好像是为了保护眼睛。

She covered *her* face with *her* hands, as if to protect *her* eyes.

（5）把这些文章读完以后，用你自己的话讲一遍。

After *you* have read these texts, tell *them* in your own words.

（6）请原谅，打断你一下。

Excuse *me* for interrupting you.

（7）他喜欢指出别人的缺点，但无恶意。

He likes to point out other people's shortcomings, but *he* means well.

（8）这个小姑娘经常饭前洗手，然后用毛巾擦干。

This little girl always washes *her* hands before meals and then dries *them* with the towel.

2. 增补连词

汉语中的词、词组、句子之间的关系往往通过上下文及语序来表示，较少用连词。英语则通常需要用连词来表明各语言单位之间的逻辑关系。因此在汉译英时，需要增补连词的情况会很多，有时是并列连词，有时是从属连词。

（1）虚心使人进步，骄傲使人落后。

Modesty helps one go forward, *whereas* conceit makes one lag behind.

（2）姐姐在等我，我得走了。

My sister is expecting me, *so* I must be off now.

（3）男女老少都参加了战斗。

Men *and* women, old *and* young, all joined in the battle.

（4）你不来我不走。

I shall not go *until* you come.

（5）留得青山在，不怕没柴烧。

So long as green hills remain, there will never be a shortage of firewood.

3. 增补介词

介词是英语中最活跃的功能词之一，英语句子大多都离不了介词。汉语中不需用介词的地方，在英语中却常用介词。因此在汉译英时，增补介词乃属题中之意。

（1）我们应当逐步消除城乡差距。

We should gradually eliminate the differences *between* town and country.

（2）你是白天上班还是夜晚上班？

Do you work *in* the daytime or *at* night?

（3）这些桃子你们四个人分。

Divide these peaches *among* the four of you.

4. 增补冠词

由于汉语无冠词，所以汉译英时往往需要增补必要的冠词。

（1）耳听音，鼻嗅味，舌尝味。

The ear is the organ which is used for hearing. *The* nose is for smelling and *the* tongue for tasting.

（2）我们对问题要作全面的分析，才能妥善解决。

We must make *a* comprehensive analysis of *a* problem before solving it properly.

（3）马跑得比驴快。

The horse runs faster than *the* donkey.

（二）出于语义或修辞需要的增词

1. 增加原文中暗含但在译入语中必须明说的语义。

（1）大家都知道战场是艰苦的。

Everyone knows that *the life* on the battlefield was rather hard.

（2）十二年的延安时光，他已适应了当地的风土和季节。

In the twelve years in Yan'an he had fitted himself to the land and *the rhythm* of its seasons.

（3）没有调查研究就没有发言权。

He who makes no investigation and study has no right to speak.

2. 汉语里有时不用表明事物属性的概括性词语、范畴性词语，但译成英语时却往往需要将其增补进去。

（1）要提倡顾全大局。

We should advocate *the spirit* of taking the whole situation into consideration.

（2）对凭借行业垄断和某些特殊条件获得个人额外收入的必须纠正。（《十五大报告》）

We must correct the *malpractice* of individuals obtaining extra incomes by taking advantage of sectoral monopoly and some special privileges.（《中国日报》）

（3）结婚大摆酒席，实在可以省去了。

The *bad practice* of giving lavish feasts at weddings can well be dispensed with.

二、文化差异与增词

英汉两种语言均为世界上词汇非常丰富的语言，但由于文化的巨大差异，英语和汉语两种语言之间出现了词义空缺的现象。这里的"词义空缺"是指："由于社会文化的差异，汉语中有些词义在英语中不存在，反之亦然，翻译时需要用补偿法填补空缺"（陈宏薇，1996：47）。而所谓补偿法，就是在翻译中根据词语在特定语境中的实际意义，用译入语进行解释性的增词翻译。

（一）典故、谚语

关于典故和谚语的英译，本书将在下一单元详述，在此仅举几例：

1. 班门弄斧

Show off one's proficiency with the axe before Lu Ban，*the master carpenter.*

2. 三个臭皮匠，顶个诸葛亮。

The wit of three cobblers combined surpasses that of Zhuge Liang, *the master mind*.

3. 这小两口并不相配，一个是西施，一个是张飞。

This young couple is not well-matched. One is a Xishi, *a famous Chinese beauty*, while the other is a Zhang Fei, *a well-known bad-tempered brute*.

4. 心较比干多一窍，病如西子胜三分。(《红楼梦》第三回)

She looks more sensitive than Bigan, more delicate than Xishi.

Notes: *Bigan is a prince noted for his great intelligence at the end of Shang Dynasty. Xishi is a famous beauty of an ancient kingdom of Yue.*（杨宪益，戴乃迭译）

上例为《红楼梦》中第三回描写林黛玉的句子。众所周知，比干幼时聪慧，勤奋好学，二十岁时就身居高位，民间有传说比干非常聪明，心有七窍。西子即西施，与王昭君、貂蝉、杨贵妃一起被称为中国古代四大美女。其中西施居首，有沉鱼落雁之美，病西施楚楚动人，尤惹人怜爱。但这些文化背景知识对于英语读者较为陌生，因此译者以加注的形式进行了补偿。

（二）政治文化词语

1. 坚持四项基本原则的核心，就是坚持党的领导。

The core of the Four Cardinal Principles (keeping to the socialist road, upholding the people's democratic dictatorship, leadership of the Communist Party and Marxism—Leninism and Mao Zedong Thought) is to uphold leadership by the Party.

"四项基本原则"：必须坚持社会主义道路；必须坚持无产阶级专政（即人民民主专政）；必须坚持中国共产党的领导；必须坚持马列主义、毛泽东思想。这对于不熟悉中国国情的英语读者来说会感到陌生，译文有必要进行增补说明。

2. "三个代表"重要思想是对马克思主义的新贡献。

Three Represents is the new contribution made to Marxism. (*Three Represents: represent the development trend of China's advanced productive forces; represent the orientation of China's advanced culture; represent the fundamental interests of the overwhelming majority of the Chinese people.*)

3. "三讲教育"已经取得了丰硕成果。

Three Emphases Education (*to stress theoretical study, political awareness and good conduct*) has achieved abundant accomplishments.

（三）社会生活文化词语

1. 为此我拼命工作，连春节也不例外。

So I worked like mad, even during the Spring Festival *when everybody else was enjoying the vacation.*

中国的春节犹如西方的圣诞节，人们合家团聚，共享天伦之乐。但译文读者并不一定了解这一社会生活文化语境，所以译文必须将"别人此时都在尽情欢享假期"这一暗含意义明示出来，才能与前面的"拼命干活"形成对比。

2. 钱先生周岁时"抓周"抓了一本书，因此得名"钟书"。(舒展文：《钱钟书与杨绛》)

When Qian was just one year old, he was asked by his parents to *choose one thing among others, and he picked up a book of all things*. Thereupon his father very gladly gave him the name: Zhongshu (*book lover*).（陈宏薇，1996：49）

“抓周”是一个中国传统生活习俗文化的词语，在英文中无对等词条。因此，根据原文的语言语境和文化语境，我们只能补偿性、解释性翻译。另外，对于“钟书”这样一个人名，通过加括号增译向英语读者进行解释。

3. 我属鸡。我从来不吃鸡。鸡年是我的本命年。

I was born in the Year of Rooster. I never eat chicken. The Year of Rooster *will bring me good luck or bad luck*.

在西方生活中没有“本命年”这一概念，所以“鸡年是我的本命年”的翻译只能进行适当解释性增译，以使英语读者理解其文化内涵。

（四）历史文化词语

1. 当下两人把牛浦扯着，扯到县门口。知县才发二梆，不曾坐堂。（《儒林外史》）

His uncles dragged him to the yamen gate. Only the second strike of clappers was heard, and the magistrate had not entered the court yet.

Note: *According to Chinese feudal judicial system, only after three strikes of wooden clappers, can the local official enter the court.*

“发二梆”是典型的历史文化词语，是中国古代司法审案特有的文化现象，译者通过加注进行了增译。

2. 王仁道：“老大而今越发离奇了，我们至亲，一年中也要请他几次，却从不曾见他家一杯酒。想起还是前年出贡竖旗杆，在他家扰过一席。”（《儒林外史》）

“He’s been growing more and more peculiar,” said Wang Ren. “Since we are related, we invite him to several feasts each year, but he never offers us so much as a cup of wine. It was only the year before last, when he became a senior licentiate and put up a flagstaff, that he invited me to a feast.”

Footnote: *When a man passed an examination, he could set up a flagstaff before his ancestral temple; thus the whole clan shared his glory*.（杨宪益，戴乃迭译）

“竖旗杆”是中国漫长科考史所特有的历史文化现象，科举成功者可在门前“竖旗杆”以光宗耀祖，因此“竖旗杆”同样需加注增译。

（五）地理文化词语

1. 1864 年，他在前门开了一家烤鸭店，取名“全聚德”。现在，它已成了北京最有名的餐馆之一。

In 1864, he opened a roast duck restaurant outside in the Qianmen Gate, *a very busy downtown section in Beijing today*, and named it “Quanjude”, which is now among the most famous restaurants in the capital.

“前门”在汉语中有特殊的地理文化含义，因此必须进行增译，以凸显“全聚德”之悠久历史。

2. 眼前的景色使他想起了马致远的“古道西风瘦马”。

The scenery reminded him of Ma Zhiyuan’s much quoted line, “On ancient road in western breeze a lean horse goes."

Note: *The west wind here refers to the chilly wind in autumn.*

中英两国地理位置的差异，直接造成气候的不同，而气候的差异，势必导致同一地理词汇的文化联想意义大相径庭。给英伦三岛送去春风的是西风，而非汉语中的东风。当西风吹起，英国正是春回大地、万物复苏的季节。因此，在英国人的心目中，西风是轻柔的、温暖的、生机勃勃的，故此有雪莱的名诗《西风颂》。显然，在翻译"西风"一词时，增注是在所难免的。

3. 一听说去麦城，迷信的他坚决不去。

At the news of going to Maicheng (*Guan Yu, God of War, failed there*), he who is superstitious is quite against.

"关羽走麦城"的故事在中国家喻户晓，但麦城对大部分英语读者来说仅仅是一个地名，增译是必需的。

三、语境与增词

到目前为止，国内外学者对语境的性质、分类、构成因素等问题众说纷纭，莫衷一是，但语境与词语翻译的密切关系是不容置疑的。总体来说，语境是交际过程中语码在表达某种特定意义时所依赖的各种上下文因素或非言辞的主客观环境因素。从宏观上讲，语境可分为语言语境与非语言语境。

从增词的角度讲，"任何说话人的意义都有明说（explicature）和暗含（implicature）两个方面。言语交际双方不但要求了解对方的明说，更要互明对方的暗含"（何自然，1997：127）。暗含意义的理解主要是依据语言交际时的语境，即语境暗含。因此，在汉译英过程中，两种语言的明示意义和暗含意义的不完全对应成为译者必须考虑的问题。译者常常需要通过分析语境以发掘原文的暗含意义，并通过增词等语义补偿手段在英语中明示出来。

（一）语言语境与增词

语言语境指由字词、句子、段落和语篇等构成的上下文语码网络，还包括贯穿该网络的语体风格。

1. 他过了关，而且还受到表扬，而别人却被淘汰了。

He went through and got compliments too, while others, *who knew a thousand times more than he* got plucked.

根据语言语境可知，此处的"别人"指在某些方面比"他"优秀的人，因此，译者增译了"who knew a thousand times more than he"。

2. 为了进行真实、细致的考察，他很少乘船、坐车，几乎全靠双脚翻山越岭，长途跋涉。

In order to get a detailed and truthful picture of *the places he visited*, he trudged long distances, tramped over mountains, or waded across rivers, almost always traveling on foot even when carriages and boats were available.

从语言语境可以看出，这里的"真实、细致的考察"可译为 get a detailed and truthful picture of the places he visited，因此"the places he visited"为增译成分。

（二）非语言语境与增词

就非语言语境而言，它所包含的因素较为庞杂，诸如人的因素、社会因素、文化因素、历史因素、民族因素等。

1. 济公劫富济贫，深受穷苦人民爱戴。

Jigong, *Robin Hood in China*, robbed the rich and helped the poor.

译文通过增加一个类比语境“Robin Hood in China”，较为恰当地完成了对“济公”一词的翻译，而未使译文读者感到过于突兀。

2. 我死了以后有我的儿子，儿子死了又有孙子，子子孙孙是没有穷尽的。

After I die, my son will *carry on the job*; and after my sons die, my grandsons will *carry on the job*. Then there will be their sons and grandsons and so on to the infinity.

原文中愚公寥寥数语，表达了他移山的坚定信念。如果在翻译时仅仅将原文语码的明示意义译出，而忽略非语言语境下部分词语的暗含意义，则对愚公了解甚少的译文读者很难领会说话人的真正意图，甚至可能误以为愚公是在夸耀自己家族繁衍能力极强。因此，“carry on the job”的增译势在必行。

第二节　词语的删减

一、词语删减的基本技巧

词语的删减在汉译英过程中同样难以避免。根据汉语自身特点，在翻译的过程中译者可省略原文中自然而然、必不可少的重复性赘词、概念范畴词、细节性及修饰性词语等。

（一）省略重复性赘词

1. 我干工作，我做家务，我有朋友应酬，这些占去了我全部时间。

My work, chores and friends take my full time.

2. 他吃了点东西，抽了点烟，因为他已疲惫不堪。

He ate and smoked, for he was very exhausted.

3. 长征是历史记录上的第一次，长征是宣言书，长征是宣传队，长征是播种机。

The Long March is the first of its kind in the annals of history, and it is a manifesto, a propaganda force, and a seeding machine.

例 1 中的“我”、例 2 中的“点”以及例 3 中的“长征”在汉语中毫无累赘感，但译成英语时，译者则做了相应的删减。

（二）省略概念范畴词

中国人写文章，为加深读者印象，或使语言书面程度更高，更显庄重，往往加上一些抽象的概念范畴名词，如“重要性”、“认知度”、“事业”、“问题”、“方面”等词语。这些词语常常并没有具体词义，因此在汉译英时成了可删减的对象。

1. 中国科技的落后状态必须改变。

The backwardness of Chinese science and technology must be changed.

2. 中国政府十分重视师范教育事业的发展。

The Chinese government has attached great importance to teachers training.

3. 发展经济仍然是中国政府的首要问题之一。

The development of economy is still one of priorities of the Chinese government.

4. 我们要注意防止滥用权力的现象。

We must prevent the abuse of power.

5. 根据史密斯大夫的诊断，这位患者仍然处于危险之中，必须尽快采取急救措施。

According to Dr. Smith, the patient is still in danger. The first aid must be rendered.

（三）省略细节性及修饰性词语

1. 但我的事现在已经是满城风雨，妇孺皆知了。

However, there has been too much publicity about my case.

2. 在紧急情况下，他从容不迫、泰然自若。

In an emergency he showed himself calm.

3. 我们应进一步简化手续，及时地、积极地从国外引进新技术，并且认真组织科技工作者和广大职工做好消化和吸收工作。

We should simplify procedures and take prompt action to import urgently needed technology and organize scientists, technicians and workers to assimilate it.

在例 1 和例 2 中，“满城风雨，妇孺皆知”和“从容不迫、泰然自若”都属同义性修饰；例 3 中的“进一步”、“积极地”以及“认真”等属细节性修饰。因此，这些词语在英译时均可适当删减。

二、文化差异与减词

（一）典故、俗谚语

1. 所以在风尘劳攘的时候，每怀长林风草之思，而今却可赋《遂初》了。（《儒林外史》）

So in the press of public affairs he has always longed for a life of seclusion; and now he can realize his wish.（杨宪益，戴乃迭译）

“长林丰草之思”，这一典故源于嵇康（223—262）的《与山巨源绝交书》。如果直译为：“the wish of living in the forest and eating grass”，则英语读者定会困惑不解。其实作为一个典故，在此只是表达一种归隐的愿望。所以，英译时只需简译大意，即对该典故进行适当的简译。晋代（265—420）孙绰曾写《遂初赋》以表达他乐享隐居生活的思想，因此典故“赋《遂初》”在英译时也应同样对待。

2. 两公子要邀杨执中到家盘桓几日，杨执中说：“新年略有俗务，三四日后，自当敬造高斋，为平原十日之饮。”（《儒林外史》）

The two brothers wanted to invite Yang Chih-chung to their house for a few days; but he declined. “There are some mundane matters to attend to during New Year,” he said. “However, in three or four days I shall count it a great honor to drink wine in your distinguished house.”（杨宪益，戴乃迭译）

在战国时代（475 BC—221 BC），秦昭王曾邀平原君到秦国做十日畅饮，随着时间的推移，“平原十日之饮”已演变为指持续时间稍长的宴会。因此，如同前例，该典故亦可进行减译。

3. 人家是醋罐子，他是醋缸、醋瓮。（《红楼梦》第六十五回）

If other women are jealous, she is a hundred times so!（杨宪益，戴乃迭译）

在中国人的俗语中常将在男女情感方面心生妒忌之人称为“醋罐子”或“醋坛子”，但这样的俗喻在英译中若完整传递难度极大，因此意译性的减译不失为良策。

（二）社会生活文化词语

1. 雨村起身也让道：“老先生请便。晚生乃常造之客，稍候何妨。”

“Don’t stand on ceremony, sir,” said Yu-tsun, rising. “I am a regular guest here, so I don’t mind waiting.”

如何称呼对方是中国这个礼仪之邦社会生活的一件大事，因此谦称与尊称广泛使用，但英译时则应适当从简。如“老先生”译“sir”，“晚生”译“I”。

2. 顾八奶奶是天下最多情的女人。

Mrs. Gu, you’re the most sentimental woman in the world.

同样，“顾八奶奶”这样的尊称进行直译难度很大，只好简译为“Mrs. Gu”。

3. 忽见素云进来说：“我们奶奶请二位姑娘商议要紧事呢。二姑娘、三姑娘、四姑娘、史姑娘、宝二爷，都等着呢。”

Just then Su-yun came in to announce, “Our mistress wants you both to go and discuss important business. All the other young ladies are there with Master Pao.”

在此，“二姑娘、三姑娘、四姑娘、史姑娘”统一减译为“All the other young ladies”。

（三）历史文化词语

1. 古人说得好，“作文之心如人目，”凡人目中，尘土屑固不可有，即金玉屑又是着得的么？所以小弟批文章，总是采取《语类》、《或问》上的精语。（《儒林外史》）

How right the ancients were when they said, “In writing an essay the mind should remain as clear as the human eye.” It must hold no dust, not even of jade or gold. So when I comment upon essays I try to use the language of Chu Hsi.（杨宪益，戴乃迭译）

《语类》与《或问》分别指《朱子语类》和《四书或问》。众所周知，朱子为宋明理学代表人物，他的著作常被封建时代文人奉为圭臬。因此，上句在英译时，译者将翻译重点放在“精语”，而将“《语类》、《或问》”删减。

2. 又亏秦老一力帮衬，制备衣衾棺椁。王冕负土成坟，三年苫块，不必细说。（《儒林外史》）

Old Chin helped him prepare the burial clothes and coffin, while he himself carried earth to make the grave. For three years he mourned.（杨宪益，戴乃迭译）

“三年苫块”指父母亲去世后，儿子应守孝三年，且守孝期间孝子应以草垫为床，土块为枕。实际上这种礼制即使在封建社会严格践行者也寥寥，因此“三年苫块”可减译为“For three years he mourned”。

三、语境与减词

同前文一样，从语言语境与非语言语境两个层面来看待语境因素导致的英译减词。

（一）语言语境

1. 外商在开发区的投资越来越多，进出口贸易也随之增加。

Foreign investment is on the rise in the Development Zone, so are imports and exports.

句中“增加”一词，通过译者使用省略结构“so are”形成了减译，这也充分符合汉英各自的语言习惯。

2. 无论何等人都可以用贱价买它来吃。(《落花生》)

They are so cheap that *anyone* can afford them.

“无论何等人”并不是指任何社会阶级的人，所以不可译为“People of all social classes”，只需减译为 anyone 即可。

3. 那年冬天，祖母死了，父亲的差使也交卸了，正是祸不单行的日子，我从北京到徐州，打算跟着父亲奔丧回家。到徐州见着父亲，看见满院狼藉的东西，又想起祖母，不禁簌簌地流下眼泪。父亲说：“事已如此，不必难过，好在天无绝人之路！”（朱自清：《背影》）

That winter, my grandma died and my father lost his job. I left for Xuzhou to join him in hastening home to attend my grandma's funeral. When I met him in Xuzhou, the sight of disorderly mess in our courtyard and the thought to my grandma started tears trickling down my cheeks. He said, “Now that things have come to such a mess, it's no use crying. Fortunately, heaven always leaves one a way out.”（张培基译）

在此，由于上下文语境已使暗含意义显性化，译者减去了“祸不单行”一词。

（二）非语言语境

1. 在这次会议上，他是徐庶入曹营，一言不发。

At the meeting, he held his tongue.

2. 他这一阵心头如同十五个吊桶打水，七上八下，老是宁静不下来。

His mind was in a turmoil these days and he was quite unable to think straight.

3. 穷棒子闹翻身，是八仙过海，各显其能。(《暴风骤雨》)

When we pass from the old society to the new, each of us shows his true worth.

显然，例 1、例 2 以及例 3 都使用了歇后语，但“徐庶入曹营——一言不发”、“十五个吊桶打水——七上八下”和“八仙过海——各显其能”这些歇后语所蕴含的文化背景知识形成了译文读者难以克服的非语言语境，超越了其语境认知能力，因此可减译。

第三节 词性的转换

在汉英翻译过程中，由于两种语言在习惯表达和语法体系上的差异，在保证原文意义不变的前提下，译文常常对汉语词语的词性做必要的转换。众所周知，词性转换如果运用得当，可以使译文变得通顺流畅，更加符合译入语的表达习惯。否则，译文可能生硬艰涩，不伦不类。汉译英过程中词性的转换主要涉及名词、动词、形容词和副词等。

一、名词转换成动词

在翻译过程中，汉语名词中诸如“态度”、“特点”、“形状”、“地位”、“定义”、“印象”、“目的”等略显书面文体特征的名词，在英译时往往可转换为动词。

1. 该工艺美术品厂产品的主要特点是工艺精湛，物美价廉。

The products of that Arts & Crafts Factory are mainly *featured* by their fine workmanship and reasonable price.

2. 他们之间的关系，一直有一个特点，就是以礼相待。

Politeness has always *characterized* their relationship.

3. 壮观的人民大会堂给我们留下了深刻的印象。

The magnificent Great Hall of the People *impressed* us tremendously.

4. 社会主义革命的目的是解放生产力、发展生产力。

Socialist revolution *aims at* liberating and developing the productive forces.

5. 自然保护区的制度和管理应遵照国务院有关规定办理。

Nature reserves shall be *designated and administered* according to the relevant provisions of the State Councils.

6. 我国科研发展的特点是理论联系实际。

The development of scientific research in our country is *characterized* by the combination of theory with practice.

二、形容词或副词转换成名词

有些情况下，出于语法结构或修辞表达上的需要，汉语的某些形容词或副词在英译时可转换成英语的名词。

1. 小岛上的空气是这样清香，使人感到格外凉爽舒畅。

The air over the small island was so fresh and fragrant; it gave us a feeling of exceptional *coolness and comfort*.

2. 房间里既安全又温暖，他们松了一口气。

The *security* and *warmth* of the room made them feel relaxed.

3. 她意识到通过中间人跟他们打交道是愚蠢的。

She realized the *absurdity* of dealing with them through intermediaries.

4. 山村中的一切逐渐消失在灰暗的暮色中。

Everything at the village was gradually disappearing into *a pall of gray*.

5. 各个城市必须搞好卫生，清除混乱和不礼貌现象。

All the cities must clean up, and banish *disarray and discourtesy*.

三、名词转换成副词

在汉语句子中作主语或定语的名词在很多情况下可英译为副词作状语。

1. 他身体很差。

He is *physically* weak.

2. 他们的思想工作没有组织工作做得好。

They have not done so well *ideologically* as *organizationally*.

3. 官方宣布他将出席该典礼。

It was *officially* announced that he would attend the ceremony.

4. 科学发现，水由氧气和氢气组成。

It was found *scientifically* that water is composed of oxygen and hydrogen.

5. 氧是物质世界的重要元素之一，它的化学性质很活跃。

Oxygen is one of the important elements in the physical world. It is very active *chemically*.

6. 我们的教育政策是使受教育者在德育、智育、体育几方面都得到发展。

Our education policy must enable everyone who receives the education to develop *morally, intellectually and physically*.

四、动词转换成形容词

汉语具有明显的“多动词”现象，其动词的使用频率大大高于英语。汉语中的某些动词，常常对应英语的形容词词组，例如 abundant in（盛产）、afraid of（害怕）、aware of（知道）、confident of（确信）、ignorant of（不知道）等。

1. 小湖盛产芦苇，给山村带来了巨大的经济利益。

Reed is *abundant in* the small lake, which brings tremendous economic benefit to the village.

2. 我们不怕鬼。

We are not *afraid of* ghosts.

3. 你们一定知道，这种电脑轻便、高效而且经久耐用。

You are well *aware* that this type of computer is portable, efficient and durable.

4. 他们确定能够赢得下一场比赛。

They were *sure* that they could win the next game.

5. 你要感谢他的帮助。

You should be *thankful* to him for his help.

6. 他们不了解张先生身有残疾。

They are *ignorant of* Mr. Zhang's disability.

五、动词转换成副词

汉语中表示状态、方位和方向等意义的动词往往与英语副词的语用类似，所以汉译英时往往要把这类词转换成英语副词。

1. 他跑出去时忘了穿鞋子。

As he ran out, he forgot to have his shoes *on*.

2. 他不愿让我进去。

He wouldn't like to allow me *in*.

3. 那天他不到六点就起床了。

That day he was *up* before six o'clock.

4. 她打开窗户让新鲜空气进来。

She opened the window to let fresh air *in*.

5. 很抱歉，你打电话来的时候我出门了。

Sorry! I wasn't *in* when you rang me up.

6. 今晚放映什么影片？

What film will be *on* this evening?

第四节 颜色词的翻译

颜色词作为词汇的一个重要类别，是日常生活以及文学作品描写中常用的一种修辞语码，具有极其丰富的表现力，能突出体现一个民族的文化特色。本节通过对英汉颜色词的对照比较，分析其异同点，并归纳对该类词汇的英译。

一、颜色词在语言文化中的地位

颜色词（colour words or terms）就是语言中用来描写事物各种颜色的词语。如汉语中基本颜色词有“赤”、“橙”、“黄”、“绿”、“青”、“蓝”、“紫”等，英语则对应有“red”、“orange”、“yellow”、“green”、“black”、“blue”、“purple”等。颜色词作为社会生活及文学作品描写中常用的感官词，常常可以给人最鲜明的刺激、最敏锐的美感，从而也就容易产生最富有文化感情的意义暗示。比如唐朝著名诗人白居易的《忆江南》就是一个突出的例子：

江南好，
风景旧曾谙。
日出江花红似火，
春来江水绿如蓝。
能不忆江南！

这首诗仅用寥寥两句就说明了红日初升时，江边的花儿比烈火还鲜红；春天到来后，浩浩江水就像青草一样碧绿。从而使一幅色彩绚丽的江南风景画呈现在读者面前。

在英语世界，许多大作家也都是使用颜色词的巨匠。譬如雪莱的《西风颂》（*Ode to the West Wind*）的第一节：

O wild West Wind, thou breath of Autumn's being,
Thou, from whose unseen presence the leaves dead
Are driven like ghosts from an enchanter fleeing,

Yellow, and black, and pale, and hectic red,

Pestilence-stricken multitudes: O thou
Who chariotest to their dark winty bed

The winged seeds, where they lie cold and low,
Each like a corpse within its grave, until
Thine azure sister of the Spring shall blow
…

诗人用 yellow、black、pale、hectic red 等浑浊、浓厚的颜色词来描述英国反动势力的象征——秋叶；对于象征启迪革命思想的春风，诗人则用明朗、纯洁的 azure 一词。

从以上例子我们可以看出，颜色词在中英两种文化和语言中都有极广泛的运用，它不仅能使语言交际及文学作品的描写更生动、更形象，而且也可以从一个侧面反映出一种民族文化的特色。

二、颜色词使用与理解的异同

英汉两种语言分别属于两个截然不同的文化体系，因此二者之间既有共性也有异性，英汉两个民族颜色词的使用也是如此。

（一）相同之处

虽然有各自不同的历史背景和社会文化背景，但由于人类的生产生活模式、思想感情和思维认知基本上是相同的，因此不同民族观察客观颜色现象以及表达思想感情的方式也有很多相似之处，甚至有些是不谋而合。

汉语里“白”字可用来表示“清白”、“纯洁”之意，如：白璧无瑕；英语中 white 一词也含有此意，如：white hands（诚实、清白）。汉语中“白”色还可表示“空白、无效”之意，如：白卷、白丁、白费力气；white 同样可以构成 white alert（解除警报）。

在汉语里，有些实物名词和颜色词合用在一起，表示一种区分轻微色差的合成色概念，例如：“漆黑”、“藏青”、“血红”、“橘红”等；英语里也有同样的合成词结构，如：violet green、snow white。

（二）不同之处

由于英汉两个民族不同的历史发展进程、自然生活环境和民族心理状态造就了各自不同的文化背景，因此对同一颜色词的认知理解和使用联想也会有明显差异之处。

1. 黑色

在中国传统文化中，黑色就以“尊贵和严肃”著称。“缁衣”、“弋绨”、“皂衣”和“玄衣”常常指国君、大臣的礼服和祭服。在英语中，black 一词的内涵意义却有“阴郁”（be in a black mood）、“愤怒”（look black）、“邪恶”（black sheep, black guards）等。

2. 红色

红色是颇受传统中国人喜欢的一种颜色，它常代表着“喜庆、吉祥、胜利、好运”等意。如“红红火火”、“开门红”、“大红大紫”等。而在英语中，red 则有“危险、赤字、愤怒”之意。例如：go into red 指“出现赤字，发生亏损”，see the red light 指“意识到危险”，a red battle 指“血战”等。

3. 黄色

黄色在中国历史上一直被视为一种神圣、权威的颜色，自隋唐以来，历代皇帝都身穿黄色龙袍以示王权。在汉民族文化中，黄色主要指“吉利”（黄道吉日）、“失败、落空”（黄粱美梦、黄了），或者指“色情的”（黄色文学、黄赌毒）。英语中的 yellow 则可表示“怯懦、胆小”之意，如：You are yellow！（你真是个懦夫！）a yellow boy（胆小鬼）。

4. 蓝色

蓝色在中国古代一直是政府官员们服饰的主要颜色。以清朝为例，官服的颜色一律为石青或蓝色。蓝色在汉语中也可指“博大、广阔”，常常与美好的遐想、憧憬相联系，如“碧海蓝天”、“蓝色的梦想”。在英语世界，蓝色表示高雅和忠诚，如 the blue blood（贵族出身，高贵血统），True blue will never stain.（忠实可靠的人决不会做坏事。）此外，blue 还可表示“忧郁、悲伤”之意，如：be in the blue mood（无精打采）、feel blue（闷闷不乐）。值得一提的是，汉语中表示色情之意的“黄色”，在英语中则用 blue，如 blue movie（黄色电影）。

5. 白色

汉语里的白色除表示“圣洁、纯洁”（与英语类似）之外，还可指“落后、反动或缺乏觉悟”，如：一穷二白、白色恐怖、白匪、白卷等。此外，在汉族的传统文化中，在丧事中一定要穿白色丧服。因此，白色又与丧葬、死亡等联系在一起，如：白事、素车白马。但在英语中，white 一词的内涵意义可指“吉利”、“美好”和“幸福”，例如：a white day（吉利日子）、a white lie（善意的谎言）、a white war（不流血的战争）、days marked with a white stone（幸福的日子）。

三、汉语颜色词的英译方法

从以上分析中我们可以看出，不同的文化环境赋予颜色词的文化内涵及联想意义有同有异。认识这种异同对于翻译来说有着极大的重要性，因为翻译的任务之一就是要传达出原文的文化内涵及语用联想意义。译者在翻译实践中应根据译文读者水平、翻译目的等实际情况，有针对性地对颜色词的翻译作灵活、辩证的处理。具体汉语颜色词英译的方法如下：

（一）本义及语用义相同时可直译。

1. 他穿着一身浅灰色西装，打着一条玫瑰红的领带。

He was dressed in a *pale-grey* suit with a *rose-red* tie.

2. 他不喜欢那顶鲜红色的帽子。

He dislikes that *scarlet* cap.

（二）由于文化的差异，当汉语和英语各以不同的颜色词来表达同一种客观颜色时，译者应尊重译入语的习惯用法，采用转译法。

1. 红茶：*black* tea

2. 红糖：*brown* sugar

3. 白头发：*grey* hair

4.（被打得浑身）青一块，紫一块：*black and blue*

5. 一听说别人成功了，他马上就眼红。

Hearing other people's success, he is *green*-eyed at once.

6. 封面和封底是重磅的米色道林纸，边上打了两个眼。

The covers were of heavyweight, *buff*-coloured calendered paper with two holes punched in the edges.

（三）当汉语颜色词强调引申义而弱化其颜色义时，译者应避免望“色”生义，应努力淡化颜色义，采取意译法。

1. 一个唱红脸，一个唱白脸。

One *coaxes*, and the other *coerces*.

2. 节日的街头到处是红男绿女。

There were so many *gaily dressed* men and women in the street.

3. 烈士们的鲜血没有白流。

The martyrs didn't shed their blood *in vain*.

4. 我们的干部要又红又专。

Our cadres must be both *politically progressive and professionally expert*.

5. 昨天的裁判是无能，今天的裁判是收了黑钱。

Yesterday the referee was incompetent, while today the referee is *corrupt*.

（四）有的汉语颜色词兼指多种颜色概念，因此译者必须因地制宜地确定所指颜色。

1. 青布：*black* cloth　　青绿色：*dark* green

2. 碧空：*blue* sky　　碧玉：*green* jade

碧眼：*blue* eyes　　碧绿：*dark* green

第五节　动植物词语的翻译

动植物词语在汉英两种语言中大量存在，由于文化背景的不同，两种语言中的动植物词语除了在概念义上有共同之处外，还存在大量的语用或联想意义等方面的差异。换言之，动植物词语对文化差异特别敏感，所以这些动植物词语的翻译是翻译工作者必须重视的问题。

一、动物词语的文化差异

对同一概念或理念，汉英用不同的动物作比；对同一动物，汉英民族又有着不同的爱憎褒贬认知。

1. 狮（lion）与虎（tiger）

在英语语言世界，狮子被视为“百兽之王”。例如：regal as a lion（狮子般庄严）、majestic as a lion（狮子般雄伟）等词语。十二世纪后期，英王理查一世因英勇善战而被誉为 Richard the Lionheart（狮心理查）。经过历史的积淀，狮子已成为英国国家的象征。

在中国文化里，人们对老虎的文化联想远胜于狮子。对老虎的联想意义有褒贬两方面：就褒义而言，虎威武英勇、健壮有力、坚决果断，例如：虎踞龙盘、英雄虎胆、虎背熊腰、虎口拔牙等；就贬义来说，虎残忍无情、倚强凌弱，例如：拦路虎、狐假虎威、苛政猛于虎等。

2. 牛（cattle）与马（horse）

中国自古以牛耕为主，英国则主要靠马耕，因而形容力气大，汉语有“力大如牛”，英语则为 as strong as a horse。汉语以牛作比喻的词语不胜枚举：执牛耳、牛刀小试、老黄牛、牛鬼蛇神、牛头不对马嘴等。而且不少名家皆以牛自喻，南宋名臣李刚在《病牛》一文中喻己为牛；鲁迅先生也写出“俯首甘为孺子牛”的名句。

同样，英语中的“马”也衍生出许多比喻性词语。例如：put the cart before the horse（本末倒置）、work like a horse（像马一样苦干）、straight from the horse's mouth（直接从马嘴里得来的，喻指从可靠方面得来的消息）、work for a dead horse（徒劳无益）、pay for a dead horse（花冤枉钱）、talk horse（吹牛）。

3. 猫头鹰（owl）与蝙蝠（bat）

在英语中，owl 是种象征睿智的动物，as wise as an owl（像猫头鹰一样聪明）即是一个鲜明的例子。在儿童读物和漫画中，猫头鹰通常庄严而有智慧，常常成为禽兽之间争端的裁决者。而在汉语中，猫头鹰的形象则截然不同，猫头鹰常常与凶兆、倒霉联系在一起。例如“夜猫子进宅”，意味着厄运将至。

在英美民间传说中，蝙蝠是一种邪恶的动物，总与罪恶和黑暗联系在一起。如 vampire bat（吸血蝙蝠）、as blind as a bat（有眼无珠）、crazy as a bat（异想天开）等。可以说，西方人对蝙蝠的联想很像中国人对猫头鹰的认知。而在中国传统文化中，蝠与“福”同音，故此蝙蝠被视为吉祥、长寿、幸福的象征。民间绘画采用蝙蝠以表示吉利，如把蝙蝠和鹿画在一起，寓意“福禄”。

4. 龙（dragon）

在英语世界中，dragon 是一只巨大的、形似蜥蜴的、嘴里喷火的怪物。在中世纪，dragon 就是罪恶凶残的象征，与上帝作对的撒旦被称为 the great dragon。又如：She is a bit of a dragon around the place.（她在这里是个很跋扈的人。）

龙在汉语中所引起的文化联想则完全不同。龙在中国历史上是一个图腾形象，是以蛇为主要载体的幻想动物。在古代传说中，龙是一种能兴云降雨的神异动物。在漫长的封建社会，龙是皇帝的象征。因此，在当今汉语文化世界，龙仍是一种象征吉利、高贵、权势的动物。与龙有关的词语有：画龙点睛、龙飞凤舞、龙盘虎踞、攀龙附凤、生龙活虎等。

二、植物词语的文化差异

与动物词语一样，民间传说、神话以及文学作品等文化元素导致汉英植物词语的文化语用意义也存在着不容忽视的文化差异。

1. 红豆（red bean）

汉语中的红豆与英文中的 red bean 字面本义相同，引起的文化联想却迥异。汉语中的红豆又名相思豆，象征着爱情和思念，如王维的《相思》及《红楼梦》中的“红豆词”，均以红豆比喻情人相思之苦。但在英文中，red bean 却使人会想起成语 sell one's birth right for some red bean stew（源自《圣经》)，表示“为了眼前的小利而出卖原则”。

2. 芙蓉（lotus）

在汉语中，“芙蓉、莲”都是荷的别称，荷花被赞为“花之君子”，象征清雅、高洁。又因“莲”与“恋”谐音，故又常喻指爱情，如“并蒂莲”。“芙蓉”或“出水芙蓉”在大量文学作品中都喻指女子的清纯高雅，如李白的名句“清水出芙蓉，天然去雕饰”。而英语中的 lotus 常使人想起“落拓枣树”或“落拓枣”（据希腊神话，人食 lotus 后就会做安乐梦，忘却俗世烦恼)，所以 lotus land 指“安逸乡”。

3. 苹果（apple）

apple 备受英美人的青睐，常指最喜爱、最美好的事物。例如：An apple a day keeps the doctor away. 源自《圣经》的成语 the apple of one's eye 喻指“掌上明珠”；apple-pie 有“美国传统美德或价值概念”之意。而在汉语中，苹果除可象征“平安”之外，其他文化语用较少。

4. 棕榈树（palm）

在英美人的脑海中，palm 是“荣耀、胜利”的象征。例如：bear the palm（获胜)、yield the palm to（承认不如……好)。复活节前的星期日被称为 Palm Sunday（基督教的棕榈主日)，纪念耶稣受难前来到耶路撒冷时人们手持棕榈树枝欢迎他。palmy days 指“兴盛时期”，如莎士比亚笔下的 in the most high and palmy state of Rome（就在全盛时期的罗马)。而由于地理文化的差异，棕榈树在汉语言文化中的文化语用义则微乎其微。

三、动植物词语的汉英翻译方法

在动植物词语的汉译英过程中，译者首先应考虑该动植物名称在译语和原语文化中语用形象特点的异同，并对原文暗含的语义进行分析，然后再作适当的翻译。总的来说，大致有直译、意译或替换形象三种译法。

（一）直译

在中英两种语言中，一些动植物名词的联想意义大致相同或相似，为了更好地忠实于原文，译者一般对此采取直译，以保留原文形象。例如：

1. 祝你在此次比赛中折桂！

Wish you win your *laurels*!

2. 小姑娘面若桃花。

The little girl has *peachy* cheeks.

3. 井底之蛙，不知大海。

The *frog* in the well knows nothing of the great ocean.

4. 他真是头蠢驴！

He is as stupid as an *ass*.

5. 老鼠过街，人人喊打。

A *rat* crossing the street is chased by all.

（二）意译

有些原文中的动植物词语，由于不同文化背景的缘故，无法通过直译传递其表层及深层意象。在这种情况下，译者有时只好舍弃原文中的文化意象，进行意译。例如：

1. 山中无老虎，猴子称霸王。

Among *the blind*, *the one-eyed man* is king.

2. 这个妖艳的女子被人视为狐狸精。

The coquettish girl is considered as a *seductive woman*.

3. 他一向擅长拍老板马屁。

He is good at *flattering* the boss.

4. 这位老先生被誉为杏林高手。

The old gentleman is regarded as a *top physician*.

5. 红豆生南国，
春来发几枝。
愿君多采撷，
此物最相思。

（王维：《相思》）

Red berries grow in southern land,
In spring they over load the trees.
Gather them till full in your hand,
They would revive fond memories.

（许渊冲译）

如前文所言，“红豆”在汉英两种文化中文化联想义迥异。因此，“红豆”在此被译成“red berries”，从而避免了因文化不同所产生的歧义。

（三）替换形象

如果在译入语中可以找到相似的载体来表示相同或相似的语义，译者一般会改变修辞形象，采取归化的翻译方法，用译入语中的形象来替换原语形象。例如：

1. 昙花一现

a *flash* in the pan

2. 一颗老鼠屎，坏了一锅粥。

A bad *apple* spoils the barrel.

3. 天下乌鸦一般黑。

In every country *dogs* bite.

4. 数学是我的拦路虎。

Mathematics is my *lion* in the way.

5. 爱屋及乌。

Love me, love my *dog*.

6. 虎落平阳被犬欺。

Hare may pull dead *lion* by the beard.

第六节　数字词语的翻译

数字是观念和符号的结合，虽然其基本功能是计算，但它又不仅仅为数学王国专属。在日常的语言交际活动及文学作品中，它除了表示事物的数量或顺序外，还可用作夸张、比喻等修辞手段，使语言凝练生动、言简意赅。因此，从日常及文学的语用角度来看，数字词语的表意功能非常重要，数字词语具有抒情达意的“泛化”现象。如何恰当地将数字词语进行英译是翻译工作者的题中之意。

一、数字词语的“泛化”语用

如果说数学或自然科学领域的数字语用为具化和实指，那么日常语言交际活动及文学作品中的数字词语则常常有“泛化”和虚指的语用现象。这些数字词语不仅具有用词洗练、生动形象的修辞功能，还具有朗朗上口、形式工整等美感功能。从一定意义上说，数字词语的“泛化”语用为语言的修辞功能做出了重要贡献。现略举几例：

1. 安得广厦千万间，大庇天下寒士俱欢颜，风雨不动安如山！（杜甫：《茅屋为秋风所破歌》）

Oh, for a great mansion with *ten thousand* rooms
Where all the poor on earth could find welcome shelter,
Steady through every storm, secure as a mountain!

2. 后宫佳丽三千人，三千宠爱在一身。（白居易：《长恨歌》）

Though many beauties were in the palace,
More than *three thousand* of them,
All his favours were centred on her.

3. 王夫人笑道：“……俗语又说：‘女大十八变。’况且有本事的人，未免就有些调歪，老太太还有什么不曾经历过的？”（《红楼梦》第七十八回）

Smiling, Lady Wang replied, “… As the saying goes, ‘A girl changes *eighteen* times before reaching womanhood.’ and the smarter the girl, the more out of hand she’ll get. You must have seen many such cases.”

4. 那些卖酒的青帘高扬，卖茶的红炭满炉，仕女游人，络绎不绝，真不数“三十六家花酒店，七十二座管弦楼”。（《儒林外史》）

Dark trade signs flutter above the wine shops, and red charcoal glows in the tea house stoves, while men and women stream by, on pleasure bent, to throng the *countless* taverns and music halls.

上例中，“安得广厦千万间”中的“千万”喻指房舍之多；“后宫佳丽三千人”中的“三千”形容皇帝妻妾之多；“十八变”喻指女孩子成长变化的程度；“三十六家酒店”和“七十二座管弦楼”生动描写了京都商贾云集、歌舞升平的热闹景象。如前文所言，这些数字都不是表示确切数目的实数，而是数字词语的“泛化”语用。

二、数字词语的翻译原则

语用“泛化”的数字词语英译时不能拘泥于数字本身的数值，而必须依托具体上下文，悉心研究原文的修辞特色，译出其形象及语体风格。为了使译文在内容上忠实，在句法上流畅，在文体上切近，英译时译者可考虑以下两个原则：

（一）民族性原则

由于民族的文化背景和语言表达习惯不同，数字词语的用法一般具有较鲜明的民族性。它是历史上民族文化、民族心理长期积淀的结果，因此译者要本着民族性原则，适当地对数字词语进行必要的改译转换，以利译入语读者的理解。

1. 普及工作若是永远停留在一个水平上……那么教育者和被教育者岂不是半斤八两？（毛泽东：《在延安文艺座谈会上的讲话》）

If popularization remains at the same level for ever ... will not the educators and those being educated be *six of one and half a dozen of the other*?

句中“半斤八两”是中国人在度量衡方面的说法，但译成英语时，为便于读者理解则须转换成英语读者熟悉的相应成语“six of one and half a dozen of the other”。

2. 苏联过去把斯大林捧得一万丈高的人，现在一下子把他贬到地下九千尺。我们国内也有人跟着转。中央认为斯大林是三分错误，七分成绩，总起来还是一个伟大的马克思主义者。（《毛泽东选集》第五卷）

In the Soviet Union, those who once *extolled* Stalin *to the skies* have now in one swoop *consigned* him *to purgatory*. Here in China some people are following their example. It is the opinion of the Central Committee that Stalin's mistakes amounted to only *30 percent* of the whole and his achievements to *70 percent*, and that all things considered Stalin was nonetheless a great Marxist.

汉语中“一万丈高”、“九千尺”，特指无原则的逢迎和贬低某人。因此，英译时同样不适合直译，而转译为“to extol sb. to the skies”和“to consign sb. to purgatory”，以传递原文中所内含的夸张意义。

（二）形象性原则

汉英两种语言中，数字词语一般都具有一定的形象意义，如汉语中的“七嘴八舌”、“千军万马”、“千言万语”等。因此，英译时译者应超越数字的实指语义而努力保留其形象含义，在不影响译入语读者理解的情况下，或保留形象，或转换形象。

1.“咱那面红旗呢？”

“叫吴淑兰掂啦！”……

“哪个吴淑兰？敢情是有三头六臂？”（王汶石：《新结识的伙伴》）

“What happened to our red flag?”

“Wu Shulan has captured it!”...

“What Wu Shulan? Don't tell me she has *three heads and six arms*!”

2. 他们七嘴八舌地讨论着即将到来的比赛。

They are discussing the coming match with *seven mouths and eight tongues*.

上述两例中，“三头六臂”、“七嘴八舌”形象生动、喻义自明，译者直译为“three heads and six arms”和“seven mouths and eight tongues”，鲜明的形象感跃然纸上。

3. 一个和尚挑水吃，两个和尚抬水吃，三个和尚没水吃。

One boy is a boy, *two boys* half a boy, *three boys* no boy.

例句中汉英数字直译对应，但汉语的“和尚”却转换成英语的“boy”。这是因为中国人对佛教非常熟稔，但英美国家的人大多信奉基督教，对“和尚”的形象比较陌生，通过形象的转换，有利于目的语读者的阅读和理解。

三、数字词语的翻译方法

根据前文所述原则，结合源语的语境、修辞和文体等语言特点，数字词语英译的方法如下：

（一）保留数字直译

如果数字词语本义及具体语用含义类似，则在不影响译语读者理解的前提下，英译时完全可以直译。

1. 三个臭皮匠，合成一个诸葛亮。

Three cobblers with their wits combined equal Chukeh Liang, the master mind.

2. 将军百战死，壮士十年归。（《木兰诗》）

Generals laid down their lives in *a hundred* battles,

And valiant soldiers returned after *ten years'* service.

3. 五行无长胜，四时无常位，日有短长，月有死生。（《孙子兵法》）

The *five* elements: water, fire, wood, metal, earth, are not always equally predominant; the *four* seasons make a way for each other in turn. There are short days and long; the moon has its periods of waning and waxing.

（二）更改数字变译

由于汉英两种语言中对数字的使用习惯不尽相同，数字词语语用“泛化”的表现形式也各有特色，因此英译时可适当变动具体数字，以符合译语的表达习惯。

1. 北国风光，
千里冰封，
万里雪飘。

（毛泽东：《沁园春·雪》）

North country scene:
A hundred leagues locked in ice,
A thousand leagues of whirling snow.

原文中数字“千”在译文中减小为“hundred”，“万”减小为“thousand”。

2. 那大圣闻言暗笑道：“这如来十分好呆，我老孙一筋斗去十万八千里，他那手掌不满一尺，如何跳不出去？”（《西游记》）

“This Buddha,” Monkey thought to himself, “is a perfect fool. I can jump *a hundred and eight thousand* leagues, while his palm cannot be as much as *eight inches* across. How could I fail to jump clear of it?"

原文中“一尺”被译者转换为“eight inches”。

3. 他桌子上的书乱七八糟。

His books are *at sixes and sevens* on the desk.

（三）舍弃数字意译

如上述两种译法均难以实施，则为使译语读者便于理解或译文语句的通顺、语义的明了，有时需舍弃数字意译。

1. 金荣的母亲偏提起昨日贾家学房里的那事，从头至尾，一五一十都向他小姑子说了。(《红楼梦》第十回)

In the course of conversation Chin Jung's mother described the quarrel in the school the previous day, giving a *detailed account* of the whole affair.（杨宪益，戴乃迭译）

2. 阿 Q 候他略停，终于用十二分的勇气开口了。(鲁迅：《阿 Q 正传》)

Ah Q waited for him to pause, and then *screwed up his courage* to speak.（杨宪益，戴乃迭译）

3. 想当年，金戈铁马，气吞万里如虎。(辛弃疾：《永遇乐·京口北固亭怀古》)

I think of the days gone by
When with gilded spear and iron-clad steed he charged
Like a tiger to swallow up *vast territories*.

4. 窗含西岭千秋雪，
门泊东吴万里船。(杜甫：《绝句》)

From my window the snow crowned western hills are seen;
Beyond the door the eastbound ships at anchor lie.

5. 胜似春光，寥廓江天万里霜。(毛泽东：《采桑子·重阳》)

Yet surpassing spring's splendour,
See the *endless* expanse of frosty sky and water.

6. 王冕一路风餐露宿，九十里一大站，七十里一小站，一径来到济南府地方。(《儒林外史》)

Braving the wind and dew, Wang Mian traveled day after day past large posting stations and small, till he came to the city of Jinan.

在上例中，“一五一十”、“十二分”、“万里”、“千秋”、“九十里”、“七十里”等已完全虚指。显然，它们表示的是数字词语的模糊语义，主要是服务于文学修辞，在英语中也无对应的数字词语，为保证意义准确，只好舍弃数字进行意译。

第七节 委婉语的翻译

在语言交际活动中，并非所有的话题都能直截了当地畅所欲言，为了使交际能顺利进行，某些使人恐慌、不安以及刺激性或隐私性的话语只能以含蓄、婉转的语言来取代，委婉语因此应运而生。

一、委婉语的分类

根据语言交际功能，汉英委婉语大致可以分为以下两大类：

（一）夸大性委婉语

此类委婉语是指将所用的词语在程度、内容或意义上与所替代词语进行替换、夸大，使人听上去高雅、温和，比它们所代表的真实事物更体面、更重要。例如：

理发店——造型工作室

照相馆——数码影楼

cobbler—shoe rebuilder

dry cleaner—dry cleaning engineer

garbage collector—sanitation engineer

salesman—sales representative

（二）压缩性委婉语

压缩性委婉语就是把人们忌讳或不便明说的词语改头换面，压缩其负面程度或危害。例如：

死亡——没了，驾鹤西游

落榜——名落孙山

be ill—not look well, not feeling well

be pregnant—eating for two

old people—senior citizen

二、汉英委婉语的异同

汉语委婉语和英语委婉语虽然分属于不同的语言，但它们之间也存在着共同之处。汉英委婉语都有涉及疾病、衰老、残障、死亡、职业、政治、两性关系、生理排泄及人体隐私的委婉语。

但由于不同的思维模式、宗教信仰、民俗风情，汉英各自所使用的委婉语也有很大的差异。主要体现在以下两个方面：

首先，相同的内容，一方使用委婉语，而另一方则直言不讳。例如中国人特别注重名讳。讳称性委婉语形式繁多。至今，对于祖先和长辈也不能直呼其名，晚辈不能与长辈同名，否则将被视为“无礼”。相反，西方人在称谓方面则较为随便，语言中与此相关的委婉语极少。汉语中表示谦恭、客套的委婉语也相当丰富，且多数具有自谦自抑的语义特征。英语也有表示尊重对方、赞美对方的词语，但大多不含自谦自抑的意思。

其次，委婉语的表层语义相同而文化内涵却大相径庭。例如：“easy rider”，若据其表层语义，易误译为“骑术高手”或“驾轻就熟”，实指“寄生虫、食客”等。

三、委婉语英译方法

汉语委婉语英译时，既要注意汉英在委婉语上的共性，同时也要注意各自长期积淀的个性，根据语境的需要和行文习惯分别采用直译、意译、套译等方法进行处理。

（一）直译法

由于各民族、各肤色人种生活在同一个世界，他们在委婉表达方面的思维方式、情感标准总有共通之处。因此，委婉语汉译英时，在能确切表达原文委婉义的前提下，应以直译为主。

1. 那个老太太不在了。

The old lady is no more.

2. 瘦死的骆驼比马大。

A starving camel is bigger than a horse.

3. 我也暗暗地叫人预备了。就是那件东西，不得好木头，且慢慢地办着罢。（《红楼梦》第十一回）

I've secretly sent people to get things prepared. But they haven't found good wood for that yet, so we have to wait.

原文中委婉地将"棺材"说成"那件东西"，译者则直接用"that"来代替"coffin"。

（二）套译法

英汉两种语言中对等委婉语较多，在不影响译入语读者理解的前提下用套译法往往事半功倍。

1. 你的前门没有关上。（委婉提醒某人的裤子拉链没有拉上）

You've lost your license.

2. 过不了几年，我就要去见马克思了。

In a few years I'll be with God.

3. 我们得向村长烧香，他才能点头。

We will have to oil the village head to get his permit.

在上例中，"前门"、"见马克思"、"烧香"被分别套译为：license、be with God 以及 oil sb.。

4. 她的儿媳有喜了。

Her daughter-in-law is eating for two.

（三）意译法

作为语言体系一部分的委婉语，由于受到地理环境、宗教信仰、思维方式等方面的影响，有些直译难以理解，套译又不能实现，译者只得根据译语的行文需要采用意译的方法。

1. 昨天他被炒了鱿鱼。

Yesterday he was dismissed.

2. 上学期小李有三门考试是大红灯笼高高挂。

Last term Xiao Li failed in three examinations.

3. 他一开说就把我吓一跳，竟然开宗明义讲男女之事。

Once he started explaining I had quite a shock. It started off with an opening statement that it was all about sex.

4. 我看着心里也难受，只别委屈了她就是了。（《红楼梦》第九十八回）

Seeing her would make my heart ache. But mind you give her a handsome funeral.（杨宪益，戴乃迭译）

上例中的“委屈了她”指林黛玉死后的丧事处理问题，如将其直译，一般的英语读者很难将其与葬礼挂钩。译者使用简短有力的、口语化的“give her a handsome funeral”把原句委婉语的神韵译了出来，充分体现了贾母对黛玉之死的怜惜与悲伤。

5. 替夫人奶奶们道喜，姐儿发热是见喜了，并非别病。(《红楼梦》第二十一回）

I am happy to inform Her Ladyship and Madam Lian that the little girl's fever is simply due to smallpox.（杨宪益，戴乃迭译）

这里所谓的“见喜”是指旧时对出痘疹的委婉表达。对于“见喜”这一古老的委婉语，别说异域读者，就是当代一般的中国读者也未必理解，因此译者将其意译为 smallpox。

第八节 汉语叠词的翻译

叠词又称叠字、迭字、重叠词，是指相同的字、词素或音节重叠使用所构成的词语。叠词是语言交际中常见的修辞手段，体现了语言音韵美、形象美、形式美等艺术手法。英语也有或多或少的重叠现象，但远不如汉语中普遍。在汉语文学创作中，叠词的运用可谓一大传统，它可以使语言形式和内容达到艺术统一。因此，汉语叠词的翻译是翻译工作者的一个重大课题。

一、汉语叠词类型

从汉语类型学角度看，叠词可分为单一重叠、双重叠和部分重叠。

（一）单一重叠

红红	渐渐	刚刚	天天

（二）双重叠

时时刻刻	斑斑点点	跑跑颠颠	仔仔细细
雪白雪白	研究研究	考虑考虑	痛快痛快

（三）部分重叠

散散步	毛毛雨	聊聊天	写写字
绿油油	水汪汪	亮闪闪	凉丝丝
楚楚动人	心心相印	斤斤计较	步步为营
白雪皑皑	得意扬扬	风尘仆仆	波涛滚滚

二、汉英叠词的功能

从形式角度来看，叠词使词语音节匀称、式样整齐，同时赋予了词语以新的语用情感。从语义角度来看，重叠可在不同程度引起语义的变化。总体来说，“汉语叠词的功能在于强调，用词语重叠的方法来突出思想、强调感情、加强节奏感、增添音韵美”（陈宏薇，1998：107)。简而言之，汉语叠词的功能可分为衔接功能、修辞功能和文体功能。

（一）衔接功能

胡壮麟教授（1994）指出，最直接的词汇衔接手段就是意义和形式相同的词或词组的重复出现，其中包括词素的重复使用。例如：

公交车走走停停，停停走走，乘客都昏昏欲睡。

The bus stopped and started, which made the passengers drowsy.

（二）修辞功能

叠词能起到创造意象、传达情感、制造声效、语义强调等修辞功能，从而达到音韵美、意象美和形式美的效果。

1. 音韵美

文学作品，尤其是诗词歌赋特别注重韵律效果。因此，使用叠词可以产生特殊的声音效果，给人以音韵美。例如：

无边落木萧萧下，不尽长江滚滚来。（杜甫：《登高》）

The boundless forest shed its leaves shower by shower,
The endless River rolls its waves hour after hour.（许渊冲译）

2. 意象美

叠词的运用可以将主观的“意”和客观的“象”相结合，产生特殊的文学含义和文学意味，使读者在“象”中得“意”，在有限的文字里得到无限的美学感受。例如：

行行过太行，迢迢赴延安。细细河故旧，星星数鬓斑。

On and on past Taihang we walk,
By and by to Yan’an we make our way.
Again and again with old friends we talk,
One by one we count our hair gray.（许渊冲译）

“行行”、“迢迢”、“细细”和“星星”的使用刻画出了生动的形象。在翻译过程中，译者恰当地选用了相应的四对叠词 on and on、by and by、again and again、one by one，使原文意象得以最大限度的保留。

3. 形式美

叠词的特殊重复式组合规律呈现出特殊的语言审美特性，给人以形式美。例如：

机关算尽太聪明，反算了卿卿性命。生前心已碎，死后性空灵。家富人宁，终有个家亡人散各奔腾。枉费了，意悬悬半世心，好一似，荡悠悠三更梦。忽喇喇似大厦倾，昏惨惨似灯将尽。呀！一场欢喜忽悲辛。叹人世，终难定！（《红楼梦》第五回）

Too shrewd by half, with such finesse you wrought
That your own life in your own toils was caught ;
But long before you died your heart was slain,
And when you died your spirit walked in vain.
Fall’n the great house once so secure in wealth,
Each scattered member shifting for himself ;
And half a life-time’s anxious schemes,
Proved no more than the stuff of dreams.

Like a great building's tottering crash,
Like flickering lampwick burned to ash,
Your scene of happiness concludes in grief:
For worldly bliss is always insecure and brief.（David Hawkes 译）

原文使用了五对叠词：卿卿、意悬悬、荡悠悠、忽喇喇、昏惨惨，这五对叠词的使用构成了强烈的讽刺形式，生动地描绘出王熙凤的艰难际遇。

（三）文体功能

陈望道（1979：175）指出，“（汉语的叠词）借声音的繁复增进语感的繁复……借声音的和谐增大语调的和谐”，它可用在任何体裁的文章中，以增强作品的表现力、感染力。汉语叠词不但可用于口语中以强化其生活化、非书面化的文体特色，也可用于文学作品，绘声绘色、朗朗上口，充分体现文学作品音韵和意义的完美统一。

三、汉语叠词英译

一般来说，汉语叠词注重结构均匀、押韵，而英语却更关注意义的表达。翻译汉语叠词时，在充分注重其衔接功能、修辞功能和文体功能的前提下，译者可使用以下五种方法。

（一）译成英语的平行结构

1. 荷塘四面，远远近近，高高低低都是树，而杨柳最多。（朱自清：《荷塘月色》）

Skirting the lotus pond, far and near, high and low, are trees among which willows predominate.（王椒升译）

2. 我的手表走走停停。

My watch goes by fits and starts.

（二）译成英语的“-ing”形式

1. 叶子本身肩并肩密密地挨着，这便宛然有了一道凝碧的波痕。（朱自清《荷塘月色》）

The leaves, jostling and overlapping, produced as it were, a wave of deep green.（王椒升译）

2. 他得意扬扬地去了工厂。

Glowing and bubbling with joy, he went to the factory.

（三）译成英语的头韵、尾韵、中韵或谐音

1. 青青河畔草，郁郁园中柳。

Green grows the grass upon the bank,
The willow-shoots are long and lank.（Herbert A. Giles 译）

2. 寻寻觅觅，冷冷清清，凄凄惨惨戚戚。（李清照：《声声慢》）

I look for what I miss,
I know not what it is,
I feel so sad, so drear,
So lonely, without cheer.（许渊冲译）

3. 我们要求把事情完全摆在桌面上，而不是鬼鬼祟祟。

We wanted things to be completely above board and no hanky-panky.

4. 小船在波涛汹涌的海中上上下下颠簸。

The little boat teeter-tottered in the heavy sea.

（四）译成英语叠词

1. 盈盈楼上女，皎皎当窗牖。
   娥娥红粉妆，纤纤出素手。

Fine, fine stands upstairs the lass;
Fair, fair her shape behind the windows.
Bright, bright beams her rouged face;
Soft, soft are her pale-skinned hands.（汪榕培译）

2. 摩托车噗噗地驶过人群。

Motorcycles put-putted through the crowds.

（五）译成英语的象声词

1. 车辚辚，马萧萧。（杜甫：《兵车行》）

Chariots rumble, and horses grumble.（许渊冲译）

2. 沉重的雨点啪哒啪哒地落到屋顶上。

Heavy rain drops are pitter-pattering on the roof.

练习 Exercises

一、采用增词法翻译下列句子

1. 凭窗站了一会儿，微微地觉得凉意侵人。
2. 你想走就先走吧。
3. 大作收到，十分高兴。
4. 送君千里，终有一别。
5. 也许您忘记了 7 月份的购货账还没有结算。

二、采用减词法翻译下列句子

1. 我们要忠于党、忠于人民、忠于祖国。
2. 我们必须坚持社会主义道路，坚持人民民主专政，坚持共产党的领导，坚持马列主义毛泽东思想。
3. 质子带正电，电子带负电，而中子既不带正电，也不带负电。
4. 郭沫若同志曾说：“中国人民历来是勇于探索、勇于创造、勇于革命的。”
5. 基于伊拉克目前社会动荡和纷扰不安的局面，中国驻伊拉克大使馆已经向德国订购了两辆防弹轿车。

三、采用词性转换法翻译下列句子

1. 他们不顾一切困难、挫折，坚持战斗。
2. 他在讲话中特别强调提高产品质量。
3. 汉语的特点之一是动词占优势。
4. 他执政期间，有两点突出的情况：一是伊朗的石油收入迅猛上升；二是由于大规模地滥用每年二百二十亿美元的石油收益，而开始造成了一种社会政治危机。
5. 由于新疆经济基础薄弱，总体经济水平低下，效率不高，投资不足。地方财政依靠中央大量补贴，对高等教育的投资相对较少。

四、翻译下列含有颜色词的句子

1. 可惜这石榴红绫最不经染。(《红楼梦》第六十二回)
2. 凤姐忙把自己身上穿的一件大红棉纱袄子拉了出来。(《红楼梦》第四十回)
3. 读完这个故事，她眼圈红了。
4. 不许他给我们集体脸上抹黑。
5. 他虽然尽力了，但计划还是黄了。

五、翻译下列含有动植物词语的句子

1. 老太太的三个儿子个个力大如牛。
2. "亚洲四小龙"曾经辉煌一时。
3. 他真是个虎胆英雄。
4. 你像出水的芙蓉、傲雪的红梅、凌寒的青松。
5. 政客们都是见风使舵的墙头草。

六、翻译下列含有数字词语的句子

1. "好容易熬了一天，这会子瞧见你们，竟如死而复生的一样，真正古人说'一日三秋'，这句话再不错的。"
2. 金钱使他六亲不认。
3. 他们七手八脚地忙把孩子送入医院。
4. 本届政府为解决"三农"问题倾注了极大精力，取得了积极成效。
5. 作为一个老厨师，他是十八般武艺，样样精通。

七、翻译下列含有委婉语的句子

1. 老太太这几日身体欠安。
2. 退潮的时候，他跟潮水也就一道去了。
3. 他的祖父去年已仙游了。
4. 我夫人身怀六甲，就不去野餐了。
5. 那些过度描写云雨之事的小说对青少年是有害的。

八、翻译下列含有叠词的句子

1. 他的伤口渐渐愈合了。
2. 他们时时刻刻准备为真理而战斗。
3. 那个侦探仔仔细细地研究了各个指纹。
4. 我们两国人民心心相印。
5. 一股凉丝丝的风从海面吹来。

第二单元

固定表达式的翻译

教学目标

本单元将从成语、歇后语以及俗谚语三个方面讲述汉语固定表达式的英译，使学生在掌握汉英固定表达式异同的基础上，系统领会汉语各种固定表达式的翻译方法。

第一节　成语的翻译

成语是不同于一般词语的固定短语，它具有独特的结构美和声韵美。吕叔湘（1998：160）认为汉语成语是“人们长期以来习用的、简洁精辟的定型词组或句子”。成语是语言的精华，适当地使用成语，可以提高语言的运用水平和效益，起到言简意赅的作用。成语的意义往往并非其构成成分意义的简单叠加，而是在其构成成分基础上进一步概括、延展出来的整体意义。所以，理解和运用本民族的成语并非轻而易举，遑论准确、恰当地将它们译成外语。因此，要成功地翻译成语，必须在充分理解的前提下，遵循一定的原则和方法，这样才能使译文恰如其分地被译入语读者接受。

一、汉译英视角下的成语分类

汉语成语的分类方法和标准繁多，现从汉英翻译的视角出发对浩如烟海的成语进行分类。

（一）意和形基本一致

汉语和英语中的有些成语不仅内涵近似，而且字面语义和修辞方式也相近，其数量虽不多，但仍需引起译者格外关注。例如：

隔墙有耳：Walls have ears.

差之毫厘，失之千里：A miss is as good as a mile.

未雨绸缪：In fair weather prepare the foul.

明珠暗投：to cast pearls before swine

（二）形异意似的成语

汉英之间还有一些成语，它们所表达的语义基本接近，但其结构、修辞等却迥异，这充分体现了不同民族的价值观念、风俗习惯、民族心理等的差异。例如：

破釜沉舟：to burn one's boats

杀鸡取卵：to kill the goose to get the golden eggs

物以类聚，人以群分：Birds of a feather flock together.

一箭双雕：to kill two birds with one stone

害群之马：the black sheep

三思而后行：Look before you leap.

本末倒置：to put the cart before the horse

谋事在人，成事在天：Man proposes, God disposes.

（三）零对应的成语

汉语中的很多成语来源于历史事件、民间故事、典籍文献、神话传说、宗教信仰和文学作品等，例如：买椟还珠、洛阳纸贵、精卫填海、负荆请罪、滥竽充数、焚书坑儒等等，若想借用现成的英语成语进行套译几乎不可能。

二、汉语成语的英译方法

根据上述分类情况，我们知道在汉语成语的英译过程中，必须以语境为前提，本着语义与形式相统一、语义决定形式、形式为语义服务的原则，权衡得失，因地制宜。常见方法如下：

（一）直译

直译法可用于那些在语义和形式上都不会引起误解，也无须添加太多补偿性文字的成语的英译。例如：

挨门逐户：to go from door to door/go from house to house

百依百顺：to obey in every way

趁热打铁：Strike while the iron is hot.

自食其言：to eat one's words

（二）套译

汉英两种语言有大量成语语义或寓意类似，但形式或比拟方式不同，这时译者可根据翻译初衷及译入语读者的知识水平适当进行套译。例如：

浑水摸鱼：to fish in troubled waters

猫哭老鼠：to shed crocodile tears

轻举妄动：a leap in the dark

原形毕露：to show one's colors

挥金如土：to spend money like water

沧海一粟：a drop in the ocean

半斤八两：six of one and half a dozen of the other

掌上明珠：the apple of ones' eye

欲加之罪，何患无辞？A stick is quickly found to beat a dog with.

（三）意译

当直译成语显得生硬难懂，又无法找到类似英语习语进行套译时，译者可采取意译法。例如：

出生入死：to brave untold dangers

初露锋芒：to show primarily one's talent

大智若愚：Still waters run deep.

若即若离：to keep somebody at arm's length

轻而易举：without making an effort

曲高和寡：too highbrow to be popular

如坐针毡：to feel badly uneasy

山穷水尽：at the end of one's rope/at one's last shift

狐假虎威：bully people by virtue of somebody else's influence

津津有味：extremely interesting

金口玉言：precious words

狗急跳墙：A cornered beast will do something desperate.

狗眼看人低：to act like a snob

狗嘴吐不出象牙：A filth mouth cannot utter decent language.

粗枝大叶：to be crude and careless

庆父不死，鲁难未已：There will always be trouble until the trouble-maker is removed.

第二节 歇后语的翻译

汉语歇后语是民俗语言文化的一个有机组成部分，它活泼生动、幽默机智、流传广泛，而且随着语言交际的发展，歇后语已逐步走进大雅之堂，走进文献和教材之中，融入对外文化交流与宣传之中。有鉴于此，对歇后语的研究与翻译愈发重要。

一、歇后语的分类及其文化内涵

（一）歇后语的分类

歇后语是俗语的一种，多为人民群众熟识且诙谐生动的语句，实际运用时亦可隐去后文，只留前文以明义。从语言学的角度看，歇后语大致可分为：

1. 语境型歇后语

浩瀚的古代文化典籍、纷繁的历史事件以及形形色色的历史人物等逐渐构成了基于话语及语篇的情景语境和文化语境，而这些特定语境又催生了歇后语萌发与使用的话语意旨、话语方式和话语范围。可以说，汉语歇后语中的相当一部分是具体情景语境和文化语境下不可或缺的语言符号。例如：

徐庶进曹营——一言不发

宋徽宗的鹰，赵子昂的马——都是好画

2. 方言型歇后语

方言是语言的一种因地域不同而引起的语言变体形式，不同的方言自然也会孕育不同的歇后语表达形式和方法。例如：

丰都城拉二胡——鬼扯

冷锅贴饼子——溜啦

兔儿爷打架——散摊子

3. 修辞型歇后语

修辞使得日常语言产生了艺术生命力和美学感染力，同样，歇后语和修辞也有着密切联系。隐喻和转喻等常见修辞手法都在不少歇后语中有所体现。例如：

擀面杖吹火——一窍不通

竹篮打水——一场空

4. 音韵型歇后语

语言不仅是思维的载体，而且还是富于乐感的表达体系，谐音就大量地被运用到歇后语中。例如：

孔夫子搬家——尽是书（输）

和尚打伞——无法（发）无天

（二）歇后语文化内涵

由于歇后语是汉语言文化长期历史积淀的结晶，内涵意义、情感意义和联想意义都十分丰富。现从汉英对比的角度对其文化内涵进行简析。

1. 汉英喻体相同，文化内涵类似

有些歇后语无论在语义上还是在比拟形式上都与英语在文化内涵上大致相同。例如：

老鼠过街——人人喊打：A rat runs across the street—everyone joins the hue and cry.

聋子的耳朵——摆设：A deafman's ears—just for show.

竹篮打水——一场空：Drawing water from a bamboo basket—all in vain.

2. 汉英喻体不同，文化内涵相异

与英语有着对应的喻体与文化内涵的歇后语毕竟为数不多，有相当一部分是颇具迷惑性的喻体及文化内涵迥异的歇后语。例如：

猫哭老鼠——假慈悲：A cat crying over a mouse's misfortune—sham mercy.

在该歇后语中，猫是比喻那些内心残忍而表面慈善的人。然而，英语中的 cat 则罕有此文化喻义。

山中无老虎，猴子称大王：When the tiger is away from the mountain, the monkey calls himself the king.

这一歇后语与英语的“In the kingdom of the blind, the one-eyed is king.”语义接近，但二者文化内涵并非完全等同。在英语国家，狮子才是百兽之王，而且猴子也不是聪明机智的象征。

3. 文化语境不同，表达形式相异

歇后语的内蕴无不与其丰富多彩的文化语境有密不可分的联系，中国独特的文化语境产生了许多中国式的、折射典型中国文化的歇后语表达方式。

泥菩萨过江——自身难保：A clay Buddha crossing a stream—hardly able to save itself.

该歇后语中的“泥菩萨”形象已超越英美人的认知范围，与英语表达形式更是相距甚远。

阎王爷出告示——鬼话连篇：The king of the Hell’s announcement—a whole series of lies.

中国人称掌管地狱、死亡的神为阎王爷，他出的告示自然都是与鬼事有关，而“鬼话连篇”又进一步喻指“骗人的谎言”。

二、歇后语的翻译方法

由于英语中几乎不存在类似汉语歇后语的表达形式，所以歇后语的英译难度颇大。众所周知，汉语俗语表达的形和意并非重合或一致，这在歇后语表层意义和深层意义中得到了充分的体现。因此在转换成英语的过程中，译者需要综合语言、认知、文化、交际等各种因素来忠实地传递源语表达式的意义，以体现汉语歇后语的文体特征和语用特点。

（一）直译法

在不违背译入语语言规范以及不引起错误联想的条件下，在译文中最大限度地保留汉语歇后语的比喻形象和民族文化色彩。这种直译法一方面可丰富译文语言，另一方面可将中国文化介绍给英语国家。

1. 狗咬耗子——多管闲事

A dog catching mice meddles in cat’s business—to poke one’s nose into other people’s business.

2. 兔子的尾巴——长不了

The tail of a rabbit can’t be long—won’t last long.

3. 麻子照镜子——个人观点

A man with pockmarked face looks in the mirror—personal points of view.

4. 芝麻开花——节节高

A sesame stalk puts forth blossoms notch by notch, higher and higher—rising steadily.

（二）套译法

有些汉语歇后语和英语习语在语义和形式上相类似，在这种条件下便可直接套用英语习语来翻译歇后语，从而事半功倍地传递同样的话语意旨。

1. 老王卖瓜，自卖自夸

No man cries “stinky fish”.

2. 冰冻三尺，非一日之寒

Rome was not built in a day.

3. 脱裤子放屁——多此一举

To carry coals to Newcastle

（三）意译法

一些歇后语带有浓厚的民族色彩、地方色彩、典故渊源以及谐音双关，如果直译则译语读者十分费解，同时在英语中亦无可套用之习语，这时就得采用意译法。

1. 这个城市的大气污染仍然是外甥打灯笼——照旧（舅）。

The air pollution in this city is still unchanged.

2. 该足球队近年来可是孔夫子搬家——净是输（书）。

That football team has kept losing in the recent years.

3. 你在车里说的那番话让我丈二和尚摸不着头脑。

What you said in the car made me completely at a loss.

第三节　俗谚语的翻译

俗谚语（前文之成语及歇后语不在本节讨论范围）是流传于民间的简练通俗而富于人生经验意义的语句，汇集了劳动人民集体的智慧，经过长期的积累、科学的概括、美学的加工，其特点是形象鲜明生动，内容深入浅出，雅俗共赏。要在翻译中把这些蕴涵着鲜明民族特色的俗谚语准确地译成英语并非易事，因为英、汉俗谚语不仅在词汇运用、语法结构、修辞文体上存在明显差异，而且其中所蕴含的思维方式差异更是难以准确译出。张培基（1979）曾说，“在翻译时那些为一种语言的习语所特有而为另一种语言所不具备的不同表达手段和形式往往造成很多困难。”

一、汉英俗谚语的比较

俗谚语，在我国最早出现在夏商时代，在语音上重视音韵、用词上讲究简练、句法上注重对称、表达上力求形象。英语俗谚语则最早发轫于八世纪的古英语，是英美等国人民的口头创作成果，从各方面反映出英语世界的道德观念、生活哲理、行为准则和风土人情。

（一）形似或意似的俗谚语

1. 人多好办事

Many hands make light work.

2. 船到桥头自会直

You will cross the bridge when you get to it.

3. 种瓜得瓜，种豆得豆

As you sow, you will reap.

4. 江山易改，本性难移

The wolf changes his coat, but not his disposition.

5. 人往高处走，水往低处流

Man struggles upwards; water flows downwards.

6. 好事不出门，坏事传千里

A good reputation sits still; a bad one runs about.

7. 善有善报，恶有恶报

Good will be rewarded with good, and evil with evil.

8. 与人方便，自己方便

He who helps others helps himself.

9. 失之东隅，收之桑榆

What you lose on the swings you get back on the roundabouts.

（二）相异的俗谚语

1. 无风不起浪

There is no smoke without fire.

2. 挂羊头，卖狗肉

to cry up wine and sell vinegar

3. 一朝被蛇咬，十年怕井绳

The burnt child dreads the fire.

4. 偷鸡不成蚀把米

to go for wool and come home shorn

二、俗谚语翻译方法

俗谚语的翻译不仅要努力保持原文的语义和文化意象，还要符合译入语的语言习惯。下面介绍几种常见译法：

（一）直译法

直译汉语俗谚语不但有利于传播其特有的思想内容，也便于向英语世界传递新颖的表现手法。直译法保留最直接的比喻或最有特色的民族色彩，使翻译更准确、生动。

1. 吴用道："休得再提。常言道：'隔墙须有耳，窗外岂无人。'只可你知我知。"（施耐庵：《水浒传》第十六回）

"You must not mention it," said Wu Yong, "There is a saying, 'Walls have ears, and outside the window is there not a man?' This plan must be kept between you and me only."

2. 俗话说得好："与人方便，自己方便。"

As the saying goes, "He who helps others helps himself."

"隔墙须有耳，窗外岂无人"和"与人方便，自己方便"虽然是俗谚语，但其反映的道理在汉英两个语言世界却是共通的。译者采用直译法，译文既简练，又最大限度地传递了原文的文体色彩。

（二）套译法

套译就是指摆脱原俗谚语文化形象，套用充分体现原文意义的译入语现有俗谚语进行翻译。

1. 棋逢对手，将遇良才

Diamond cut diamond.

2. 冰冻三尺，非一日之寒

Rome was not built in a day.

3. 凡人都有短处

Every bean has its black.

（三）语义补偿法

汉语俗谚语中很多都有内涵语义，对于汉语读者无须明示，但英译时则要根据其内涵和语境，适当进行语义补偿，使译语更为贴切、达意，文化意象更易于英语读者接受。

1. 正如俗语云："新婚不如远别。"（《红楼梦》第二十一回）

As the proverb says, "Reunion after long separation is better than a wedding night."

译者增加了"Reunion after"。如一味将原句直译为"A wedding night is not as good as long separation"，译语读者一定会困惑不解。

2. "那薛老大也是'吃着碗里看着锅里'的，这一年来的光景，他为要香菱不能到手，和姨妈打了多少饥荒。……"（《红楼梦》第十六回）

"Hsueh Pan is another of those greedy-guts who keep 'one eye on the bowl and the other on the pan'. Look how he plagued his mother for a whole year just to get hold of Hsiang-ling..."

（四）意译法

在汉语俗谚语英译的过程中，有些俗谚语的文体、修辞等在译语中既无法再现，也无法被其他文化意象取而代之。这时译者都只能将其原有形式舍弃，意译出其语义。

1. 茗烟又嘱咐道："不可拿进园去，叫人知道了，我就'吃不了兜着走'了。"（《红楼梦》第二十三回）

"Don't take them into the Garden," Ming-yen warned him. "If they were found I'd be in serious trouble."

"吃不了兜着走"是汉语读者非常熟悉的俗语，意指使自己陷入巨大的麻烦之中。传统的中国人有时为摆阔，不致被贴上小气吝啬的标签，常常对餐馆吃剩的饭菜弃之不顾，而西方人一直以来就有打包的传统。因此，如果我们将"吃不了兜着走"直译为"I will have to pack the foods if I can't eat them all."，译语读者很难与负面结果联系在一起。所以，译者意译为"in serious trouble"。

2. 凤姐道："我哪里照管得这些事！见识又浅，口角又笨，心肠又直率，人家给个棒槌，我就认作'针'。"（《红楼梦》第十六回）

"I'm incapable of running things," she sighed. "I'm too ignorant, blunt and tactless, always getting hold of the wrong end of the stick."（杨宪益，戴乃迭译）

"人家给个棒槌，我就认作针"也是一句具有浓厚汉民族文化特色的俗语，如果直译恐难使译入语读者理解清楚。因此，译者对此进行意译，舍其形而取其义，直接将比喻义译出，使原文内涵一目了然。

练习 Exercises

一、翻译下列成语

1. 良药苦口
2. 空中楼阁

3. 江河日下
4. 牵肠挂肚
5. 胸有成竹
6. 扬眉吐气
7. 灯红酒绿
8. 开门见山
9. 杯弓蛇影
10. 八仙过海

二、翻译下列句子（注意句中成语的处理）

1. 总而言之，批分数该雪中送炭，万万不能悭吝。

2. 董斜川道："好，好，虽然'马前泼水'，居然'破镜重圆'，慎明兄将来的婚姻一定离合悲欢，大有可观。"

3. 人们都被她的倾国倾城之貌所倾倒。

4. 到处是警察，他已成惊弓之鸟。

5. 香菱笑道："好姑娘，趁着这个工夫，你教给我做诗罢。"宝钗笑道："我说你'得陇望蜀'呢。"

三、翻译下列歇后语及俗谚语

1. 千里送鹅毛——礼轻情意重
2. 小葱拌豆腐——一清二白
3. 瞎子点灯——白费蜡
4. 一寸光阴一寸金
5. 人要长交，账要短结
6. 打柴问樵夫，驶船问艄公。
7. 干打雷，不下雨。

第三单元

句子的翻译

教学目标

本单元首先讲述汉语句子英译的基本技巧，而后从“是”字句、“得”字句、“把”字句、被动句、无主句、连动句、兼语句、存现句以及长句等九个方面使学生全面掌握汉语各种句式的英译技能。

第一节　句子英译综述

汉译英过程中句子翻译主要包括主语的确定、谓语的选择、其他句子成分的安排以及否定的处理等。

一、主语的确定

句子英译过程中，主语的确定应遵循以下原则：符合英语的语言习惯和英美世界的文化习俗；符合英美人的思维方式和认知模式；准确突显句子的信息焦点；正确反映句中的逻辑关系。

1. 热烈欢迎世界各地客商来此进一步加强合作，建立和发展贸易。

Customers from various countries and regions are warmly welcome to establish and develop business contacts.（通过被动句转换原句主语）

2. 希望今后北京能够与更多的外国城市结为友好城市。

It is hoped that Beijing will establish friendly relations with more foreign cities in the future.（形式主语 it）

3. 她从来没想到他是个不诚实的人。

It never occurred to her that he was a dishonest man.（形式主语 it）

4. 下倾盆大雨了。

It is raining cats and dogs.（表示天气的 it 作为主语）

5. 到去年年底，我部已同有关省市签订了 100 余艘中小船舶的建造合同和协议。

By the end of last year, contracts and agreements had been signed with some provinces and cities for the construction of more than 100 small and medium sized vessels.（准确突显句子的信息焦点）

6. 他的英语讲得很好。

He speaks good English.（符合句中的逻辑关系，而不可译为：His English speaks good.）

二、谓语的选择

谓语的确定一般要考虑以下六个方面：主谓保持一致、正确的时态、与主语保持正确的逻辑关系、与宾语搭配合理、适当采用系表结构作谓语以及主要动词作谓语（指汉语连动式和兼语式句子英译）。

（一）主谓保持一致

1. 乡镇企业的繁荣是我国农村改革的必然产物。

The prosperity of township enterprises is the inevitable outcome of the economic reform in the rural areas.

2. 当前，我国的职业教育和成人教育正在加快发展。

Vocational education and adult education are being pushed on energetically in our country.

（二）正确的时态

1. 他做实验时心不在焉，几乎引起化学药物爆炸。

His absent-mindedness during the experiments nearly caused an explosion of the chemicals.

2. 他过去的那副尊容，只要你见过一次，无论什么时候你都不会忘记。

Once you saw, you are not to forget that face he had.

（三）与主语保持正确的逻辑关系

1. 这一证书课程分在三年中学完。

This certificate course of studies will spread over three years.

2. 这次旅游可选择的地方有北京、上海或西安。

The tour will include Beijing, Shanghai and Xi’an.

（四）与宾语搭配合理

1. 从这次讲座中，我们学到了许多有关美国历史方面的知识。

We obtained much knowledge of American history from the lecture.

2. 我学法语已五年了。

I have studied French for five years.

（五）适当采用系表结构作谓语

汉语原文若是名词性短语、形容词短语、数量词或介词短语作谓语，英译文中可采用系表结构作谓语。

1. 你们一定知道，这种打字机轻便高效，经久耐用又经济实惠，适合中学生使用。

You are well aware that this type of typewriter is portable and durable, economical and practical for high school students.

2. 今天星期六，我们不知道厂里的新闻。

Today is Saturday, so we are ignorant of the news about the factory.

（六）汉语连动式和兼语式句子英译时以一个主要动词作谓语

1. 市政府采取各种措施招商。

The city government takes many measures to invite investments.

2. 招商代表团吸引了许多东南亚客商来北京洽谈项目。

The delegation of inviting investments has attracted many businessmen from Southeast Asia to Beijing to hold talks on different projects.

三、其他成分的安排

（一）定语的位置

在汉语中多重定语的位置排序是：表示领属的名词、代词或短语（谁）+数量短语+动词、动词短语+形容词、形容词短语+表性质的名词，而且带“的”定语放在不带“的”定语之前。而在英语里，一般定语前置时的顺序为：限定词、形容词、分词、动名词和名词性定语。但当几个形容词同时出现在名词短语之前时，其词序为：限定词（一般指数量）、外观（美丽等）、形状（大小、高矮、肥瘦）、年龄、颜色、国籍、材料用途，另外英语中定语后置的情况也不容忽视。

1. 我们已经试过各种可能的办法了。

We have tried every way possible.

2. 我们要把祖国建设成社会主义的现代化强国。

We will build our motherland into a modern powerful socialist country.

3. 那是中国内地出版的第一份报纸。

That was the first newspaper that had been published in inland China.

4. 他是一位中国现代优秀作家。

He is an outstanding contemporary Chinese writer.

（二）状语的位置

汉语句子状语顺序一般为：时间、地点、方式；英语则总体为：方式、地点、时间。

1. 他每天早晨在教室里认真地学习。

He studies hard in the classroom every morning.

2. 教授昨天又在实验室里埋头钻研了一整天。

The professor immersed himself in his research at the laboratory yesterday.

四、否定的翻译

汉译英过程中，否定成分的处理一般分为：正说反译、反说正译以及否定转移。

（一）正说反译

1. 他们工作时总是互相帮助。

They never work without helping each other.

2. 老张常常学习到午夜。

Old Zhang does not stop studying until midnight.

（二）反说正译

1. 在收据尚未签字以前不得付款。

Before the receipt has been signed, the money must not be paid.

2. 他太自私，几乎没有人喜欢他。

He is so selfish that hardly anybody likes him.

3. 她抱怨名单上没有她的名字。

She complained about the omission of her name from the list.

4. 他决不会说出这样的话。

He was the last person to say such things.

5. 说什么我也不去。

I'll be damned if I go.

（三）否定转移

1. 如果没有太阳，什么也不能生存。

Without the sun, nothing could live.

2. 物质必须运动，否则就没有做功。

Matter must move, or no work is done.

3. 我们全然不了解这件事。

We know nothing about it.

4. 我们认为他们不可能按时到达。

We don't think they can arrive in time.

5. 她觉得她再也不能忍受丈夫的侮辱。

She doesn't feel that she can stand her husband's insult any longer.

第二节 “是”字句的翻译

“是”字句在汉语中占有相当大的比例，但并非所有的“是”都可视为判断词，因此不能一律用英语的连系动词 be 来翻译，必须结合语境因地制宜。一般来说，汉语中的“是”可表示等同、类属、特征、存现等意义；“是”与“正”、“才”、“就”等连用表示强调；“是……的”具有被动意义；“是”还可以表示一种主观界定的表象或结论。

一、表示等同的“是”字句的翻译

翻译表示“等同”含义的“是”字句时，要根据主语的人称及数的情况，再加上原文的时间，最终决定连系动词 be 的单复数形式以及相应的时态，以英语的系表结构译出。值得注意的是，由于主语与宾语表示的概念是等同的，因此二者的位置大多可互换。

1. 科学技术是第一生产力，科技进步是经济发展的决定因素。

Science and technology being a primary productive force, their progress is a decisive factor in economic development.

2. 北京是中国的首都，也是全国的政治、经济和文化教育中心。

Beijing is the capital of China. It is also the centre of politics, economy, culture and education in the country.

二、表示类属的“是”字句的翻译

有些“是”字句可说明一种类属关系，主语的所指实际上是谓语所指的一部分。这样的汉语句子往往要用英语的系表结构译出。

1. 她分明已经纯粹是个乞丐了。

She had clearly become a beggar pure and simple.

2. 李白是中国历史上最伟大的诗人之一。

Li Bai was one of the most famous poets in Chinese history.

三、表示特征的“是”字句的翻译

汉语中相当一部分“是”字句都表示性质特征，同样英语中由 be 作连系动词的系表结构也常常表示特征，因此大多可以直译。

1. 这台机器是多功能的。

The machine is multifunctional.

2. 这条河原来是非常清澈的。

The river was originally very clean.

四、表示存现的“是”字句的翻译

“是”字可以在汉语存现句中作谓语，构成“是”字存现句。这种“是”字句可根据语境用“there be”结构或相关动词形式进行翻译。

1. 这座村庄背后是一座大山，前面是一条小河，东边是稻田。

There is a big mountain behind the village. In front of it runs a small river and to the east of it expands a paddy field.

2. 一千五百米跑下来，他满身都是汗。

After a thousand-and-five-hundred-meter run, he was sweating all over.

五、表示强调或被动的“是”字句的翻译

汉语的“是”字用在动词或形容词之前，表示某种肯定或否定，也可与“才”、“就”、“竟”连用以示强调。英译这类句子时，可以运用英语的各种强调手段进行翻译。“是……的”除可表强调外，亦可表被动。

1. 如果你需要的话，我是会帮助你的。

I will do help you if you need.

2. 是经理同意了的。

It is the manager who has given the green light.

3. 这首优美的歌曲是一名残疾人谱写的。

This graceful song is composed by a handicapped man.

4. 这位老师是博学的。

The teacher is learned.

5. 她正在干的就是为家人准备可口的饭菜。

What she is doing now is preparing delicious food for her family.

六、表示主观界定的表象或结论的“是”字句的翻译

这种“是”字句在口语中出现较多，谓语通常表示说话者的某种主观判断或结论与描述，但在语义逻辑上却不严谨。因此要纵观全句，根据上下文来确定适当的译文谓语。

1. 那年月，有钱人是天天过年。

In those years, the rich people’s extravagance was such that every day was a Spring Festival.

2. 我爸爸直来直去，但他是一片好心。

My father is rather blunt but he’s always well-intentioned.

第三节 “得”字句的翻译

得字句是由“得”字放在动词前或者附在动词或形容词后面构成的汉语句子。置于动词前的“得”主要表示“必须”的含义；放在动词或形容词后面的“得”可以表示：必须、能力、可能性、结果或程度。现将常用“得”字句的翻译方法分述如下：

一、表示必须的“得”字句的翻译

这种“得”字句中的肯定句可翻译成“must/should/have to + verb”；否定句（“不得”）则可翻译成“mustn’t + verb”或用正反翻译法。

1. 天要下雨了，我得走了。

It’s going to rain, and I must/have to be off now.

2. 周五前你得交上作业。

You have to hand in your assignment before Friday.

3. 这事放松不得。

This matter must be paid close attention to.

二、表示能力或可能性的“得”字句的翻译

这种“得”字句的翻译可利用英语的情态动词“can/could/to be able to”或以“-able/-bile”结尾的相关形容词及其短语，如“to be capable of”等。

1. 这个礼堂能坐得下 1 500 人吗？

Can this auditorium hold 1,500 people?

2. 他看得出两者的差别。

He was able to see the difference between the two.

3. 论唱歌谁能比得上他？

Who can match him in singing?

4. 这些星星是肉眼能看得见的。

These stars are visible to the naked eyes.

5. 这消息靠得住吗？

Is the information reliable?

6. 我们都认为他是可以信得过的。

We all think him credible.

7. 他们什么事情都干得出来。

They are capable of anything.

8. 他能搬得动这块石头吗？

Is he capable of moving this rock?

三、表示结果或程度的“得”字句的翻译

这种“得”字句的翻译可利用英语的“so...that”、“so...as to...”、“such...that”、“too...for...”、“too...to...”、“enough to...”、“enough for...”、“and”连接的并列句结构，含有复合谓语的被动结构，“动词+后置状语”的结构，以及“till/until+状语从句”的结构。

1. 他高兴得睡不着觉。

He was so excited that he could not fall asleep.

2. 他说得太快，我们几乎完全听不出他说了些什么。

He spoke so fast that few of us could catch what he said.

3. 我们动身得早，午前就赶到那里了。

We started so early as to get there before noon.

4. 他常常高兴得什么都忘了。

He is often so happy as to forget everything.

5. 天气热得大家喘不过气来。

It was such a hot weather that people were out of breath.

6. 我们喊得声音很大，人们立刻前来援救。

We raised such a cry that help came at once.

7. 恐怕事情已经闹得不可收拾了。

I'm afraid things have gone too far to be set right.

8. 我解释过，可他就是糊涂得不懂这个理儿。

I have explained it in detail, but he is too stupid to understand such a truth.

9. 这水脏得不能喝。

The water is too dirty for drinking.

10. 这些工具旧得不能再用了。

These tools are too old for further use.

11. 天气暖和得可以游泳了。

It’s warm enough to swim now.

12. 他身体壮得可以干这件重活。

He is strong enough for this heavy work.

13. “万恶淫为首”这句话像鼓槌一样打得他全身发抖。

The text “Of all the vices sexual indulgence is the cardinal.” drummed on his mind, and he shuddered.

14. 他的歌声引起了观众的哄笑，他便羞愧得赶忙离开了赛场。

His singing made the audience burst out laughing. He felt ashamed and left the competition hurriedly.

15. 他被打得遍体鳞伤。

He was beaten black and blue.

16. 院子每天都扫得干干净净。

The courtyard is swept clean every day.

17. 他样样工作都做得很不错。

He does all his work very well.

18. 日程安排得很合适。

The schedule was arranged in a practical way.

19. 他笑得肚子疼。

He laughed till his sides split.

第四节 “把”字句的翻译

汉语“把”字句是指用介词“把”或“将”使谓语动词的宾语（即受动者）置于动词之前的一种句式。“把”字起引导受事者的作用，语态形式上表现为主动式，这就使汉语减少了被动句的使用，很多被动意义都可借助“把”字句来表达。其结构一般为：

主语+把+宾语+动词+其他。

翻译“把”字句，首先要分析“把”字句的宾语、动词和其他成分三者之间的语义逻辑关系，其中动词最为关键，因为动词决定了对应的英语句子结构。现将汉语“把”字句的常见译法分述如下：

一、“主语+把+宾语+动词+了”结构的“把”字句的翻译

这种结构的“把”字句可相应译为英语的 SVO 句型，例如：

1. 为了赶做实验，老刘把午饭也误了。

In order to finish his experiment, Old Liu missed his lunch.

2. 周超同志为了给大家治病，把休息也放弃了。

Zhou Chao gave up his rest/holiday to cure the sickness for everybody.

3. 要时刻把党的教导记在心上。

We should always bear in mind our party's instructions.

二、"主语+把+直接宾语+动词+间接宾语+其他"结构的"把"字句的翻译

这种结构的"把"字句可译为英语的 SVOO 及其变体 SVO+to+O 句型。

1. 大家立刻把这个令人振奋的好消息告诉了刚从前线回来的同志。

As soon as the comrades came back from the front, all told them the exciting news at once.

2. 省委将本省认真贯彻中央一号文件精神的情况报告了中央。

Our provincial committee reported to the CCCPC that we shall firmly and conscientiously act in the spirit of the Central Document.

三、"主语+把+宾语+结果动词+其他"结构的"把"字句的翻译

在此类结构中，"把"字常与某些词一起构成固定搭配。如：把……当/看/认/叫做；把……变/认/称作为；把……当/看/分/缩/造成。在英译时，译者可采用这么一种句式：主语+动词+名词/代词+介词短语。

1. 卖主把这车说成是一辆古香古色的名贵轿车。

The seller described it as a vintage car.

2. 我们都把他当做语言学权威。

We all recognize him as a leading authority on linguistics.

四、"主语+把+宾语+形容词谓语+程度补语"结构的"把"字句的翻译

此类"把"字句的"把"含有"致使"的含义，因此汉译英时译者可使用英语中相应含有"致使"的动词，构成 SVOC 句型，或者用"主语+be+形容词化的过去分词+程度补语"句式来翻译。

1. 这项研究把他累坏了。

This research tired him out.

2. 你去哪里了，真把我急得要死。

You are not here. I am worried to death.

五、表示不如意的"把"字句的翻译

这种"把"字句前往往没有主语，而且"把"字有时可以省略，因此，翻译时译者亦可对"把"字不予考虑。

1. 正需要打字员，偏偏把个打字员病了。

Badly in need, the very typist fell ill.

2. 真是不幸，把个独生子死了。

It is unfortunate that the very only son was dead.

第五节 汉语被动句的翻译

由于汉语动词没有语态（voice），所以汉语被动句不像英语被动语态那样有明确的形式标志。只要主语代表受动者，句子就可以视为被动句，所以被动句也可以叫受事主语句。

一、汉语被动句的分类

汉语被动句根据是否有标记，可以分为：标记被动句和无标记被动句。标记被动句按其构成又可以分为五种：

1. 受事+被/叫/让/给+施事+动词
2. 受事+被/给+动词
3. 受事+被/叫/让/为+施事+所+动词
4. 受事+被/叫/让+施事+给+动词
5. 受事 1+被/叫/给/让/为+（施事）+动词+受事 2

二、汉语被动句的翻译

总体来说，汉语被动句翻译的原则就是：首先确定英语的动词，然后根据所确定的英语动词的构句原则进行翻译。

（一）标记被动句的翻译

1. 受事+被/叫/让/给+施事+动词

（1）他的鞋子被尖利的石头磨破了，被海水浸湿了。

His shoes have been gnawed open by sharp stones, and soaked by the seawater.

（2）这些宝贵的图书都给大火烧掉了。

Those precious books have been burned up by the conflagration.

2. 受事+被/给+动词

（1）门好像被推开了。

The door seemed to be opened by someone.

（2）他的辫子给剪掉了。

His braid was forced to be cut. / He had to have his pigtail cut.

3. 受事+被/叫/让/为+施事+所+动词

（1）我们确信，一切困难将被全国人民的英勇奋斗所战胜。

We are certain that all difficulties will be overcome by the heroic people of the whole country.

（2）我深深地被他的话所感动，心里激动不已。

I was deeply touched and inspired by his words.

（3）新官上任，必为众目所瞩。

People's close attention must be paid to the newly appointed official.

4. 受事+被/叫/让+施事+给+动词

（1）过桥时我的帽子叫风给吹跑了。

My cap was blown off by the wind while I was crossing the bridge.

（2）地上的水让太阳给晒干了。

The water on the ground dried in the sun.

5. 受事 1+被/叫/给/让/为+（施事）+动词+受事 2

这种被动句的翻译首先要仔细研究受事 1 与受事 2 之间的语义逻辑关系，然后确定在英语中选择哪一个受事作英语被动句的主语。汉语受事 1 与受事 2 之间的语义逻辑关系有如下几种：

（1）受事 1 与受事 2 之间是领属关系

领属分所属关系、整体与部分的关系、总数与分数的关系。如何翻译取决于译者在英语中所选用的动词的特点。例如：

他被敌人打死了亲爹。（他和亲爹是所属关系，两个受事合并在一起翻译。）

His father was killed by the enemy.

他被敌人打伤了腿。（两个受事是整体与部分的关系，人的受事作主语）

He was wounded by the enemy's shot in the leg.

三只小猪被抓走了两只。（两个受事是总数与分数的关系）

Two of the three pigs were snatched away.

（2）受事 2 表示句中动词的结果

请看例句：

他被打得失去了知觉。

He was beaten senseless.

不一会儿，他就被剃了一个大光头。

Very soon, he has had his head fully shaven.

（3）受事 2 表示接受事物对象，相当于主动句中的间接宾语

请看例句：

那本书叫我送给别人了。

I have given that book to others./ That book has been given to others.

连八岁的妹妹都被卖给了人家。

Even my eight-year-old sister was already sold.

（4）受事 2 表示动作所借以进行的材料工具

请看例句：

墙壁被刷上了一层深蓝色。

The wall was painted dark blue.

灌木丛上覆盖一层雪。

The bush was covered with snow.

可见，如果宾语是具体的物质名词，翻译时大多可以用 with 来连接宾语。

（5）受事 2 与动词组成一个整体，形成一个惯用语。

她已经结了婚，丈夫被抓了壮丁。

She was already married, but soon his husband was press-ganged into the KMT's army.

腿肚子一软，植物学者竟像被点了穴，迈不动步了。

Suddenly his leg felt weak, and the botanist could not step forward as if his vital points were touched.

（二）无标记被动句的翻译

汉语动词由于没有“时”和“态”的变化形式，因此主语和动词的语义关系多为意合。在不产生歧义的情况下，一般可不用表被动的标记词语。因此，在翻译此类无标记被动句时，既要注意是否符合英语的习惯，又要注意上下文语义是否连贯，衔接是否自然。

一般而言，汉语无标记被动句的构成有三种形式：

（1）主动形式的被动句

（2）主语+挨/遭/受+宾语

（3）话题+主语+动词

1. 汉语的语义被动结构译成英语的语义被动语态

（1）他的科学论文读起来像小说。

His scientific papers read like novels.

（2）西瓜尝起来很香甜。

Watermelons taste sweet.

2. 汉语的语义被动结构翻译成英语的有标记被动语态

（1）他的脸晒黑了。

His face was tanned.

（2）教学大楼提前建成了。

The class building has been completed ahead of schedule.

3. 汉语中“主语+挨/遭+宾语”结构及其翻译

（1）他挨了骂不算，还挨了一顿打。

On top of a tongue-lashing, he got a beating as well.

（2）侵略军一进入山地，就处处挨打。

Once they got into the mountainous area, the invaders took a beating wherever they went.

（3）你遭她骗了。

You have been taken in by her.

4.“话题+主语+动词”结构及其翻译

（1）小李，我通知过了。

Xiao Li has been informed.

（2）衣服，他昨天洗了。

The clothes were washed by him yesterday.

第六节　无主句的翻译

从语言学角度来说，英、汉语言之间最重要的区别之一就是形合与意合的区别。汉语的意合特征使句子内部的衔接主要凭借语义逻辑关系来实现，句法功能弱化，汉语的主语在全句中的角色不太稳固。因此，汉语中无主句较为常见；而英语民族的语言呈现出形合特征，通常每个句子都需要有清晰的主语，整个句子往往以主语作为陈述的对象，句法功能较强大。美国语言类型学家 Li & Thompson（1976）认为，英语是注重主语的语言，汉语是注重话题的语言。所以，汉语无主句的翻译是汉英句子翻译中的重要内容之一。

一、无主句的分类

依据主语的隐性程度，一般的汉语无主句可以大致分为：相对无主句和绝对无主句。

相对无主句是指某些无主句从表层语码看来没有主语，但结合生活常识或语境就可以明确体会出句子的主语所指，换言之，这种句子实际上就是内含省略结构的无主句。这种情况在汉语口语交际中大量存在。如果说话人所指就是自己或对方，那么即便省略主语也不影响对陈述对象的判断。例如：

好久没见了！

吃了吗？

写完作业了吗？

绝对无主句则是针对相对无主句而言。这类句子的读者不仅从表层语码上找不到主语，而且即使依托语境也无法完全确定具体陈述对象所指。这类无主句大量出现在公文报告、科普文章、新闻报道等含有指导性、命令性或建议性等意味的书面语言中。在这类文体中，由于作者对研究对象、研究手段、研究过程及研究结果的兴趣超越了对施动者本身的兴趣，所以对陈述主体不予明晰；再者，这类无主句的施动者本身也常常过于笼统、模糊或泛化。例如：

根据地方经济及社会发展目标，必须严格遵循“经济效益与社会效益相结合”的原则。

二、无主句的翻译方法

（一）相对无主句的翻译方法

一般说来，增译法、直译法以及句式转换法是汉语相对无主句英译时常用的翻译方法。

1. 增译法

由于汉语相对无主句在上下文中隐含着较为明确的主语，因此在英译的过程中，通常可将隐含的主语增译出来。这样，句子结构就变成英语的“主谓式”结构，从而更符合英语语法规范。

（1）喝水吧？

Would you like some water?

（2）如果需要帮忙的话，只管来找我。

If you need any help, please turn to me any time.

2. 直译法

汉语相对无主句中的祈使句常用来表达要求、建议、命令等语气，此类句子基本上可以和英文的祈使句对应起来，因此直译即可。

（1）滚开！别再烦我了！

Go away! Don't bother me any more!

（2）请出示您的证件。

Please show your ID.

3. 句式转换法

根据交际语境的需要，在不歪曲原句语意的前提下，译者有时可把汉语的陈述句、祈使句等转换为英语的疑问句，必要时可同时增译主语。

（1）马上给他打个电话吧。

What about calling him right now?

（2）最好马上交作业。

Why don't you hand in the assignment at once?

（二）绝对无主句的翻译方法

英汉对比研究表明，汉语叙述视角较为主观，而英语青睐客观视角。这一差异有助于我们更加贴切地处理汉语绝对无主句的翻译。在这一差异意识的基础上，译者必须考虑语言习惯、句式结构、修辞方式等多方面因素，尽最大可能地传递出原文的意义。

1. 被动译法

汉语的绝对无主句由于过分侧重于主观视角，多为主动句式；而英语在施动者不明或不欲强调的情况下，往往会采用被动句式。因此，把汉语绝对无主句的主动句式转换为英语被动句式，是汉语绝对无主句的重要英译方法之一。

（1）消除城市贫民窟，需要采取立法措施。

Legislative pull is needed before the city's slums and shanty towns can be bulldozed.

（2）要注意贫富分化。

Attention must be paid to the polarization between the rich and the poor.

2. 倒译法

如果汉语绝对无主句中的谓语部分所对应的英语动词是不及物动词或词组，如 emerge、come、take place、appear、occur 等时，那么就不能机械运用被动译法了。这种情况下，不妨把原来汉语绝对无主句中的宾语进行前移译作主语，把汉语的动宾式结构倒译为英文的主谓式结构。

（1）在当今的教育界，已经涌现出大批优秀人才。

Large numbers of talented persons have come to the fore in today's education circle.

（2）在 1919 年，发生了“五四运动”。

The May 4th Movement took place in 1919.

3. “it”译法

在汉语的科技文章、政府文件等文体中，表示引用、总结、希望或要求的时候经常使用绝对无主句。而英语几乎要赋予每个英语句子以主语，即使在主语没有明确的情况下，它也会使用形式主语等手段。

（1）据估计，损失超过了一百万元。

It is estimated that the damage was over one million dollars.

（2）希望今后上海能够与更多的外国城市结为友好城市。

It is hoped that Shanghai will establish friendly relations with more foreign cities in the future.

第七节 连动句的翻译

汉语连动句是指几个动词连用，共同来陈述同一个主语。连动句的基本构成是：

主语+动词 1+动词 2+动词 3+动词 4……

各个动词之间的语义逻辑关系比较复杂，可表并列、先后、方式、条件、承接、因果、假设和目的等。各动词在句中的排列顺序是按照逻辑先后顺序来组句的。以下就从并列式连动句、偏正式连动句和链式连动句三个角度来探讨连动句的译法。

一、并列式连动句的翻译

并列式连动句中的几个动词，可表示动作的先后或同步关系。表示先后动作的连动句常常译成两个英语谓语动词，配以并列连词连接。表示两个动作的同步关系时，可用英语的非谓语动词或其他表伴随的语法手段翻译其中比较次要的动词。

1. 寻章摘句，世之腐儒也，何能兴邦立事？

Those who spend time to select passages and choose phrases are pedants. How can such men make their states strong and do great deeds?

2. 他的朋友阻止道：“不可性急。”

His friend checked him and said, “Be patient.”

3. 大家自觉地排队买票。

People voluntarily lined up to buy tickets.

二、偏正式连动句的翻译

偏正式连动句中的几个动词之间在逻辑上有主次之分，主要动词与次要动词之间的关系有：承接、条件、方式、因果、假设等。因此汉译英时，首先要确定好句中的主要动词，将其译成英语谓语动词，其他动词译成非谓语动词、介词短语等。

1. 我买份杂志看。

I bought a magazine to read.

2. 你抓住树枝爬上去。

Catch a branch of a tree and climb it up.

3. 学生说说笑笑走进礼堂。

The students, talking and laughing, filed into the auditorium.

三、链式连动句的翻译

链式连动句与上述两种情况相比较为复杂，它指由两个或两个以上有逻辑关系的主谓结构组合而成，可细分为并列式和偏正式。处理这种复杂的链式连动句的英译，应仔细分析各动词之间的关系，找出主要动词，适当使用并列连词。

1. 你下了班骑车去姐姐家。

You ride to your sister's after your work.

2. 你坐在这儿看看报等我一会儿。

Sit here to read the paper and I will be soon back.

3. 你回家放了书包来我这儿玩儿。

Go back and put down your bag before coming here for play.

第八节　兼语句的翻译

汉语兼语句是指其谓语是由一个动宾结构和一个主谓结构嵌套在一起构成的。兼语句的谓语中前一个动宾结构的宾语兼作后一个主谓结构的主语。现从以下五个方面介绍兼语句的常见译法。

一、借用英语的 SVOC（主语+谓语+宾语+补语）句型

1. 近几年中国政府一直鼓励外商参与重点经济建设项目和现有企业的技术改造。

In recent years China has been encouraging foreign businessmen to actively participate in China's key economic construction projects and the technological transformation of some existing enterprises.

2. 突然的事变使他改变了原来的计划。

The unexpected emergency had him change his original plan.

二、使用英语中表示"致使"、"促成"意义的动词

1. 经济的腾飞使中国在国际事务中发挥着越来越重要的作用。

The boosting economy enables China to play a more and more important role in the world affairs.

2. 她优美的歌声令听众如痴如醉。

The singer's beautiful voice enraptured the audience.

3. 小说《红楼梦》使曹雪芹的名字在中国家喻户晓。

The novel, *The Dream of Red Mansions*, made the name of Cao Xueqin known throughout China.

三、借用英语中表示原因的状语从句或状语性短语

如果兼语句的第一个动词为“埋怨”、“表扬”、“称赞”、“责备/怪”、“批评”等时，译者往往可将第二个动词译成英语中表示原因的状语从句或状语性短语。

1. 那位评论家指责该书作者有剽窃行为。

The critic criticized the author of the book for plagiarism.

2. 联合国粮农组织的高级官员在世界粮食大会上盛赞中国致力于解决十二亿人口的温饱问题。

On the World Food Conference, senior officials from the United Nations Food and Agriculture Organization highly praised China for its endeavours in solving the problem of feeding and clothing its 1.2 billion population.

四、使用英语的被动结构

1. 他的愚蠢使我大发雷霆。

I was made to lose my temper by his foolishness.

2. 我让班长去打扫教室。

The monitor was sent to clean the classroom.

五、使用英语的强调句型

1. 你的慧心替我把青春留住了。

It is your feeling heart that has been the cause of my sustained youth.

2. 正是这种自信让他有把握通过考试。

It is his self-confidence that makes him sure of passing the exam.

3. 谣言使他们反目成仇。

It was rumor that made them hostile to each other.

第九节　存现句的翻译

汉语存现句常常表示在某地存在、出现或消失了某人、某物，其作用不在于叙述，而在描写。虽然英语也对应有存现句型，但汉译英时译者仍要分析存现句中动词和名词（短语）之间的语义关系，采取适当的翻译方法。

一、采用英语“there be”结构

如果是“有”字存现句和“是”字存现句，则可以运用英语最常见的表存现的“there be”结构句型翻译。

1. 姥姥家门口有一棵老槐树。

There is an old Chinese scholar-tree in front of my grandma’s gate.

2. 墙上是张作战地图。

There is an operation map on the wall.

二、采用“介词短语+be +名词短语”结构

如果“是”字存现句中的“是”带有很强的判断性，则可以采用：“介词短语+be +名词短语”的结构进行英译。

1. 桥下面是那条日夜奔流的扬子江。

Under the bridge is the Yangtze River, which surges eastward day and night.

2. 村子周围是一片肥田沃野。

Around the village are the fertile fields.

三、译成主动句

结构为“行为动词+名词短语类”的存现句，如果动词和名词（短语）之间的语义关系为“动作+施事”，则可翻译为英语主动句，可以用正常语序，也可以用倒装语序，视上下文而定。

1. 床上躺着一个受伤的士兵。

A wounded soldier is lying on the bed.

2. 在游廊的最左端，靠近一道门，却坐有一位将近三十岁的男子。（茅盾：《子夜》）

Close by a door at the extreme left of the veranda sat a man of about thirty.

四、译成被动句

结构为“行为动词+名词短语类”的存现句，如果动词和名词（短语）之间的语义关系为“动作+受事”，则可以翻译为被动句。

1. 黑板上写着五个字：“向雷锋学习”。

Written on the blackboard were five words/characters: Learn From Comrade Lei Feng.

2. 地下埋藏着大量的金、银、铜、铅和锌。

Hidden underground is a wealth of gold, silver, copper, lead and zinc.

第十节 长句的翻译

众所周知，汉语常用散句、省略句、紧缩句、流水句等，在长度上以中短句居多。据统计，最佳长度一般为七至十二字。尽管如此，汉语书面语中仍有长句的存在。汉语书面语中常用的长句，虽然字数较多、结构较复杂，但常用标点把句子切分开，这与英语里无须标点符号而一气呵成的长句不同。同时，汉语长句注重意合，少用甚至不用形式连接手段，词的排列次序一般是按照时间顺序和逻辑关系来排列，常用分句或流水句来逐层展开。潘文国（1997：204）认为汉语是竹式结构，句子内不存在一个主干结构，“构句的方式就像竹子一样是一节一节拔起来的，这样的节可多可少，是开放性的”。

由于汉英长句的句式结构差异较大，翻译时逐字硬译是不可能的，也是不应当的。总体而言，我们应在尊重汉英语言各自的特点和长句造句规律的前提下，按照译入语的

语言习惯和规律对原句结构进行重新安排，还可适当运用过渡性的连接词并恰当地使用标点符号，以使长句的译文表达得连贯而清晰。现从以下三方面对汉语长句英译进行讲解：

一、重组句子结构

翻译汉语的长句时，译者应努力判断原句的各动词之间的语义逻辑关系，确定主要动词，使其成为译文句子的骨干。然后，运用英语所富有的各种衔接与连贯手段，按照结构严密、关系明确的原则，把原句中的其他动词词组转换为非谓语形式、介词词组、从句等。此外，必要时译者还可以适度断句。

1. 接着，他继续设想，鸡又生鸡，用鸡卖钱，钱买母牛，母牛繁殖，卖牛得钱，用钱放债，这么一连串的发财计划，当然也不能算是生产的计划。

He went on indulging in wishful thinking. Chickens would breed more chickens. Selling them would bring him money. With this he could buy cows. The cows would breed too and selling oxen would make more money for him. With the money, he could become a money lender. Such a succession of steps for getting rich, of course, had nothing at all to do with production.

此句为典型的流水句，句子语义随着说话人的意识流淌下去。英译时，断句重组，将其译为七个短句，层次不仅分明，叙述也更清楚。

2. 华大妈大枕头底掏了半天，掏出一包洋钱，交给老栓，老栓接了，抖抖地装入衣袋，又在外面按了两下，便点上灯笼，吹熄灯盏，走向里屋去了。

After some fumbling under the pillow, his wife produced a packet of silver dollars which she handed over. Old Shuan pocketed it nervously, patted his pocket twice, then lighting a paper lantern and blowing out the lamp, went into the inner room.

3. 他五岁时候，生了一场伤寒病，变成了聋子。

He became deaf at five after an attack of typhoid fever.

4. 他常说家庭应该破坏，一领薪水却一定立即寄给他的祖母，一日也不拖延。

While maintaining that the family system should be abolished, he would remit his salary to his grandmother the same day that he drew it.

5. 老栓正在专心走路，忽然吃了一惊，远远地看见一条丁字街，明明白白横着。他便退了几步，寻到一家关着门的铺檐子，蹩进下，靠门立住了。

Absorbed in his walking, Old Shuan was startled when he saw the cross road lying distantly ahead of him. He walked back a few steps to stand under the eaves of a shop in front of its closed door.

二、增加连接性词语

由于汉语为意合型语言，这就使汉语长句常常要求读者靠高语境悟性来理解语句的逻辑关系和内容，句子中很少用、甚至根本不用连接词语。众所周知，英语的一篇文章中连接性词语能占整个篇幅的大约百分之三十。因此，翻译者在英译长句时应首先分析汉语语句之间、意群之间的逻辑关系，然后在译文中适当增加连接性词语，以使译文长句在结构和语义上融会贯通、前后一致。

1. 我给那些因为在近旁而极响的爆竹声惊醒，看见豆一般大的黄色的灯火光，接着又听得毕毕剥剥的鞭炮，是四叔家正在“祝福”了；知道已是五更将近时候。

I was woken up by the noisy explosion of crackers close at hand and from the faint glow shed by the yellow oil lamps and the bangs of fireworks as my uncle's household celebrated the sacrifice, I knew that it must be nearly dawn.

原文句子可梳理为以下几个层次：我被爆竹声惊醒、看见灯光、听见鞭炮声、知道“祝福”了、推算时间等，这几层意思按照时间的先后顺序展开，译文自然也可以照此顺译，但添加适当的连接性词语则是必需的。

2. 一些希腊的科学家们认为一切物质都是由四种所谓元素构成，那就是土、火、空气和水。于是很多人就认为如果把这些元素重新组合的话，一种物质就可能变成另一种物质，例如一种普通金属兴许能变成金子。

Some Greek philosophers held that all matter was made up of the same four "elements"—earth, fire, air and water; and many people therefore thought that if these elements could be rearranged, one substance could be changed into another, for example, a base metal could perhaps be turned into gold.

3. 坚持这种态度，就不要紧，就不会犯大错误。

So long as we keep on this attitude, everything will be all right, and we will not make major mistakes.

三、运用标点符号

标点符号是书面语表达的一个重要组成部分，对于长句翻译来说，它的作用尤为重要。恰当地运用标点符号，不但可使语言表述更加高效，而且还可增加译文的清晰感。

1. 因此，机器可以通过耗费距离或速度而增加力，或者可以通过耗费力而赢得距离或速度。

Hence, a machine may gain force at the expense of distance or speed, or it may gain distance or speed at the expense of force.

2. 当时值得一提的有两件大事，一个是埃及工人对金属、陶瓷和染料的实际知识，另一个是对早期的希腊哲学家，如希波克拉底、亚里斯多得等人的研究。

At that time there were two important things which were worth mentioning: one was the practical knowledge of the Egyptian workers in metals, pottery and dyes; the other was the study of the earlier Greek philosophers, such as Hippocrates and Aristotle.

翻译此句时，译者使用了冒号和分号。这两个符号的运用使得译句层次感鲜明。

3. 他才三十岁，正处在篮球事业和赚取金钱的鼎盛时期，因此大多数人认为他上周宣布退役为时过早，但是根据他的说法，这一决定完全出于自愿，并非是匆忙之举。

He is thirty and at the height of his performing and earning power, and last week's announcement of retirement was premature in most people's opinions—but it was quite on his willingness, by his own account, not taken hastily.

该译句通过运用破折号使原文中所蕴含的转折意清晰地传递出来。

练习 Exercises

一、翻译下列"是"字句

1. 这孩子是可爱的。
2. 我不是不懂，是不想说。
3. 小庙的后面是墓地，前面是一棵老树。
4. 他作为流氓的恶名是在他死后才传开的。

二、翻译下列"得"字句

1. 他能担得起大事。
2. 地板霉烂得有许多地方不能再洗刷了。
3. 他壮实得像个年轻人似的。
4. 差别大得人人都能看得出来。
5. 这些苹果酸得不能吃。
6. 这孩子年龄已够得上进学校了。
7. 他的衣服被强盗剥得精光。
8. 她英语说得很流利。
9. 这件事做得非常出色。
10. 他逗得狗乱叫。
11. 当我说出这个消息时，他高兴得跳起来。
12. 人和马都被雨水淋得湿透。

三、翻译下列"把"字句

1. 我错把她当做她的孪生妹妹了。
2. 他所做的一切把我感动得流下了眼泪。
3. 他每天把自己关在房子里看书。
4. 我们已经把计划做好了。
5. 这天气把人热得坐不住。
6. 那一趟可把我累坏了。

四、翻译下列被动句

1. 这种新产品很受市场欢迎。
2. 这次霜冻，冻死不少的庄稼。

3. 陶医生，我们被发配到哪儿？你知道吗？
4. 昨晚一阵大风，教室的玻璃被打碎了两块。
5. 一批优秀的高中级知识分子被吸收入党。
6. 这座工厂在地震中遭到严重破坏。

五、翻译下列无主句

1. 黑漆漆的，不知是日是夜。
2. 采取积极措施，促进全社会固定资产投资较快增长。
3. 自1983年以来，已经建立了一百多个这样的组织。
4. 真没想到他是个不诚实的人。
5. 在历史上，由于长江不断改道，在武汉地区形成了众多的湖泊。
6. 气得那些农民直跺脚。

六、翻译下列连动句和兼语句

1. 我正扫院子迎接你嘛！
2. 他向我借钱买书。
3. 工人站在工厂外面耐心等候。
4. 我们邀请陈教授就当前国际形势作报告。
5. 他命令部队撤出大城市。
6. 我们建议学校想办法改善学习环境。
7. 他们厌恶美国插手他们的内政。
8. 他妒忌他的朋友找到一个漂亮的老婆和一份薪酬高的工作。
9. 我劝你少管闲事。
10. 三年来，我党一再倡议贵我两党举行谈判，共捐前嫌，共盼祖国统一大业。

七、翻译下列存现句

1. 大楼前面有一个停车场。
2. 市场附近是一所职业学校。
3. 他的书包里藏有大量现金。
4. 从警察背后突然跳出一个黑麻子来，怒声喝打。
5. 远处山谷里一片青青的森林。
6. 屋外一片月光。
7. 脸上一团孩子气。

八、翻译下列长句

1. 他们正在为实现一个理想而努力，这个理想是每个中国人所珍爱的，在过去，许多中国人曾为了这个理想而牺牲了自己的生命。

2. 小马儿也就是十三岁，脸上很瘦，身上可是穿得很圆，鼻子冻得通红，挂着两条

白鼻涕，耳朵上戴着一对破耳帽儿。(《骆驼祥子》)

3. 不一会儿，北风小了，路上浮尘早已刮净，剩下一条洁白的大道来，车夫也跑得更快。(《一件小事》)

4. 干得很顺手，上汽车没到三分钟，一个钱包就到手了，鼓鼓囊囊的，看来钱不少。

5. 一定要言行一致，理论与实践密切结合，反对华而不实和任何虚夸，少说空话，多做工作，扎扎实实，埋头苦干。

第四单元

语篇的翻译

教学目标

本单元首先使学生掌握语篇翻译的基本原则，而后从经济语篇、政论语篇、新闻语篇、旅游语篇以及广告语篇五个方面使学生系统地获得语篇翻译的实战技能。

第一节　语篇翻译综述

众所周知，不同学者对“语篇”的定义和理解是各不相同的。但公认的是，语篇是高于句子层次的一个语言单位，通常指“一系列连续的话段或句子构成的语言整体”（黄国文，1988：7）。它的外在表现形式可以是小说、诗歌、散文，也可以是文字标语、广告文字等。其长度也可长可短，一句话，甚至一个词，都可视为语篇。总之，只要具有语篇特征，语义上是连贯的，具有衔接成分，句子与句子的组合符合逻辑，就可以视作语篇。

Stubbs（1983：1）认为：“一般说来，语篇分析指对句或小句以上的语言结构的研究，也就是对对话或书面篇章这样一些较大语言单位的研究。”换言之，语篇分析就是以语篇为基本单位，从语法、语义和语用几个方面分析文本，研究语篇的宏观结构、句子的组合排列、句际逻辑关系、会话的发展结构、语句的语用指向性、信息聚集度、句子之间的衔接和语义上的连贯等内容。同时，语篇分析往往与语境密不可分。语篇的意义往往取决于语境，尤其是单句、单词语篇，离开了语境，根本无法确定其意义。长语篇也自然是处于一定的语境之中，而且其本身又形成内在语境。

就翻译而言，语篇分析的原则大有裨益。通过语篇分析译者可将“宏观分析与微观分析相结合，把握并再现译文脉络，以取得令人满意的整体效果”（陈宏薇，1996：28）。换言之，译者结合一定的语境，对原语文本和译文作细致的语篇分析，这在翻译的过程中是极为重要的。现从以下三个方面详细阐述：

一、结合语篇，理解原文

理解是进行翻译的先决条件。译者要译好语篇中的每一个词、每一句话，就应在一定的语境中，对该语篇进行分析。首先确定整个语篇的宏观含义，再确定其中每一句话、每一个词的确切含义，然后再进行翻译操作。孤立地分析语篇中的单个句子绝非忠实的翻译。具体而言，语篇分析可以从以下几个方面帮助译者理解原文：

（一）确定主题，把握大意

语篇往往是由一个主题贯穿始终，起到统摄全文的作用。有时这个主题是一个词或短语，在语篇中反复出现。有时通过替代、照应等手法，主题词或短语会有所变换，但所指仍然是相同的。例如：

三个姑娘好像中了魔似的，一个接一个地从自己的床上爬下来，光着脚走过来，围着这位女士站着。其中一个把双手搭在她的肩膀上，另外两个姑娘用手搂着她的腰，三个人都瞅着她的脸。

By a sort of fascination the three girls, one after another, crept out of their beds, and came and stood barefooted round the lady. One put her hands upon her shoulders, and the other two laid their arms round her waist, all looking into her face.

在这段语篇中，“三个姑娘”或“三个人”就是主题，贯穿始终，使语篇连贯起来。译者注意到了这一点，通过使用“the three girls”、“one”、“the other two”以及“all”顺畅传递了语篇主题及大意。

（二）确定词义

只有在特定的语篇中，词语的意义尤其是语用意义才有可能得到准确的体现。换言之，词义是脱离不了语篇的。运用语篇分析的原则，根据语篇衔接的特点，确定各词句之间的语义联系，这样才能最终确定一个词语在语篇中的确切含义。例如：

沈氏：才倒是瞧见大少爷的。也，也许又一个人到梅树林子里去了。

克明：怪事！怪事！眼看就要接亲的人，还这么小孩子脾气！

（话剧《家》，巴金原著、曹禺改编）

Shen: I saw him a moment ago. By now he’s probably moping around the plum grove again.

Keming: This is ridiculous! For someone on the threshold of manhood, he is behaving like a child.

（英若诚译）

原文中的“去”看似词义简单，实则不然。从语篇分析的角度我们看到，觉新在即将与自己不爱的人成亲之前其内心是彷徨无助的。如果机械地将“又一个人到梅树林子里去了”译成“go to the plum by himself again”，则不能真实地传达作者笔下人物的内心情感，也可能使读者对克明的生气感到困惑。在此，译者使用了“mope around”进行翻译，较为符合该语篇中“去”的词义。

（三）明确指代关系

英语是形合语言，因此代词使用较多，指代关系较为明确；汉语由于是一种意合语言，其代词的使用频率远低于英语，而且“句子中的指代关系在外观上不明显”（范红升，1996），即指代关系的表层逻辑性不强。因此，汉语语篇英译时，译者通过语篇分析，必须明确指代关系，以符合译入语语言习惯。例如：

我们几姊弟和几个小丫头都很喜欢——买种的买种，动土的动土，灌园的灌园；过不了几个月，居然收获了。

At that my brother, sister and I were all delighted and so were the young housemaids. And then some went to buy seeds, some began to dig the ground and others watered it and, in a couple of months, we had a harvest!

原文把儿童为了自己心爱的食物，积极主动的劳动热情写得十分生动。收获后的惊奇、欢喜之情也写得活脱真切，这些足可见原文作者的语言功力。同时我们也注意到原文中“买种的买种，动土的动土，灌园的灌园；过不了几个月，居然收获了”都是典型的“零位主语”句子。译者敏锐地把握了这一点，在英译时添加了相应代词，明确了其指代关系。

二、分析语篇，把握架构

大致理解了原文之后，译者还需要弄清楚原文中各句之间、各个事件之间的关系和顺承，这也是原文理解过程的深化。首先，通过语篇分析可以确定各句之间的逻辑联系。英语中各句之间的逻辑联系往往由逻辑联系成分作为标志，表明句与句之间语义逻辑的联系。逻辑联系成分可分为词、短语和分句，可表列举、增补、转折等各种语义逻辑关系。汉语作为意合语言，仅仅依据逻辑联系语有时还难以完全确定逻辑联系，因为有的逻辑联系语是多意的。例如：

有一回，小李不幸在一气之下，对父亲说，假若当初去参军，而不是读大学，那对家庭来说，结果也许会好得多。做父亲的一听这话，真是痛苦得难以形容，想象不出这种看法还会含有千分之一的真理，更不用说百分之五十或百分之百的真理了。

Once upon a time Xiao Li had been so unlucky as to say to his father, in a moment of irritation, that it might have resulted far better for the family if he had joined the army, and not gone to college; and his father’s grief was of that blank description which could not realize that there might lurk a thousandth part of a truth, much less a half truth or a whole truth in such a proposition.

在原文中，“一听这话”凸显了两个长句之间的因果逻辑关系。译者准确地把握住了这一点，在译文中巧妙地使用了两个“and”。第一个“and”在这里表示的是转折关系，第二个则表示句与句之间的因果关系。

再者，通过语篇分析，可以理清语篇中各个动作的先后与主次。汉语语篇中各个动作之间的逻辑关系无须依靠形式性语言标志，但英语可通过动词“时”和“体”的形式来表示动作的顺序和主次，在句子之间起衔接作用。例如：

所以每每在大雪中的黄昏里，围着暖炉，围着祖父，听着祖父读着诗篇，看着祖父读着诗篇时微红的嘴唇。

On snowy evenings, we children often sat around the heating stove by grandpa, listening to him reading poems and watching his busy ruddy lips.

三、构建译文，通畅表达

翻译不仅有一个理解和分析的过程，还有一个表达输出的过程。和理解一样，表达输出也要运用语篇分析，用通畅的译文准确地传递原文的意义。因此，译者不仅要对原文进行语篇分析，还要对译文进行语篇分析，检验译文语义是否连贯，衔接是否得体，即检验译文语篇是否构建完成。换言之，译者在表达输出的时候，要充分注意到英汉两种语篇构建模式的差异，用符合英语习惯的衔接与连贯手段翻译汉语语篇。例如：

漫步山间时，听得四处竹林间的淙淙泉声，众多的细泉汇成一条狭长而深邃的小溪，顺山势而下，及至悬崖处，猛然跌落二三丈，形成一瀑布，水珠飞溅，凉透肌肤。

Strolling along the path, you can hear springs singing everywhere in the bamboo forest. A number of little springs assemble into a narrow but deep little river, which runs along the mountainside. When it meets a small cliff, it falls down eight or nine metres, forming a thin water curtain. The cool drops fly about and splash over your skin.

汉语意合的特点决定了在上例中“漫步山间时，听得四处竹林间的淙淙泉声”可以没有主语，后面对“细泉”的描绘也无须连接词语的辅助，一气呵成。但英译时译者从英语语篇表达的需要出发，增加了“you”、“which”以及“when”等词语，并且构建了一些新的主谓结构。

第二节　经济语篇的翻译

经济语篇主要指具备商务用途的各种语篇，涉及金融、贸易、保险、财政、投资、市场、运输、管理、技术引进、招商引资、对外劳务承包等方面的内容（旅游语篇及广告语篇的翻译另辟章节讲述）。随着时代的变迁、语用环境的改变，经济领域语言在文体、词义、语篇结构等方面都发生了显著变化，汉语经济语篇的翻译在社会主义市场经济的今天愈加重要。现从以下几个方面介绍汉语经济语篇翻译的特点：

一、翻译标准的多重性

由于经济语篇涵盖经济学、语言学、社会学、信息学、统计学等各学科门类，经济语篇的翻译标准自然具有多重性。在忠实于原文的前提下，译者可灵活运用各项翻译技巧。经济语篇文本差异明显，如经济合同语篇中有规定性、正式性、约束性的特点，其用词严谨，措辞谨慎；市场营销语篇则用词灵活、感召力强、半文学性的文体风格较明显。例如：

五谷香酥片配以麻辣、五香、奶油、巧克力、芝麻、咖喱、海鲜等各种调料，方便即食，营养丰富，老少皆宜。

译文 1：Crisp Cereal chip is adopted with condiment as hot pepper, spices, cream, chocolate, sesame, curry, seafood so on and so forth, and it is nutritious and tasty to everyone, convenient to eat at once, ideal for children and the old.

译文 2：Crisp Cereal chip, ready-to-serve food nicely flavored with condiment such as hot pepper, spices, cream, chocolate, sesame, curry, and seafood extract, is nutritious and suits the taste of both old and young.

译文 1 虽然在语义和结构方面忠实于原文，但鉴于市场营销语篇选词空间大、感召力强、半文学性的文体风格突出的特点，译文 2 更接近此类经济语篇的翻译标准。

二、更高的忠实性和严密性原则

经济语篇的翻译直接涉及有关各方的经济利益，因此此类语篇的翻译要求更高的忠实性和严密性原则。例如：

1. 如贵方能将尿素报价降至每吨 1 200 美元，我们可订购 150 至 180 吨。

译文 1：If you can reduce your price of urea to 1,200 dollars per ton, we may be able to place an order of 150-180 tons.

译文 2：If you can reduce your price of urea to US$1,200 per metric ton, we may be able to place an order of 150-180 metric tons.

众所周知，1 公吨（tonne/metric ton）= 1 000 公斤，1 吨（ton）= 1 016 公斤（英）或 907.2 公斤（美）。因此，如果采纳译文 1，则极有可能引起歧义，甚至造成经济损失。

2. 当事人一方违约后，合同对方应当采取适当措施防止损失的扩大。如合同对方未采取措施而导致损失扩大的，违约方可不赔偿扩大的损失。

When either party breaches the Contract, the other party shall take certain measures to prevent the loss from expanding. If the other party does not take such measures, thus resulting in the expanding of the loss, the breaching party shall not compensate for the expanded loss.

译者要清楚知道“当事人”、“违约方”、“对方”等具体概念所指及其彼此关系，然后进行翻译。尽管原文中有表假设的“如”，但译者没有使用虚拟语气，而是用了更为贴切、严密的“shall”。

3. 承运的运输机构所开具的收据日期即被视为交货日期。

The date of the receipt issued by transportation department concerned shall be regarded as the date of delivery of the good.

译文中的 concerned 忠实传递了原文的“承运的”，体现了高度的严密性。

三、再现词语的语用意义

经济语篇中词语的英译应努力“在译语中用最切近而又自然的对等语再造原语的信息，首先在语义上，其次是在文体上”（孙致礼，2004：3）。换言之，在经济语篇词语英译时，译者一方面需注意词义的忠实传达，一方面又要对经济语篇文体特征准确把握，以保证译入语词语选择的得体性。众所周知，经济英语新词不断涌现，译者在使用这类词语时要多方查证，科学体现其语用意义。例如：

1. 食品巨头们回应批评意见时，更好的食品标注方式已经成为他们反击的“杀手锏”。世界最大快餐公司麦当劳称，公司将在汉堡包和薯条包装上印上包括脂肪、盐分、热量以及碳水化合物含量的营养标识。而此前，人们只能从食品公司的网站或宣传品上看到一些畅销食品的有关信息，如巨无霸含有 30 克脂肪。

Better labeling has become an important weapon of the food giants' armory as they fight back against their critics. McDonald's, the world's largest fast-food company, said it would start printing nutritional facts on the packaging of its burgers and fries, including the fat, salt, calorie and carbohydrate content. Before that, information about big sellers such as the Big Mac, which contains 30g of fat, could only be found on the firm's website or in leaflets.

此例中，“巨头”不能直译为“big head”，其语用意义应是指食品业的“giant”，“杀手锏”也被恰当地译为经济领域中常用的“armory”。

2. 客商从开发区企业分得的利润汇出境外时，免征所得税。

Dividends for the investors and businessmen from their Development Zone enterprises will be exempted from personal income tax if remitted out of China.

上例来自招商引资方面的语篇，根据其文体分析，文中的“客商”应指两类人：投资者和企业家；文中的“利润”也并非通常意义的“profit”。因此，译者在这一特定文体下，必须清楚地判断出其语用意义，将“客商”译为 the investors and businessmen，将“利润”译为 dividends。

第三节 政论语篇的翻译

政论语篇以政治及社会问题为中心内容，涉及国家政策、原则、方针和利益等重大方面，旨在阐明立场观点，具有鲜明的政治说理特色。政论语篇一般包括政治论文、领袖文选、社科论著、报刊社论、党政文献和工作报告等。此类语篇的文体特点是：概念明确，逻辑缜密，说理性强，用词规范精准，句法工整且多用长句，叙述视角客观等。在全球一体化高度发展的今天，各国的政治外宣工作日益重要。我国作为国际政治、经济领域的重要成员，政论语篇的翻译也自然成为翻译工作者的核心任务之一。

一、政论语篇的翻译原则

鉴于政论语篇的上述特点，加之其特殊的社会及政治功能，在进行汉英翻译时译者应遵循以下三个原则：

（一）内容忠实，文体对应

由于政论语篇大多涉及国家大政方针，政策性强，稍有疏忽，政治及社会影响可能非常严重。因此，“译文必须确切无误地反映原文。不能偏离原意，更不能曲解原意”（王弄笙，2004：56）。换言之，译者应本着以原文为中心的原则进行翻译，任意的增删或是自由的“创作”都是不可取的。另外，由于政论语篇的语用场合比较正式，因此译者应特别强化自身的文体意识。

（二）译文通顺，语义连贯

内容忠实并不意味着机械地字字对译，因为这势必会造成译文的晦涩生硬，佶屈聱牙，反而违背了忠实的原则。政论语篇大都立足抽象的理性思维，思辨和说理性较强，此类语篇旨在揭示事理的本质特征，因此十分强调语篇内在的通顺与连贯。政论语篇的绪论、本论、结论以及论点、论据和论证各要素环环相扣、和谐统一。因此，译者在进行英译时应灵活运用性、数、格、时态、语态、过渡衔接词、顺序词、指示关系词等以实现语篇视角或时空的顺畅转换，再现原文的逻辑结构和语义重心。

（三）头脑清醒，立场坚定

政论语篇对译者自身的政治敏锐度、政治立场也有较高的要求。外交部资深翻译家程镇球（2003：19）曾说过："从事政治文章翻译的同志要有政策头脑和政治敏感。"可见，只有译者自身头脑清醒、立场坚定，才能产出高质量的译文。

二、政论语篇的翻译策略

由于政论语篇英译稿的读者社会生活、历史文化、心理思维等背景与中国人有所不同，译者翻译时在最大限度传达原文意旨，再现原文文体特征的同时，还要因地制宜地采用多种策略，以达到对外政治宣传的最佳目的。

（一）语义增补

政论语篇中常会涉及很多中国人耳熟能详的事件，因此在汉语表达的时候就将相关背景知识省略了。但是在汉英翻译时却需要将其增补出来，否则就会造成译语读者因为缺乏背景知识而困惑不解。例如：

1. 我们战胜了突如其来的严重非典疫情和历史罕见的低温雨雪冰冻等特大自然灾害。

We prevailed over the sudden and severe outbreak of SARS and catastrophic natural disasters such as the recent snow and ice storms in the south that the region has rarely seen before.

上例中涉及了2008年初我国南方经历的一场百年不遇的大雪。但是若照字面意思进行翻译，译语读者很难理解低温雨雪冰冻对中国南方地区意味着什么，所以译者进行了适当增补。

2. 中央财政用于"三农"的支出五年累计1.6万亿元。

Central government allocations for agriculture, rural areas and farmers reached 1.6 trillion *yuan* over the past five years.

上例中所提到的"三农"是典型的政治缩略语，对于这类富含特定社会特色和文化内涵的表达方式，翻译时既要确保语义的完整，又要符合译语的表达形式。

（二）省略

汉语政论语篇多用加强语气的修饰语，常有辞藻华丽、重复强调的现象；相比较而言，英语同类语篇则简洁明快、自然朴实。因此，译者在政论语篇英译时若是不加分析进行直译，则势必会造成译文冗长累赘，甚至造成不必要的政治误解。

1. 2004年，全国各族人民在中国共产党的领导下，高举邓小平理论和"三个代表"重要思想伟大旗帜，团结奋进，锐意创新，社会主义现代化事业取得令人鼓舞的重大成就。

Under the leadership of the Communist Party of China (CPC), the people of all our ethnic groups held high the great banners of Deng Xiaoping Theory and the important thought of

Three Represents, worked together in an innovative spirit, and made major achievements worth celebrating in the socialist modernization drive in 2004.

上例中的“团结奋进，锐意创新”被译为“worked together in an innovative spirit”，原文中较重的修饰色彩得以淡化。

2. 论坛成立12年来，各成员国团结一致、密切协作，推动这一合作机制持续向前发展，取得重要成就。本届部长级会议的主题是“继往开来，开创中非新型战略伙伴关系新局面”。中非双方应该再接再厉、共同努力，既立足当前，又着眼长远，共同描绘下一阶段中非合作发展蓝图，为中非关系取得新的更大的发展打下坚实基础。

In the past 12 years since its founding, the FOCAC member states, maintaining unity and working together, have made important progress in strengthening this mechanism of cooperation. The theme of the current Ministerial Conference is “build on past achievements and open up new prospects for the new type of China-Africa strategic partnership”. China and Africa should, with both current and long-term needs in mind, redouble efforts to draw up a blueprint for promoting our cooperation in the next stage and lay a solid foundation for making new and greater progress in growing China-Africa relations in the years ahead.

在上例中，“团结一致、密切协作”被译为“maintaining unity and working together”，“再接再厉、共同努力”也被译为“redouble efforts”。

（三）转变表达

汉语政论语篇在句式结构上较为单一，在用词上趋于重复，这对于其强化论说力度是有益的，但对于译者而言无疑是一个挑战。这就需要译者根据语境、文体等因素，因地制宜地转变表达方式。

1. 我们要加强政府自身建设，加强廉政建设，加强公益性文化事业建设。

We shall intensify government self-improvement, strengthen efforts to ensure clean government and promote the development of basic pubic benefit cultural programs.

上例中的三个“加强”，若是依照原文逐个译出，无疑会显得枯燥单一。实际上，此处的“加强”其外延意义非常丰富，这就要求译者深挖其政治内涵，根据上下文的不同，选用合理的搭配，运用不同的表达方式。

2. 只有坚持一切属于人民，一切为了人民，一切依靠人民，一切归功于人民，……

We must always keep in mind that everything belongs to the people, do everything for their benefit, rely on them in everything we do and attribute all our successes to their efforts...

此例中排比重复的句式在汉语政论语篇中颇受青睐，形式工整，节奏紧凑，语气富有感染力。英译时则需适当变化表达方式，该译文将原文中四次出现的“人民”仅译出一次“people”，避免了名词的重复出现，增加了译文的连贯性。

（四）结构整合

政论语篇旨在阐明观点，辨明是非。一般而言，其语篇信息量大，句式结构繁复。因此，在英译时译者要认真分析汉语句子及语篇的结构，根据其语义、语境及文体对结构进行整合，以符合译入语信息结构模式。

1. 我们从加强农业基础入手，把促进粮食增产和农民增收作为首要任务，在制度、政策和投入方面采取一系列重大举措。

We adopted a series of major measures related to institutions, policies and investment to increase grain production and rural incomes as a matter of priority and strengthen agriculture as the foundation of the economy.

由于汉英思维逻辑的差异，汉语内敛式的思维表达通常将信息焦点放在句末；而英语线性的思维模式则常常直截了当，开宗明义。因此，上例中译者对原文信息结构进了整合，灵活运用了译入语的各种连接手段。

2. 农村义务教育已全面纳入财政保障的范围，对全国农村义务教育阶段学生全部免除学杂费、全部免费提供教科书，对家庭经济困难寄宿生提供生活补助，使 1.5 亿学生和 780 万名家庭经济困难的寄宿生受益。

Funding for rural compulsory education is now fully provided by the government budget. All the 150 million students receiving compulsory education in rural areas are exempt from paying tuition and miscellaneous fees and are supplied with free textbooks, and living allowances are provided to the 7.8 million students from poor families who stay in school dormitories.

上例结构繁复，小句较多。若是直译，则译文势必拖沓冗长，信息焦点不明。因此，译文不仅调整了原文语序，还重新进行断句，确保了译文结构清晰明了。

第四节　新闻语篇的翻译

在信息化社会，新闻语篇（本节仅限传统平面媒体新闻语篇）日益成为社会生活中一种极其重要的大众传播文本。新闻语篇的语言简洁明晰，用词生动，视角客观，具有鲜明的语言形式和文体特点。要做好新闻报道的汉译英，译者必须掌握汉英两种语言的新闻文体特点，以求译文更加地道、通俗易懂。换言之，译者在翻译时，既要忠实地传递新闻信息，又要根据新闻内容的特殊性，考虑到英语新闻语篇的风格特色和读者反映，因地制宜地进行翻译。

一、新闻语篇的总体结构

总体来说，新闻语篇都由标题（headline）、导语（lead）和正文（body）三个部分组成。标题是对新闻内容的提示、总结、评论，为点睛之笔。新颖独特的标题能大幅提高阅读率。导语通常为报道的第一段，是新闻的关键部分，它可被视为新闻主要内容的浓缩。新闻的正文则是新闻的主干，其结构模式通常分以下三种：顺时叙述法（chronological account）、金字塔叙述法（pyramid）和倒金字塔叙述法（inverted pyramid）。

顺时叙述法以时间为发展脉络，依序列出新闻事实，适用于复杂事件的报道；金字塔叙述法则以事件重要性为依托，由低到高排列，通常将最重要的新闻事件置于末尾部分；倒金字塔叙述法与金字塔叙述法正好相反，将要闻置于新闻语篇的开头部分，可以在最短时间内让读者了解新闻的核心内容。

尽管汉英新闻在宏观结构上具有许多共同之处，但由于新闻传播目的、社会文化背景以及读者阅读习惯的差异，汉英新闻语篇之间的差异也不容回避。

二、汉英新闻语篇的文体差异

在文体方面，汉英新闻语篇存在着较大的差异。西方传媒以读者为绝对中心，以销量为考评新闻的重要尺度，十分注重新闻的社会效应。因此，英语新闻具有很强的商业性，新闻语篇作者总是努力地运用各种语言手段以吸引读者注意力。因此，在用词构句方面常常追求标新立异、别具一格，报道的语势也比较贴近目标读者。

相比较而言，汉语新闻产业的商业化程度较低，作者在考虑语篇的商业价值和轰动效应之外，更关注事实、观点及结果等。因此，汉语新闻的语气一般比较客观冷静、实事求是。

另外，英语新闻语篇写作历来奉行“The simpler, the better”的原则，力求简洁明了、言简意赅，杜绝冗余拖沓。所以，英语新闻无论是标题还是正文都力求用最少的词数表达新闻的内容。短句、被动语态、直接引语与间接引语、小段落在英语新闻中用得比较广泛。英语新闻语篇通常采用三种基本的句式结构：SV（主语+谓语）、SVP（主语+连系动词+表语）及 SVO（主语+谓语+宾语）。汉语语篇由于受中国传统思维方式和阅读审美习惯的影响，往往还存有不少冗余信息和较多的修饰成分，讲究词句整齐对仗、华丽抒情。

三、新闻语篇的英译

新闻翻译研究学者刘其中（2004：3）根据新闻语篇传播的特点，对新闻翻译所持观点为：新闻翻译是把一种文字写成的新闻（源语新闻，news in language A）用另一种语言（译语语言，language B）表达出来，经过再次传播，使译语读者（language B readers）不仅能获得源语新闻记者所报道的消息，而且还能得到与源语新闻读者（language A readers）大致相同的教育或启迪，获得与源语新闻读者大致相同的信息享受或美学享受。现从以下几方面阐述新闻语篇英译（政治新闻语篇的翻译与前文政论语篇翻译多有重合，本节不再赘述）：

（一）新闻标题的翻译

一般来说，新闻可以没有导语和背景，但不能缺少标题，正所谓“题好一半文”。好的标题具有画龙点睛的作用，因此在新闻语篇的翻译中，标题的作用自然不可忽视。在标题翻译过程中译者主要应注意三个方面：一是准确理解中文标题的含义，尤其是要透过表层语码理解其深层意义；二是在不失原意的前提下，运用英语修辞手法，以增强英文标题的可读性；三是关注语用差异，注意英文标题的可接受性。

1. 直译

如果中文语篇的标题含义明晰，译成英文后英语读者不至于产生误解，则可采用直译法。例如：

（1）富人、穷人分区而居?

Should Rich and Poor Live Apart?

（2）布什的南亚之行

A Passage to South Asia

（3）博客自律公约是否有必要?

Do Bloggers Need a Self-Discipline Pact?

2. 意译

有些中文新闻语篇的标题相对冗长，难以用少数英语词汇进行概括描述。如果直接译出，则冗长的标题难以符合英语读者的审美标准，这时就要采用意译的方法。例如：

（1）民营经济促进中国发展

Fueling the Engine

短短三个英语单词形象地概括了该语篇的核心内容，并且运用比喻手法，把整个国民经济喻为一台机器，而民营经济则是为其添加燃料，民营经济在整个国民经济中的重要地位得以彰显。

（2）在社会主义现代化建设和改革开放事业中做出突出贡献的 45 位外国专家获友谊奖

Foreign Experts Awarded Medals

（3）当千年杂技遇到百岁芭蕾经典时

Swan Lake Takes to the Sky

该译文既紧扣主题，又再现了原语篇之意境。

（4）严禁非法金融活动 维护经济秩序稳定

State Eliminates Illegal Banking

（5）高速铁路：为中国经济提速

Rolling Along

（6）重生的网吧产业

On-Line Survivors

（7）网络游戏成为网吧产业的支柱

On-Line Games the Pillar

（8）中国探索解决“三农”问题的新办法

Dawn of a New Countryside

（二）经济科技类新闻语篇的翻译

经济科技类新闻语篇的翻译可以使外国读者感受到我国国家实力的发展，因此它在外宣语篇的翻译中占有不容忽视的重要位置。这类语篇的中文文本既有经济学或科技专业化特色，同时又较多地使用了大众化的语言，通俗易懂。此类新闻语篇的翻译既要突出其行业特色，又要符合英语读者的阅读习惯。现从以下几个方面讲解其翻译问题：

1. 长句和多重复句的整合

经济科技类新闻语篇由于其内容的专业性，常常使用复杂结构的长句和多重复句。长句结构复杂，句子间关系衔接不明显。译者在翻译时以自然段或句群为单位，按照语义对原句进行重构，充分运用英语关系代词，略去语义重复的部分，适当进行语义增补。就多重复句的翻译而言，原文大句套小句，语义错综纷繁，译者可删繁就简地将复句按照语义关系进行调整，努力突出信息焦点。

（1）最近，中国官方公布的 2005 年石油消费数字，引起国内外广泛关注。在中国经济持续高速增长，石油进口连年增加的形势下，中国原油消费量增幅突然出现大幅度下降，从 2004 年的 15.3%下降到 2005 年的 2.1%，对于这种现象，国际社会普遍感到疑惑。

The official figures of China's oil consumption in 2005 seem a bit confusing. With a robust economic growth and rising annual oil imports, China made the surprise announcement that its oil consumption growth rate was dropping sharply, from 15.3 percent in 2004 to 2.1 percent in 2005.

该语篇主要讲石油消费大幅下降而引起国内外广泛关注的事件，其中句子“对于这种现象，国际社会普遍感到疑惑”，实为语义重复。因此，译者对原文进行了适当调整，理顺了表达逻辑。

（2）根据中国《中长期铁路网规划》，到 2020 年，全国铁路营业单程将达 10 万公里，主要繁忙干线均实现客货分线，复线率和电气化率均达到 50%，客运专线达到 1.2 万公里以上。据业内人士测算，要实现这一目标，铁路建设的资金总需求为 2 万亿—2.5 万亿元。

According to China's railway system development plan, by 2020, China's entire railway mileage will total 100,000 km, of which 12,000 km will be for passenger transport only. Cargo and passenger routes will be separated, and the government aims to have 50 percent of the routes with multiple tracks and 50 percent electrified by that date. Economic experts predict that to realize this goal, the total basic investment will be 2-2.5 trillion *yuan*.

针对原文典型的长句结构，译者将其进行了切分，同时增加了“the government”作为分句的主语，层次分明，语义连贯。

（3）2000—2004 年中国石油消费量平均增长 8.6%，明显高于 20 世纪 90 年代 7%的增长水平，特别是在 2003—2004 年，由于钢铁、化工、建材、冶金等高能耗产业的大规模投资和发展，能源消费出现前所未有的快速增长，致使全国许多地区发生“电荒”、“煤荒”、“油荒”，形势十分紧张。

The country's oil consumption jumped by 8.6 percent from 2000 to 2004, much higher than 7 percent growth rate in the 1990's. During 2003 to 2004 especially, the large-scale development of iron and steel, chemical, metallurgical and building material industries inevitably resulted in serious powers, coal and oil shortages.

这段文字包含了递进、因果等多重语义关系，译者按照语义逻辑对原文进行了整合理顺。

2. 长短句相互转换

汉语的经济科技类新闻语篇有时为使行文层次清楚，常出现共享一个主语的多个并列短句，并用句号隔开。有时虽然为一长句，但内部主语又多次变换。对于上述两种情况，译者可因地制宜地进行长短句相互转化，以使译文简洁清晰，突出句子层次。例如：

（1）农业部部长杜青林介绍，未来五年，中国将着力实现粮食增产、农业增效、农民增收的“三增”目标。要千方百计提高农业资源利用效率，降低农业生产成本，提高农业比较效益和综合效益，提高中国农业的国际竞争力。争取让农民收入平均增长 5%以上。

Du Qinglin, Minister of Agriculture, said that in the next five years, China will try to increase grain output, raise the efficiency of agricultural resource use, cut costs of agricultural production, improve comparative and comprehensive profits of agriculture, enhance international competitiveness of China's agriculture and keep farmers' income rising by more than 5 percent.

（2）其中，广播模式又可分为两种运营思路：一种是节目内容和运营网络完全由广电提供，只需在手机终端加一块芯片，用户免费收看电视，运营收入主要来自广告；另外一种思路是广电和电信优势互补，广电负责节目内容和地面数字无线网络的运营，电信则充分发挥其双向网络和计费的优势，提供互动增值服务和收费的功能。广播模式的主要标准是欧洲的 DVB-H 和韩国的 DMB。

The broadcast model has two operation modes. Under one of them，TV broadcasters provide both the content of the TV programs and the mobile TV operation network. After attaching a chip on their cell phone, clients can tune into TV programs on the phone display. The programs are free of charge, with the revenue of the companies mainly coming from advertising. Under the other mode, TV broadcasters and telecom companies work together. The former is responsible for producing the programs and operating the terrestrial wireless network, whereas the latter can add interactive features and collect fees. Europe's DVB–H and South Korea's DMB are main industry standards of the broadcasting model.

3. 冗余成分的删减

经济科技类新闻语篇往往涉及很多专业术语，译文读者不但难以在短时间内完全理解，而且也并非其兴趣所在。鉴于西方读者的阅读习惯和文化背景，译者可在突出主要内容的同时，删除一些冗余专业信息，以减轻目标读者的阅读压力。此外，汉语经济科技类新闻语篇还较多地运用比喻、拟人等修辞手法，它可使枯燥的经济科技报道变得简单晓畅、生动形象。但这种做法在同类英文语篇中较为少见，因此译者在翻译时可省略部分修辞成分。

（1）工商联有关民营经济的分析报告中将经济的定义分为三个层次：广义的民营经济是指除国有和国有控股企业以外的多种所有制经济的统称，包括内资民营经济（含个体户、私营企业、集体企业）、港澳台和外商投资企业；狭义民营经济也称“内资民营经济”，是广义民营经济减去港澳台和外商投资企业；而第三个层次的民营经济则指个体和私营经济，不包括集体企业在内。

The ACFIC report classifies the private economy into three levels. In its broadest sense, it includes all kinds of enterprises except state-owned or state-holding ones. Then there is the so-called "domestic-funded private economy" which leaves out foreign-funded enterprises as well as those invested in by Hong Kong, Macao and Taiwan businesses. The third definition that the report uses excludes what are called collectively owned enterprises.

（2）要彻底铲除“垄断福利”，最根本的方法就是铲除滋生其温床的垄断。在最近的几年，面对日益广泛的国际竞争，民航、电信、电力、铁路、保险等垄断行业都在主动或者被动地发生着种种变化，行业垄断的坚冰正在慢慢消融。一旦垄断消失，“垄断福利”

这样的免费午餐自然将不复存在。

The radical method to eliminate “monopoly welfare” is to eradicate monopolies. In recent years, such monopoly industries as civil aviation, telecommunications, electric power, railways and insurance have seen changes to different degrees, as a result of international competition. When monopolies disappear, critics contend that the free lunch of monopoly welfare will disappear naturally.

（三）人文类新闻语篇的翻译

人文类新闻语篇富含文化负载词和文学气息，对于此类语篇的翻译，译者应从整体意义出发，对语篇从词语选择、句式结构、语言风格以及谋篇布局等方面进行全方位的处理。

1. 文化负载词的翻译

文化负载词是指在特定文化语境中含有文化信息的词语。一般情况下，对于这类词，译者可采取音译加解释性文字的翻译方法。这样，不但译文读起来饶有趣味，而且可以有效完成该新闻语篇进行文化交流、文化传播的文本目的。如果该文化负载词所负载的文化信息过多，相关解释又过于冗长，则在不影响信息传达的情况下，对其进行意译或不译。

（1）62 岁的北京退休职员袁映晕车、晕船，可这根本无法阻碍她每年一次或两次的普陀山之行——虽然到达那里的交通工具除火车以外，还要乘长途汽车，更需坐轮船和快艇。

At least once a year, Yuan Ying, 62, travels all the way from Beijing to Putuoshan, a mountain on a 12 sqkm island on the Zhoushan Archipelago, 160 km east of Hangzhou Bay, Zhejiang Province. She goes there to offer prayers to Guanyin, Goddess of Mercy.

“普陀山”和“观音”对于不了解中国文化的外国读者来说，无疑是文化负载词语。因此，译者在译文中除音译外还增加了解释性文字。

（2）中国“杭州西湖文化景观”24 日在法国巴黎举行的联合国教科文组织第 35 届世界遗产委员会会议上顺利通过审议，正式列入《世界遗产名录》。

The World Heritage Committee Friday inscribed the West Lake Cultural Landscape of Hangzhou in eastern China on UNESCO’s World Heritage List as a cultural property.

对于中国读者而言，杭州西湖妇孺皆知，但一般的外国读者对这一地理名称却没有感性认识，概念模糊。因此，译者增加了“in eastern China”来处理“杭州西湖文化景观”。

（3）641 年，松赞干布迎娶西行约 3 000 公里而来的唐朝宗室女文成公主为妻，后者进藏时随身请去一尊观世音佛像。

It is said that in 641, Songtsam Gambo(617—650), King of the Tubo Kingdom, married Princess Whencheng of the Tang Dynasty, who brought a Guanyin statue into Tibet.

（4）佛教挥举的武器只是一把智慧之剑，它承认只有一个敌人，那便是我们人类内心的无名烦恼“贪、嗔、痴”。

All Buddhism has is a sword of wisdom, which aims at the only enemy: the evils inside the heart of the people.

原文中的“贪、嗔、痴”所蕴含的文化信息过多，对于新闻语篇的翻译来说解释性的文字势必破坏新闻特性，因此译者进行了省译。

2. 文体风格的处理

如前文所言，汉语人文类新闻语篇在文体风格上富含文学气息，多用文学修辞手段及成语典故，这与英语的同类语篇有较大差异。例如：

卫生部对平价医院的情有独钟，是否预示了高价医院甚至贵族医院存在的合理性呢?也就是说，卫生部在不改变公立医院现有的状况下，单纯的只是以平价医院的出台来破解当前医改的困局。如果真是如此，毫无疑问，这只是个拔一毛而不伤全身的隔靴搔痒的缓兵之术，丝毫无济于解决全民性的看病难、看病贵问题。

If the government gives up changing the present situation of the malfunctioning health care system but simply expects 1ow-price hospitals to solve the predicament of medical reform, it will just end up in vain.

原文运用了较多的成语，若一律直译反而伤害了文体风格。因此，译者对原文体的冗余花哨部分进行了删减，抑制其过剩的表达功能，突出新闻传播功能。

第五节 旅游语篇的翻译

随着中国经济实力的迅速发展，越来越多的外国游客来华观光旅游，旅游产业日益受到国家的重视，因此相应的旅游语篇的翻译也日渐频繁。在本节中，旅游语篇是指政府有关部门、旅行社或旅游网站发表或发行的对旅游资源的描述性书面介绍。对外宣传的旅游语篇在向世界介绍中国的自然景观、名胜古迹以及推动我国旅游事业的发展方面具有非常重要的作用。换言之，旅游语篇的翻译质量对于宣传中国文化、树立中国形象、促进国际交流都有不容忽视的重要意义。

一、旅游语篇的文体特点

旅游语篇是一种信息型和呼唤型文体，是信息文本和感染文本的综合，信息功能是基础，感染功能是目标，信息功能服从并服务于感染功能。此类语篇以描述见长，一般配有插图。在篇幅上，旅游语篇短小精悍，行文上生动活泼，内容上通俗易懂，文学性、艺术性、宣传性和广告性兼具，往往带有异国情调与民俗文化特征。

在词汇方面，旅游语篇词汇丰富，涉及政治、经济、科技、文化、宗教、地理、历史、民俗等，甚至会涉及某一领域的专有术语，例如：Karst topography（喀斯特地貌）、pyramidal steep（锥形屋顶）等。旅游语篇中还大量使用历史人名和景点地名等特定的文化专有名词（cultural proper names），例如：玉皇山（Jade Emperor Hill）、苏堤（Lover’s Lane 或 Su Causeway）、西子（Chinese Cleopatra 或 Xizi）等。有时，这类专有名词还常常附加说明性文字：

瓦肆：Wasi（a kind of recreational fair）

太学：Taixue（Imperial College, or the supreme institution of higher learning of Southern Song Dynasty）

在句法方面，汉语旅游语篇讲究对仗工整，突出整体风格的协调一致，而且中国的一些旅游景点喜用古代文学中的诗词或对联或其他古典文体来烘托其历史或美学价值。英语旅游语篇出于英文文体本身的特点，或者为了适应现代人对于流行文化的崇拜，很少使用古诗名篇，至多引用一些耳熟能详的流行歌词。英语旅游语篇为了体现旅游文体的生动活泼，多运用灵活多变的句型，长短不一、错落有致。短句通俗易懂，利于传播；长句结构严谨，艺术性强。由于修饰语较多，旅游英语常使用定语从句、后置定语、垂悬结构等。在介绍静态景观时，英语语篇则常用被动语态来表现。

在篇章结构方面，旅游语篇的结构宗旨就是：一要传递信息，即把与景点相关的自然、地理、风俗等方面的旅游知识传递给读者；二要激发行动，即通过所传递的信息激发读者前来游览观赏。汉语旅游语篇多呈平面状结构，常常由短小精悍的句子串联在一起。英语旅游语篇则是多层次、立体式结构。

二、旅游语篇的英译

通过对旅游语篇文体的分析，译者在翻译时应充分考虑英汉旅游文体的特点，在遵循语篇翻译的目的和原则的前提下，译出符合目的语语篇规范、能为读者所接受的旅游文本。

（一）旅游语篇词语的英译

1. 词性转换

（1）分析土质和堆积，我们发现代表跨湖桥文化的跨湖桥遗址和下孙遗址，都和江南地区较为普遍的山前坡地形遗址不同。

From the analysis of soil property and pileup of the remains, Kuahu Bridge Remains and Xiasun Remains, which represent Kuahu Bridge Culture, are different from those comparatively prevalent Shanqianpo Remains in the Jiangnan region.

中文文本中的“分析”是动词，与后面的“发现”形成了连动结构，而连动式在英语语篇中并不多见，所以在英译时译者从语篇角度考虑，恰当地对“分析”一词进行了词类转换。

（2）唐代“平民县令”白居易苦心经营，北宋“贤太守”苏东坡精心改造，一代又一代官民精心呵护，西湖到南宋时期繁华程度已达到极点，其美丽妩媚也到了极致。

Through the painstaking efforts of Bai Juyi, a plebeian magistrate in the Tang Dynasty, and meticulous transformation by Su Dongpo, a virtuous governor in the Northern Song Dynasty, and the careful protection by many others generation upon generation, West Lake came to its prime time in the Southern Song Dynasty.

原文中的“苦心经营”、“精心改造”以及“精心呵护”均为动词词组，在英译时，为了语篇行文需要译者将其转化成名词词组，并用了介词 through 来表示它们与谓语动词的关系。

（3）夜幕降临，淮海路上华灯齐放，特别是那不锈钢拱形的跨街灯饰所组成的灯光“隧道”，形成了一条火树银花不夜天的灯街，吸引着无数国内外游人前来赏灯观览。

At the eventide all colorful lights are on along Huaihai Road. Especially the light-decoration on the stainless frameworks which form a "Tunnel of Lights" spanning the street presents a magnificent bright night, attracting a lot of visitors Chinese and foreign alike.

2. 词语增减

（1）走在杨公堤上，清风习习，鸟鸣声声，青草翠绿，树影婆娑，蜿蜒的栈道曲折前伸，清幽的湖水波光粼粼，水边的芦苇在微风里轻颤，这一切让人恍若走进一幅简约的写意画里。

Walking on the Yanggongdi Causeway, you will be greeted by fresh breezes, bird songs, emerald green grass, dancing tree shadows, a winding plank-road, the quiet and beautiful glistening lake water and waterside reeds quivering in the gentle breeze, as if you were walking in a free hand brushwork of traditional Chinese painting.

在汉语句法中，主语有时是可以省略的，而英语通常情况下不可省，所以在翻译成英文时，译者添加了主语"you"一词。

（2）该入口为典型的希腊多立克柱式门廊，其外貌带有古典风格的折中主义色彩。

Seen at the entrance is the typical Greek Doric colonnade featuring in somewhat way with classic eclecticism.

在这个例子中，译者进行了修辞性增词。通过增加"seen"，不仅在语法上更加通顺，而且给人一种身临其境的感觉。修辞性增词大多是出于语篇行文上的考虑，增加不改变原意的语气词、强调性副词或其他修辞性词汇，以使语义明确，描述生动。

（3）中国银行上海市分行，建于 1936 年，前部高 17 层，钢架结构，后部为钢筋混凝土结构，筑有地下保险库。

Bank of China Shanghai Branch was put up in 1936 with its front part of iron and steel structure towering 17 stories high while the rear part is of reinforced concrete and with an underground treasury added to it.

英文译文中增加了"added to it"，使"underground treasury"与"the rear part"的附加性语义关系一目了然。

（4）盈盈湖水作证，巍巍蓝天作证，见证这一个个人生的爱情希冀。

The clear water of the lake and the lofty blue sky can testify that everyone will have his true love.

汉语旅游语篇常用对偶或对仗平行结构，这种同义重复可以产生很好的修辞效果，但英译时则会成为赘词。因此冗余的对偶在大多数时候可省略不译。

（5）乐山水光山色独特，地理环境优越，素有"绿杨夹岸水平铺"之称，举行龙舟竞赛得天独厚。

Famous for its "tranquil river fringed with rich vegetation", Leshan in Sichuan Province has the ideal setting for the dragon boat race.

原文中"水光山色独特，地理环境优越"与"绿杨夹岸水平铺"语义重复，可删去前两句以使译文简练易读。

（6）在我国最早的典籍中，即有关于这条河的记载。《尚书·禹贡》："漆沮既从，沣水攸同。"《诗经·大雅》："沣水东注，维禹之绩。"说明沣水在远古就是一条著名的河流。

Records about this river can be found even in the earliest Chinese classics, which proves that the Feng River has been well-known since ancient times.

中文旅游语篇在描述一个景点时，往往喜欢引经据典。这段对西安附近“沣河”的描写就是这种情况。显然，所引的汉语文字对大多数当代中国人而言都难以理解，更何况外国旅游者。因此，译者删繁就简，以求得功能上的对等。

（7）“烟水苍茫月色迷，渔舟晚泊栈桥西。乘凉每至黄昏后，人依栏杆水拍堤。”这是古人赞美青岛海滨的诗句。青岛是一座风光秀丽的海滨城市，夏无酷暑，冬无严寒。西起胶州湾入海处的团岛，东至崂山风景区的下清宫，绵延 80 多华里的海滨组成了一幅绚丽多姿的长轴画卷。

Qingdao is a charming coastal city, whose beauty often appears in poetry. It is not hot in summer or cold in winter. Its 40-km-long scenic line begins from Tuandao at the west and to Xiaqing Temple of Laoshan Mountain at the east end.

（二）旅游语篇主动句与被动句的处理

1. 在良渚文化圈内，还出现了大量稻谷栽种的迹象，反映出这一带比较成熟的水稻文化，显示出这里当时发达的农业文明。

Around the Liangzhu Culture area, traces of rice-planting have been found, displaying the riper paddy culture and the well-developed farming civilization at the time.

上例原文全都是主动句，译者在英译时巧妙地运用了符合译入语读者阅读习惯的被动句结构，强调了受事方，使读者更能体会到良渚文化的历史客观性。

2. 后来清代断桥东建御书楼，悬挂康熙御题“平湖秋月”匾额。

Later in the Qing Dynasty, an imperial library was built to the east of Broken Bridge with the plaque “Autumn Moon over the Calm Lake” written by Emperor Kangxi.

3. 灵隐寺依山而建，位于杭州西南的灵隐山上。

Built by the mountain, Lingyin Temple lies on the Lingyin Hill which stands in the southwest of Hangzhou.

原文中的“依山而建”英译时被处理为被动结构，这使译文语篇句子结构更加匀称，语义更为连贯。

（三）旅游语篇长句的翻译

1. 山谷顶端，残留着一座道教建筑，名叫“黄龙古寺”；寺前有一溶洞，深邃莫测；寺后有一石碑，除碑檐外，几乎全被碳酸钙沉积淹没，碑文已不可辨认。

On top of the hill stands the Yellow Dragon Monastery, a Ming Dynasty (1368—1644)structure for a Taoist retreat. Before the monastery is an unfathomed karst cave, and behind it stands a stone tablet, all but the top having been concealed by calcium carbonate and the inscriptions on the surface illegible.

原文的空间关系十分明确：“山谷顶端……”、“寺前……”、“寺后……”等一系列的“主题—说明”结构将古寺的地理情况交代得一目了然。译文在表达时不仅要注意语篇意义是否忠实无误，还要特别重视各成分之间的语义关系是否通畅自然。

2. 这些雕像中，年代最早的是青林洞西岩壁的“西方三圣”坐像，创作于公元 951

年，距今已有一千多年的历史，但至今依然能看出其细致精巧的风格。

Among the grottos, the oldest one is the seated statue of The Three Saints of the West on the west wall of Qinglin Cavern. It was carved in 951, more than 1,000 years ago. Today, however, we can still recognize its delicate and exquisite style.

在这个例子中，原文的一个长句在英译时被断成三个句子。第一句表达了该语篇的中心意思。第二句用代词“it”来与第一句衔接。第三句则用了“however”来表示语义的转折，各句之间的逻辑关系清晰，组织结构紧密。

第六节 广告语篇的翻译

中国的对外开放使越来越多的中国产品成功进入国际市场，广告语篇的英译日益重要（本节所指广告为传统平面广告，其他形式广告暂不讨论）。广告语篇的功能就是宣传，就是让大家了解特定的商品，给人以深刻的印象并产生购买欲。因此，就此类语篇的翻译而言，最根本的自然是如何恰当地将汉语广告词译成英语，以向英语读者说明产品的质量、性能以及特点，以激发其购买欲。从某种意义上说，广告语篇英译的优劣直接关系到中国商品的国际化销售和国际形象。

一、广告汉译英的常见问题

从广告特点出发，综观广告汉译英的现状，我们不难发现日常生活中的广告翻译良莠不齐，亟须良译。常见的广告汉英翻译问题有两个方面：

（一）机械地直译

汉语广告原文中的一些常用套话，若照实翻译，不但难以引起英语读者的兴趣，而且有时会造成误解。例如：

省优部优：awarded the superior quality product by the provincial government and the Ministry concerned

信誉第一，顾客至上：reputation first and customers the utmost

在有关部门的领导下，取得了很大进步：It makes great improvement under the leadership of the sectors concerned.

以上这些汉语广告常用语旨在表现或塑造产品的质量和公司的形象，然而由于文化的差异，英语读者的感受往往截然相反。如“在有关部门的领导下，取得了很大进步”一句，英语读者会误以为该企业是政府垄断组织，并非自由的市场经济实体。

（二）英语译文语言生涩

英语译文语言方面的问题也很多，具体表现在：第一，语法错误、用词不当和结构混乱，导致英文令人费解或产生误解，达不到广告的目的。例如：“白象”牌译为 white elephant；“大华商场，购物天堂”译为 Dahua shop buying paradise. 第二，滥用汉语拼音表达难译之词，如：xiaolongbao（小笼包）、damahua（大麻花）、jingtailan（景泰蓝）等。第三，拼写错误俯拾即是，缺少严格的校对。

二、广告语篇英译的基本原则

众所周知，广告的宗旨可以概括为：传递信息、说服力强、刺激购买。广告的原则可简述为：注意（Attention）、兴趣（Interest）、愿望（Desire）、记忆（Memory）和行动（Action）。换言之，一则成功的广告语篇应当引起消费者注意并留下深刻的印象，培育其兴趣和购买欲并最终实施购买行为。根据国际广告的基本宗旨、原则和功能，广告语篇英译的基本原则应为：自然通畅、准确清晰、简洁易懂。

"自然通畅"是指用自然的、通畅的、英语读者能接受的惯用表达法来传达原语篇信息。只有当广告原文在读者心目中引起的刺激反应与译文在英语读者心目中引起的反应在效果上相似时，广告语篇的翻译才能认定为实现了广告者的初衷。

"准确清晰"是指译文应当准确地、清晰地传达原文的广告信息，这也是广告的特殊功能所要求的。如果广告语篇的译文一味追求新颖刺激，而在信息方面有质变，则势必会误导消费者。可以说，"准确清晰"是广告翻译的生命。

"简洁易懂"是指译文要在选词、句构、文体等方面通俗易懂。广告语篇的受众面广，受众文化程度参差不齐。生僻难词、复杂的句构以及艰涩的文体都难以使译文读者快速领会广告信息。而且，广告阅读的随意性和短暂性也要求广告语篇简洁易懂。

简而言之，广告语篇的翻译不是表层文字上的机械转换，而是信息和语义内涵上的共鸣。只有牢牢把握广告汉英翻译"自然通畅、准确清晰、简洁易懂"的原则，熟悉中英文广告功能和形式的共性及差异，译者才能得到与原文效果等值的广告语篇译文，在译入语语言环境和社会文化环境中实现预期的宣传功能。

三、广告语篇的英译

针对上文所提出的广告汉英翻译的"自然通畅、准确清晰、简洁易懂"的基本原则，译者在进行广告语篇英译时除了要具备汉英广告常识外，还要处理好以下几个方面：

（一）广告语篇英译的词汇处理

广告语篇英译的词汇处理就是在翻译时因地制宜地选用适当的词汇，与上下文贴切地搭配。这是实现广告译文"自然通畅"的第一步。例如：

1. 燕窝滋补养颜，常服能葆青春永驻。

译文（1）：Regular consumption of Bird' s Nest keeps one's skin and face youthful.

译文（2）：Regular taking of Bird's Nest keeps you looking youthful.

对比译文（1）和译文（2），我们发现，"taking"显然比"consumption"更容易为消费者理解；动词"look"比"skin and face"更为形象；"you"比"one"更能打动消费者。

2. 本品由武汉市健民制药厂和武汉市第四医院共同研制。

译文（1）：This product is commonly researched and prepared by Wuhan Jianmin Pharmaceutical Factory and Wuhan No. 4 Hospital.

译文（2）：This product is jointly developed by Wuhan Jianmin Pharmaceutical Factory and Wuhan No. 4 Hospital.

众所周知，在表示"共同"、"联合"地做某事时，"jointly"显然比"commonly"更加贴切。“researched and prepared”在表示“研制”时语义重复拖沓，而用“develop”一词即可。

3. 本品可即买即食。

译文（1）：Opening and eating immediately.

译文（2）：The product is always ready to serve.

译文（1）可谓典型的汉式英语（Chinglish），英语读者读后极可能会产生对该产品的负面印象：该产品不立即吃掉就会变质。

（二）广告语篇英译的形象传递

产品形象的传递面临着语言和文化方面的挑战，要把在中国所特有的产品形象在英语广告语篇中准确传达出来，其难度毋庸赘言。一般情况下，汉语广告语篇中特有的价值观、套话、人名、地名、物名等专有名词极易造成形象传递障碍，这是由两种语言的社会、历史及文化差异造成的。机械的硬译法显然于事无补，无法实现广告语篇原文与译文的社会语用等效。译者首先应掌握了解语言的文化差异，然后在译文中进行相应的修补和改造，使译文读者不至于对产品形象过于陌生或敌视。换言之，译者应在不影响原义的情况下，适当解释说明、转换形象、调整架构，以保证产品形象的准确传递。例如：

1. 中铝瑞闽铝板带有限公司是由中国铝业公司控股的一家从事高精铝板带加工的现代化企业，地处中国东部沿海的福建省福州经济技术开发区。公司现有员工约 600 人，拥有很强的技术研发能力，建有省级企业技术中心，通过了省级高新技术企业和国家重点高新技术企业的认定。生产的铝箔坯料、PS 版基、铝塑带材、铝幕墙板、单零铝箔、电容器基材等产品广泛应用于包装、印刷、电子、机械、电器、通信、建筑装饰等领域，其中铝箔坯料、PS 版基、铝塑带材被评为国家重点新产品。公司获得多项省级科技进步奖和优秀新产品奖。“瑞闽”牌铝板带被评为“中国名牌”产品，是国内外客户的首选。公司产品远销欧美、东南亚等国家和地区，被国家海关总署评为“红名单”企业。在新的发展时期，公司投资超过 30 亿元的高精铝板带工程正在建设中，项目建成后，公司总体产能将提升到 50 万吨，从而打造中国铝业公司在东南沿海以生产高、精、尖产品和出口产品为主的铝加工基地。

Based on Fuzhou Economic and Technical Development Zone, which is located in Fujian, a coastal province, Ruimin Aluminium Sheet & Strip Co. is a modern enterprise specializing in manufacturing Aluminium sheet and strip with high precision and is share-controlled by Sino-Alum. There are about 600 staff and strong capacities of technical research and development with a provincial-level technical center in Ruimin. Its products include foil stock, PS stock, strip for composite panel, the material for curtain wall, fin stock, capacitor stock and have been widely applied to such fields as decoration, printing, electronics, machinery, electrical application, communication and construction, and they are well received by many countries across the world. In its new phase of development, the grand project of high precision Aluminium sheet and strip with an investment of 3 billion *yuan* is under way. Upon completion, Ruimin will increase its overall production capacity up to 500,000 tons and then make itself a leading Aluminium manufacturing and exporting base in the southeast coastal areas.

汉语广告善于强调政府的认可和作用，崇尚自上而下的权威，广告中经常会出现“获……奖项”、“荣获……称号”、“获……认证”之类的字样。欧美国家消费者对权威的认同度和理解度与我们有较大差异，他们以自我为中心，崇尚商品的实用性，相信自己的判断，尊重事实的权威。所以在英译此类广告语篇时，如一味直译，则企业及产品的形象将极易被扭曲，会被英语读者误以为是政府垄断企业及产品。上例译文就刻意回避了广告中的获奖情况及荣誉称号，有效地完成了形象传递。

2. 溪口千层饼采用传统工艺，制作精细，质地松脆，清香可口。

译文（1）：Xikou Thousand-sheeted Cake is home made, using natural foods and traditional procedures. The cake tastes good, smells good and is crisp.

译文（2）：Xikou Qianceng Cake, with numerous clear sheets in it, is finely made in a traditional way. It is tasty and crisp.

译文（1）将“千层饼”译为 Thousand-sheeted Cake，表面看似忠实，实则扭曲了产品形象。“千层饼”是喻指层数较多，并非实指。译文（2）首先音译“千层饼”，而后进行补充说明，产品的形象较为完整地得到了传递。

（三）广告语篇英译的句法处理

为实现广告语篇汉英翻译原则中的“简洁易懂”原则，广告译文应倾向于使用小短语、简单句、疑问句和祈使句，尽量少用复合句。例如：

1.“长城号”游船设施豪华舒适，除观景塔、露天观景塔、游泳池、酒吧间、日光浴室外，佳肴美点，中西皆备，并有宽敞的甲板，游客可饱览沿途风光，华丽而舒适的客房均有空调设备，令您有宾至如归的感受。

Being a deluxe cruiser to tour the Yangtze River, the Great Wall has indoor and open-air observation towers, a swimming pool, a bar, a solarium as well as Chinese and Western restaurants and a spacious deck. All the cabins are superb, comfortable and air-conditioned.

汉语广告语篇经常充斥着一些宣传套话，而英语广告则以简洁为本。因此，在英译广告时汉语中的多余句子成分应予以删减，以适应欧美消费者的阅读心理，唤起他们对该产品的认可。

2. 百闻不如一尝

Tasting is believing.

原文借用汉语成语“百闻不如一见”，文思巧妙。译者则套用英语成语“Seeing is believing.”，变换了一个词，效果与原文相似。

3. 要想体力好，常饮健力宝。

译文（1）：If you wish physically stout, please often drink Jianlibao.

译文（2）：A Jianlibao a day keeps the doctor away.

译文（1）看似忠实于原文，但语句平淡无味，广告特性折损较大。译文（2）借用英语中的一则俗语“An apple a day keeps the doctor away.”，效果可谓事半而功倍，能瞬间引起消费者的注意，促使其产生购买欲。

4. 太平饼干与奇宝公司联手合作，共同致力为您所喜欢的各款饼干贡献更佳品质。

译文（1）：Now Pacific Biscuits has joined forces with the Keebler Company, to continue to offer you favorite biscuits, baked to the highest quality.

译文（2）：Pacific Biscuits has joined forces with Keebler Company. We offer you high-quality biscuits. They are for your taste and pleasure.

该广告的汉语文本结构繁复，文字也不够洗练，很难引起消费者注意。译文（1）仍然是一个典型的长句，句法成分多且行文不自然。译文（2）则灵活地转换为几个短句，语义清晰，简单明了。

5. 维他丽丝 V7，不含油腻，防止因头发干燥而造成的多头屑窘迫，使头发整日保持整洁。

译文（1）：Vitalis with V7 prevents dryness. It fights embarrassing dandruff. It keeps hair neat all day without grease.

译文(2)：Vitalis with V7. Dryness and embarrassing dandruff away. Hair neat all day with no grease.

译文（1）三个主谓句虽然传递了原文信息，但煽动性不强，重点不突出。译文（2）则直接使用三个短语，产品特点醒目，读起来也颇具节奏感。

6. 喝一杯即饮柠檬茶令你怡神醒脑!

译文（1）：A Glass of Instant Lemon Tea Makes You relaxed.

译文（2）：For Refreshment? A Glass of Instant Lemon Tea!

原文是一个感叹句，感染力很强。译文（1）则将其变为陈述句，效果骤减。译文（2）使用省略疑问句和省略感叹句，妙笔生花，实现了汉语广告信息在英语语言环境中的等效交流，践行了“简洁易懂”的原则。

练习 Exercises

一、翻译下列经济语篇

1. 广阔的地域分布是跨国企业的一个特点，这使得它在资源和定价的决策上有很大的选择范围，也使它能更方便地利用世界经济的变化。技术、资本和现成的市场是跨国企业组织带给欠发达国家的利益。跨国企业被认为是促进世界和各国经济发展的最有效的工具。

2. 着力解决经济运行中的突出问题。继续搞好宏观调控，坚持区别对待、有保有压的原则，综合运用财税、货币、土地等手段，控制固定资产过快增长，遏制房地产投资过快增长和房价过快上涨的势头。进一步增加农业、能源、交通、社会事业等薄弱环节投入，促进协调发展，增强发展后劲。加强经济运行调节，继续缓解煤、电、油运紧张状况，保障经济平稳较快增长。

3. 按照比较学说的观点，一国只要出口相对有优势的产品，而不是有绝对优势的产品，就可以从中受益。贸易的比较优势是基于比较优势理论，即各国生产相比较而言效率更高的那种特殊产品。更理想的是，各国集中专门生产它的特殊产品，然后再进行相互间的贸易。总的来说，国际专门化理论寻求回答的是哪些国家将生产什么产品，以及采用什么样的贸易结构。

二、翻译下列政论语篇

1. 我们建立了社会主义制度，实现了中国历史上最广泛、最深刻的社会变革。我们创造性地实现了由新民主主义到社会主义的转变，全面确立了社会主义的基本制度，使占世界人口四分之一的东方大国进入了社会主义社会。这是中国社会变革和历史进步的巨大飞跃，也极大地支持和推进了世界社会主义事业。我们完成了新民主主义革命任务，实现了民族独立和人民解放。经过北伐战争、土地革命战争、抗日战争和解放战争，打败日本军国主义的侵略，推翻国民党反动统治，建立了中华人民共和国。中国人从此站立起来了，中华民族的发展从此开启了新的历史纪元。

2. 2009 年是新世纪以来我国经济发展最为困难的一年。去年这个时候，国际金融危机还在扩散蔓延，世界经济深度衰退，我国经济受到严重冲击，出口大幅下降，不少企业经营困难，有的甚至停产倒闭，失业人员大量增加，农民工大批返乡，经济增速陡然下滑。

在异常困难的情况下，全国各族人民在中国共产党的坚强领导下，坚定信心，迎难而上，顽强拼搏，从容应对国际金融危机冲击，在世界率先实现经济回升向好，改革开放和社会主义现代化建设取得新的重大成就。

过去的一年，极不平凡，令人振奋。我们隆重庆祝新中国成立 60 周年。抚今追昔，伟大祖国的辉煌成就极大地激发了全国人民的自信心和自豪感，极大地增强了中华民族的向心力和凝聚力，极大地提升了我国的国际地位和影响力，必将激励我们在中国特色社会主义道路上继续奋勇前进。

3. 一九九八年一月，为寻求和扩大两岸关系的政治基础，中国政府向台湾方面明确提出，在统一之前，坚持一个中国原则，也就是坚持世界上只有一个中国，台湾是中国的一部分。

4. 当前最重要的任务是发展国民经济、提高国民生活水平。为了实现这个目标，我们必须改革旧的经济体制，以便进一步解放生产力。我们应当向世界敞开大门，以便学习其他国家先进的科学和技术。只要我们坚持改革开放政策，就一定能把我国建成强大的社会主义国家。

三、翻译下列新闻语篇

1. 瓦杰帕伊结束访华回国　与中国多位领导人会晤

印度总理阿塔尔·比哈里·瓦杰帕伊结束了对中国为期六天的正式访问，于 27 日下午乘专机离沪回国。

这是印度总理十年来首次访问中国。中国多位领导人与瓦杰帕伊在北京举行会晤，就双边关系和共同关心的地区及国际问题广泛交换意见。双方签署了《中华人民共和国和印度共和国关系原则和全面合作的宣言》等 11 个合作文件，加强了两国在各个领域的交流和合作。瓦杰帕伊于22日抵达北京。在京期间，他到北京大学和两国企业界人士举办的经济合作和发展研讨会上发表了演讲。

中印双方高度评价此次访问取得的成果。双方一致认为，访问增进了两国政府、两国领导人和两国人民之间的相互理解和信任，标志着中印双方为在新世纪加强全面合作迈出了新的步伐。

2. 磁悬浮列车按悬浮机理可分为电磁式和电动式，按材料可分为常导型和超导型。目前，日本和德国分别建成长度为18.4公里和31.5公里的磁悬浮试验线，试验速度分别达到552公里/小时和450公里/小时，日本为电动超导式，德国为电磁超导式，均未投入商业运营。

3. 李德水进一步分析认为，如果听任跨国公司恶意并购中国民族工业，自主品牌和创新能力将逐步消失，国内龙头企业的核心部分，关键技术和高附加值就可能完全被跨国公司所控制，中国由此将会出现核心技术缺乏症。

4. 五年新增节水灌溉面积1亿亩、新增沼气用户1 650万户、新建改建农村公路130万公里，解决了9 748万农村人口饮水困难和饮水安全问题，建立了重大动物疫病防控体系，防止了高致病性禽流感等疫情的蔓延。

四、翻译下列旅游语篇

1. 鹿回头公园位于三亚市区以南3公里，关于这个公园，有一个美丽动人的爱情故事。相传很久以前一位黎族的猎人追逐一头山鹿，从五指山一直追到南中国海。当山鹿面对大海，无路可逃时，回头一望，突然变成一位美丽的少女。以此传说建成的壮观雕塑“鹿回头”已成为浪漫爱情的见证。鹿回头公园也是登高鸟瞰三亚市和三亚湾全景的首选之地。

2. 人们留恋杭州，很大程度上是因为眷恋西湖的美。西湖是杭州的灵魂。人们常常把它与瑞士的日内瓦湖一起比作是世界上东西辉映的两颗明珠。西湖确实如同一颗明珠一样光彩照人，让人喜爱。早在1982年，国务院就把西湖列为首批国家重点名胜区之一。

西湖三面临山，一面正对着市中心，仿佛一个温暖的怀抱，把她围在中央。西湖犹如中国古代四大美女中的西施，无论晴雨，无论四季更迭，都有着美丽的容颜，所以人们评论说：“天下西湖三十六，就中最好是杭州。”不论是多年居住在这里的人们，抑或是匆匆而过的旅客，无不为它的迷人风景所倾倒，无不对它产生出真挚而热切的情感。

西湖处处有美景。湖中分布着一山二堤三岛。“山”是指孤山，它好像是西湖水面上的一顶花冠，精致、和谐。孤山不仅景色宜人，而且有很多名人在此驻足，是一个充满人文气息的地方。“二堤”当然就是指白堤和苏堤了，它们仿佛两条缎带，漂浮在西湖之上，把西湖分成里湖、外湖等几个部分。早先人们疏浚西湖，把湖底的淤泥堆积起来，就成了湖中长堤。后来经过不断的修整，两条长堤上四时花开，姹紫嫣红，景色十分宜人。“三岛”是指三潭印月（即小瀛洲）、湖心亭和阮公墩，倒映在水中，岛中又有湖，说不尽的精巧玲珑，让人流连忘返。

五、翻译下列广告语篇

1. 2002 年，国家税务总局和中华全国工商联合会授予劲牌“诚信纳税企业”；2003 年，国家工商行政管理总局评定劲牌为“全国守合同重信用企业”；2003 年 12 月，劲牌公司被湖北文明委评为“湖北文明单位”；2007 年 9 月，劲牌保健酒被食品工业联合会评为“中国名牌产品”。

2. 精雕细琢　京城瑰宝

位于北京东长安街黄金地段、地铁站上盖的北京恒基中心，总建筑面积逾 30 万平方米，拥有甲级办公大楼 3 幢、豪华住宅 1 幢、酒店 1 幢及 5 层大型购物商场，并设有充足车位之特大停车场；规划完善，宏伟夺目，北京恒基中心与今日现代首都新貌互相辉映，俨如京城瑰宝。

3. 中华老字号“花巷肉松”为肉制品中的一绝，百年传承；色泽鲜艳，入口自溶，酥香可口，风味独特，回味无穷。

4.“春花”牌吸尘器，清洁地毯、窗帘，还可以吸净木制地板，甚至水泥地。摩擦力小，噪音低。请试试吧！你的地板会更加光亮无比。

5. 太子精品礼盒是精品之组合，是礼品市场之需求，是对各界人士一份诚意的贡献。

第五单元

古汉语文化语料的翻译

教学目标

本单元首先让学生了解古文的基本特点和古文英译的基本常识，而后从古代典籍翻译、古诗词翻译、历史文物专有名词翻译三个方面使学生掌握古汉语文化语料翻译的常用技巧。

第一节　古文英译综述

随着我国对外交往的日趋频繁，古汉语英译工作同样出现了一片繁荣景象。古汉语英译是传播中国传统文化，增进文化交流广度和深度的重要手段。

一、古文的基本特点

对于当代大多数中国人来说，古文复杂难懂，晦涩艰深。但对于从事古文英译者，古文的某些特点仍然是必须了解的。

（一）词法特点

1. 单音词多

与现代汉语不同，古文中单音词较多，很多相邻的单音词极易与现代汉语的常用词语混淆。例如：

叶徒相似，其实味不同（它的果实）

可以一战（可以凭借）

璧有瑕，请指示王（指出来，给……看）

地方数千里（土地方圆）

吾从而师之（跟着并且）

子布、元表诸人各顾妻子（妻子儿女）

于是相如前进缻（走上前献上）

鄙贱之人，不知将军宽之至此也（知识浅陋，地位低下）

天子偶用一物，未必不过此已忘（不是用过）

因为长句（于是写作）

形容枯槁（形体容貌）

颜色憔悴（颜面和气色）

铁骑突出刀枪鸣（突然爆发出）

2. 一词多义

一词多义是学习古文者的巨大障碍之一，一些在现代汉语中简单的常见字、词在古文中却有着多种语义。如以下例句中的"一"、"乐"、"知"等。

社稷安危，一在将军。

寡人之过，一至于此乎。

一出门，裘马过世家焉。

不知彼而知己，一胜一负。

百发失一，不足为善射。

上食埃土，下饮黄泉，用心一也。

六王毕，四海一。

独乐乐，不如众乐乐。

智者乐水，仁者乐山。

由，诲女知之乎？知之为知之，不知为不知，是知也。

3. 古今异义

牺牲玉帛，弗敢加也（牛羊猪等祭品）

烈士暮年，壮心不已（有抱负、有节操的男子）

叶公见之，弃而还走（逃跑）

涕泣谋于禁卒（流着眼泪）

其臭如兰（好的或坏的气味）

槌床便大怒（坐具）

秦人开关延敌（函谷关）

4. 通假字

非不说子之道，力不足也。

八月剥枣

5. 词类活用

所谓古文中的词类活用，是指某个词本属一个固定的词类，只是在古文的特殊语言环境中，临时被赋予了另一个词类的语法功能，而前后两种用法在词汇意义上又密不可分。目前在成语中保存了较多的词类活用现象，如：衣冠禽兽、狼吞虎咽、蚕食鲸吞、土崩瓦解、烟消云散、不白之冤、披坚执锐、赏心悦目、幕天席地。在日常的现代词语中也有不少此类现象，如：目送、冰镇、心算、口供、茶话、席卷、蜂拥等。古文词类活用的具体情况如下：

（1）名词的活用

名词的活用主要表现在五个方面：专有名词用作普通名词、名词活用为一般动词、名词的使动用法、名词的意动用法、名词直接作状语。例如：

一薛居州，独如宋王何？（《孟子·滕文公下》）

一个像薛居州一样的人，能把宋王怎么样呢？（薛居州：贤人名）

虽有十黄帝，不能治也。（《韩非子·五蠹》）

即使有十个像黄帝一样的人，也不能治理好国家。

遂王天下。（《韩非子·五蠹》）

于是在天下称王（或：于是统一了天下）。

沛公军霸上。（《鸿门宴》）

沛公（的军队）驻扎在霸上。

范增数目项王。（《鸿门宴》）

范增多次向项王使眼色。

二月草已芽。（沈括：《梦溪笔谈·采草药》）

二月份草已经发芽。

神农之世，男耕而食，女织而衣。（《商君书·画策》）

神农时代，男人耕田，大家吃饭；女人织布，大家穿衣。

纵江东父老怜而王我，我何面目见之。（《史记·项羽本纪》

纵然江东的父老爱戴我，让我做王，我又有什么脸面见他们呢！

夫子所谓生死而肉骨也。（《左传》）

夫子所说使死人复生，使白骨长肉。

太后岂以为臣有爱，不相魏其？（《史记·魏其武安侯列传》）

太后难道以为我有什么吝惜，不使魏其为丞相吗？

吾从而师之。（韩愈：《师说》）

我跟从他把他当做我的老师。

襟三江而带五湖。（王勃：《滕王阁序》）

以三江为衣襟，以五湖为衣带。

侣鱼虾而友麋鹿。（苏轼：《前赤壁赋》）

把鱼虾当伴侣，把麋鹿当朋友。

天下云集响应。（贾谊：《过秦论》）

天下的义兵像云彩一样地汇合，像声响一样地回应。

一狼径去，其一犬坐于前。（《聊斋志异·狼》）

一条狼径直地走了，另一条狼像狗一样蹲在屠户的前面。

齐将田忌善而客待之。（《史记·孙子吴起列传》）

齐国的将领田忌认为孙膑很有才能，于是就像对待客人一样对待他。

狼速去，不然，将杖杀汝。（马中锡：《中山狼传》）

狼快点离去，不然的话，我将用木杖打死你。

河渭不足，北饮大泽。（《山海经·海外北经》）

黄河渭河的水不够饮，（夸父）到北边去饮大泽的水。

扶苏以数谏故，上使外将兵。（《史记·陈涉世家》）

扶苏因为多次规劝皇上的缘故，皇上便派他到外边带兵。

朝闻道，夕死可矣。（《论语·里仁》）

在早晨听到道理，在晚上死去也值得。

吾日三省吾身。（《论语·学而》）

我每天多次反省自己。

良庖岁更刀，割也；族庖月更刀，折也。（《庄子·养生主》）

好的厨子每年换一把刀，是因为割的缘故；普通的厨子每月换一把刀，是因为砍的缘故。

（2）动词的活用

众所周知，动词在古今汉语中共同的语法特点是通常在句中作谓语，且大多能带宾语。但在古汉语中它仍有活用现象，主要表现在两方面：动词用作名词和动词的使动用法。例如：

男女同姓，其生不蕃。（《左传·僖公二十三年》）

男女同姓结婚，他们生育的后代不会繁盛。

赵王之子孙侯者，其继有在者乎？（《战国策·赵策》）

赵王的子孙中被封侯爵的人，他们的继承人还有存在的吗？

殚其地之出，竭其庐之入。（柳宗元：《捕蛇者说》）

竭尽他们田地的出产品，拿尽他们家里的收获物。

政通人和，百废俱兴。（范仲淹：《岳阳楼记》）

政务通达，人事和顺，各种废弛的事业都兴办起来。

庄公寤生，惊姜氏。（《左传·隐公元年》）

庄公逆生，使姜氏受到惊吓。

项伯杀人，臣活之。（《史记·项羽本纪》）

项伯曾杀过人，我使他活了下来。

先生之恩，生死而肉骨。（马中锡：《中山狼传》）

先生的恩德，能使死人复生，使白骨长肉。

操军方连船舰，首尾相接，可烧而走（之）也。（《资治通鉴·汉纪》）

曹操的军队正把战舰首尾连接起来，可用火烧的办法使（他们）败走。

欲辟土地，朝秦楚，莅中国，而抚四夷也。（《孟子·梁惠王》）

（您梁惠王）想开辟领土，使秦国楚国朝见，据有中原地带，安抚四方少数民族。

（3）形容词的活用

在古今汉语中，形容词均可作谓语、定语、状语或补语。在古代汉语里形容词的活用主要表现在：形容词用作名词、形容词用作动词、形容词的意动用法以及形容词的使动用法。例如：

其知可及也，其愚不可及也。（《论语·公冶长》）

他的智慧方面可以赶上，他的愚蠢方面不可以赶上。

秦贪，负其强，以空言求璧。（《史记·廉颇蔺相如列传》）

秦国贪婪，依仗它的强大势力，用空话索取璧玉。

老吾（之）老，以及人之老；幼吾（之）幼，以及人之幼。（《孟子·梁惠王》）

尊敬我的长辈，从而推广到尊敬别人的长辈。爱护我的子女，从而推广到爱护别人的子女。

小学而大遗，吾未见其明也。（韩愈则币说》）

小的问题还从师学习，而大的问题却弃而不学，我看不出这种人能明白道理。

发鸠之山，其上多柘木。（《山海经·北山经》）

发鸠山，它的上面有很多柘树。

上官大夫短屈原于顷襄王。（《史记·屈原贾生列传》）

上官大夫在顷襄王面前诽谤屈原。

毛嫱、丽姬，人之所美也。（《庄子·齐物论》）

毛嫱、丽姬是人们称赞的美女。

然则所重者在乎色乐珠玉，而所轻者在乎人民也。（李斯：《谏逐客书》）

既然这样，那么您所重视的东西在于美女、音乐和珠宝，所轻视的东西在于百姓。

苟富贵，无相忘！（《史记·陈涉世家》）

如果富贵了，不要互相忘记啊！

吾妻之美我者，私我也。（《战国策·齐策》）

我的妻子以为我美丽，是因为她偏爱我。

甘其食，美其服，安其居，乐其俗。（《老子》第八十章）

（上古的人们）觉得他们的食物很香甜，觉得他们的服饰很漂亮，觉得他们的住房很安适，觉得他们的风俗很淳厚。

孔子登东山而小鲁，登泰山而小天下。（《孟子·尽心》）

孔子登上了东山，就觉得鲁国小了；登上了泰山，就觉得天下小了。

春风又绿江南岸。明月何时照我还。（王安石：《泊船瓜州》）

春风又使江南岸的草木变绿，明月什么时候才能照我乘船回去呢？

于是废先王之道，焚百家之言以愚黔首。（《过秦论》

在这种情况下，废除了先王的治国之道，焚毁诸子百家的著作，以使老百姓变得愚昧。

（4）数词的活用

古汉语中数词在一定条件下主要活用为动词，可带有宾语，也有不带宾语的。例如：

人一能之，己百之；人十能之，己千之。《礼记·中庸》

别人一次能做好的，自己一百次地做；别人十次能做好的，自己一千次地做。

六王毕，四海一。《阿房宫赋》

六国完结了，国家统一了。

（二）句法特点

古文的句法特点主要表现在它的几个特定句式上，即判断句、省略句、被动句以及倒装句。

1. 判断句

古文中的判断句分为以下几种：

（1）用“者”或“也”表判断：这是典型的文言判断形式。在“……者，……也”的搭配中，“者”表停顿，“也”表判断；也有单用“者”或“也”的，或“者也”放在句尾。例如：

陈胜者，阳城人也。（司马迁：《陈涉世家》）

师者，所以传道授业解惑也。（韩愈：《师说》）

四人者，庐陵萧君圭君玉，长乐王回深父，……（王安石：《游褒禅山记》）

项脊轩，旧南阁子也。（归有光：《项脊轩志》）

莲，花之君子者也。（周敦颐：《爱莲说》）

（2）用副词“即”、“乃”、“则”、“皆”、“耳”等表判断。例如：

当立者乃公子扶苏。（司马迁：《陈涉世家》）

此则岳阳楼之大观也。（范仲淹：《岳阳楼记》）

即今之然在墓者也。（张溥：《五人墓碑记》）

夫六国与秦皆诸侯。（苏洵：《六国论》）

（3）用动词“为”或“是”表判断。例如：

故今之墓中全乎为五人也。（张溥：《五人墓碑记》）

如今人方为刀俎，我为鱼肉，何辞为？（司马迁：《鸿门宴》）

问今是何世，乃不知有汉，无论魏晋。（陶渊明：《桃花源记》）

巨是凡人，偏在远郡，行将为人所并。（司马光：《赤壁之战》）

石之铿然有声者，所在皆是也。（苏轼：《石钟山记》）

（4）用否定副词“非”等表示否定判断。例如：

六国破灭，非兵不利，战不善，弊在赂秦。（苏洵：《六国论》）

城非不高也，池非不深也，兵革非不坚利也……（《孟子·得道多助，失道寡助》

（5）通过语意直接表示判断，既不用判断词，也不用语气词。例如：

刘备天下枭雄。（司马光：《赤壁之战》）

刘豫州王室之胄。（同上）

2. 省略句

与现代汉语相比，古代汉语的省略句更为多见。常见的有以下几种：

（1）省略主语

永州之野产异蛇，（）黑质而白章，（）触草木，（）尽死。（柳宗元：《捕蛇者说》）

（）每假借于藏书之家，（）手自笔录，（）计日以还。……录毕，（）走送之，不敢稍逾约。（宋濂：《送东阳马生序》）

（）问：“（）何以战？”公曰：“衣食所安，（）弗敢专也，必以分人。”

（）对曰：“小惠未徧，民弗从也。”（《左传·曹刿论战》）

（2）省略谓语

一鼓作气，再（）而衰，三（）而竭。（《左传·曹刿论战》）

三人行必有我师焉，择其善者而从之，（）其不善者而改之。（《论语》）

（3）省略宾语

尉剑挺，广起，夺（）而杀尉。（司马迁：《陈涉世家》）

每字为一印，火烧（）令（）坚。（沈括：《活板》）

项王曰："壮士！赐之卮酒。"则与（）斗卮酒。（司马迁：《鸿门宴》）

竖子不足与（）谋。（同上）

（4）省略介词

今以钟磬置（）水中，虽大风浪不能鸣也，而况石乎？（苏轼：《石钟山记》）

激昂（）大义，蹈死不顾。（张博：《五人墓碑记》）

3. 被动句

在古文中，被动句的构成常常借助一些介词或利用具体语境中动词本身的被动语用义。常见的有以下几种：

（1）用介词"于"：

则今之高爵显位，一旦抵罪，或脱身以逃，不能容于远近。（张溥：《五人墓碑记》）

六艺经传皆通习之，不拘于时，学于余。（韩愈：《师说》）

吾不能举全吴之地，十万之众，受制于人。（司马光：《赤壁之战》）

（2）用"为"、"为……所……"或"……为所……"：

及其衰也，数十伶人困之，而身死国灭，为天下笑。（欧阳修：《伶官传序》）

吴广素爱人，士卒多为用者。（司马迁：《陈涉世家》）

今不速往，恐为操所先。（司马光：《赤壁之战》）

有如此之势，而为秦人积威之所劫。（苏洵：《六国论》）

不者，若属皆且为所虏。（司马迁：《鸿门宴》）

（3）用"见"、"见……于……"：

动见瞻观，何时易乎？（曹丕：《与吴质书》）

吾长见笑于大方之家。（《庄子·秋水》）

（4）用介词"被"：

予犹记周公之被逮。（张溥：《五人墓碑记》）

参佐无不被系束。（《世说新语·桓南郡好猎》）

（5）利用具体语境中动词本身的被动语用义：

蔓草犹不可除，况君之宠弟乎？（《左传·郑伯克段于鄢》）

傅说举于版筑之间，胶鬲举于鱼盐之中，……（《孟子·生于忧患，死于安乐》）

4. 倒装句

在正常情况下，古今汉语句子成分都是有一定顺序的。如主语在前，谓语、宾语在后；修饰语在中心词前，补充成分在谓语后。但与现代汉语一样，古文中也存在许多倒装句，具体情况如下：

（1）宾语前置

宾语在一定的语境中可前置，如疑问句中疑问代词作宾语、否定句中代词宾语、宾语后有结构助词"是"、"之"等，例如：

大王来何操？

臣实不才，又谁敢怨？

圣王有百，吾孰法焉？

然而不王者，未之有也。

我无尔诈，尔无我虞。

虽使五尺之童适市，莫之或欺。

知我者，谓我心忧；不知我者，谓我何求。

谚所谓“辅车相依，唇亡齿寒”者，其虞虢之谓也。

将虢是灭，何爱于虞？

我周之东迁，晋郑依焉。

（2）定语后置

在古代汉语里因为定语过长或者为了强调和突出定语，常把定语放在中心语即被修饰词后边。常见的定语后置情况有三类：数量性定语后置、修饰性定语后置以及“者”字短语作定语后置。例如：

命子封帅，车三百乘以伐京。

孟尝君予车五十乘，金五百斤。

居庙堂之高，则忧其民；处江湖之远，则忧其君。

其石之突怒偃蹇，负土而出，争为奇状者，殆不可数。

（3）谓语前置

谓语倒置往往是为了强调谓语的意义或感情色彩，或是出于修辞的需要。例如：

子耶，言伐莒者？

甚矣，汝之不惠！

大哉，其之为君也！

竹喧归浣女，动下渔舟。

二、古文英译

现从古文词语与句子两个方面来简述古文英译的具体情况。

（一）词语的翻译

1. 零对等词

汉语古文英译者经常碰到零对等词现象，即现代英语中不存在与汉语古文某些词语的对等词。通常处理此类问题的办法有四种：

（1）近义词语加注

夫未战而庙算胜者，得算多也。（《孙子兵法》）

It gives a general greater advantage to win to make military decisions in the temple[1] even before fighting a battle.

Note 1 make military decisions in the temple: Doing battle is a matter of vital importance to the nation, so the generals must hold a ceremony for military actions and forecasting the outcome of war.

（2）大写近义词使之专有化

道可道，非常道。（《老子》）

The <u>Way</u> that can be told of is not an Unvarying <u>Way</u>.

（3）音译加注

故胜兵若以镒称铢，败兵若以铢称镒。（《孙子兵法》）

A victorious army is like one *yi*[1] balanced against one *zhu*[2], while a defeated army is like one *zhu* balanced against one *yi*.

Note 1 *yi*: an ancient Chinese unit of weight, one *yi* is 24 *liang*.

Note 2 *zhu*: an ancient Chinese unit of weight, one *zhu* is equal to 1/24 *liang*.

（4）造词

古文英译中的造词大致可分为两种：直接音译以及利用英语词语杜撰。例如：

人法地，地法天，天法道，道法自然。

The ways of men are conditioned by those of earth.

The ways of earth, by those of heaven.

The ways of heaven by those of Tao, and the ways of Tao by the Self-so.

友直，友谅，友多闻，益矣。

Friendship with the upright, with the true-to-death and with those who have heard much is profitable.

2. 词义及词性的变迁

随着时间的推移，汉语词义及词性不断演变，古今汉语的同词异义、通假现象、词能消长以及词性变迁十分常见。因此，古文词语的词义及词性变迁一直是古文研究者，更是古文英译者的难题。

（1）成事不说，遂事不谏，既往不咎。（《论语·八佾》）

It is bootless to discuss accomplished facts, to protest against things past remedy, to find fault with bygone things.

（2）非不说子之道，力不足也。（《论语·雍也》）

It is not that I do not delight in your doctrine, but my strength is insufficient.

例（1）中的"说"字古义今义大致相同，而例（2）中的"说"同"悦"。

（3）八月剥枣。（《诗经·七月》）

In the eighth moon down the dates we beat.

"剥"在此处是通假字。剥者，击也。众所周知，先秦两汉古籍中通假字很多，不注意通假现象，就极易产生误译。

（4）驴不胜怒，蹄之。（柳宗元：《黔之驴》）

The donkey lost its temper and kicked out.

（5）老吾老，以及人之老。（《孟子·梁惠王上》）

Treat with the reverence due to age the elders in your own family, so that the elders in the families of others shall be similarly treated.

（二）句子的翻译

1. 增补

古文具有言简意赅的特质，因此古文英译时需要增补词语的情况很多。译者可因地制宜增补主语、谓语、宾语，还可增补介词、连词或其他词类等。

（1）无主句英译时可适当增补引导词 there、虚指的 it 以及相关动词。例如：

大雨雪，深二尺五寸。（《史记・秦始皇本纪》）

There was a great snowfall, twenty-five inches deep.

三年春不雨。夏六月雨。（《左传・僖公三年》）

In spring of the third year it did not rain, but in summer, it did.

天寒大雨，士卒冻饥。（《史记・项羽本纪》）

The day was raw, a heavy rain was falling, and the men were hungry and cold.

（2）在古汉语里，许多偏正短语的中心成分即被修饰成分可能被省略，英译时可酌情增补。例如：

公曰："多行不义必自毙。子姑待之。"（《左传・隐公元年》）

The duke said, "Those who pursue evil courses will eventually encompass their own ruin. You will see."

上例中"不义"后面省略了中心词"（之）事"，译者增补了"courses"。

（3）古文为典型的意合书面语，因此英译时译者要根据句子之间的语义关系增补各种关联词语。例如：

故曰：知彼知己，百战不殆；不知彼而知己，一胜一负；不知彼，不知己，每战必殆。（《孙子兵法・谋攻篇》）

Hence the saying: If you know the enemy and know yourself, you will fight a hundred battles with no danger of defeat. If you know yourself but not the enemy, you will win one battle and lose one battle. If you know neither the enemy nor yourself, you will suffer defeat in every battle.

2. 转换

在此，转换包括句子主被动转换以及肯定否定转换两方面。古文中的主动句可以转换为译语中的被动句，反之亦然。同样，古文的肯定句可以英译为否定句，否定句也可译为肯定句。例如：

（1）已又杀杨季主。（《史记・游侠列传》）

Some time later, Yang Jizhu was killed.

（2）不者，若属皆且为所虏。（《史记・项羽本纪》）

If you don't do this, we will all end up his captives.

（3）劳心者治人，劳力者治于人；治于人者食人，治人者食于人，天下之通义也。（《孟子・滕文公上》）

Those who work with their minds rule others; those who with their strength are ruled by others. Those who are ruled by others support them; those who rule others are supported by them. This is a principle universally recognized.

（4）曰："唉！竖子不足与谋。"（《史记・项羽本纪》）

"Bah!" he cried, "Advice is wasted on a fool."

（5）昔之善战者，先为不可胜，以待敌之可胜。（《孙子兵法・形篇》）

The good fighters of old first put themselves beyond the possibility of defeat, and then waited for an opportunity of defeating the enemy.

（6）嗟乎！师道之不传也久矣！欲人之无惑也难矣！（韩愈：《师说》）

Alas, it has been a long time since the tradition of taking teachers was honored! And so it is difficult to expect to be free from doubts.

第二节 古代典籍翻译

古代典籍是用古汉语记载的，存在于历代各领域的权威性著作，是一种经过历史沉淀后带有丰富文化信息的语料。它是中国历史和华夏文化的重要载体，集中反映出中华民族传统的精神价值、思维方式、文化意识等，可以说是中华民族的生命力和创造力的符号再现。在经济全球化的今天，中国古代典籍，作为中华民族文化多元系统的一个组成部分，理应积极参与到世界文化交流中去。换言之，古代典籍的传播是增强文化软实力，让海外了解中国的历史与文化的重要途径。

统计数字表明，我国大约有 3.5 万种古典书籍，但目前由主流媒体翻译成外文的只有千分之二左右（黄中习，2007）。这说明中外文化交流仍处于不平衡状态，中华文化在以美欧为主的西方文化面前仍为弱势文化。汉语言文化要追求文化地位的平等，就必须诉诸翻译，向强势语言输出自己的精华。众所周知，二十一世纪不但是东西方文化交融的世纪，还应当是从“西转向东”的世纪。虽然许多翻译大家在典籍翻译领域建树颇丰，但总体来说典籍英译依然是我国文化传播中最为薄弱的环节，尚未进入全面地、有计划地、系统地向国外批量译介的阶段。现从译前准备和翻译标准两方面讲解古代典籍英译的相关问题（关于具体翻译方法上节已有涉及，不再赘述）。

一、古代典籍英译的译前准备

古代典籍距离现代译者的生活经验世界遥远，信息密度高，语言晦涩难懂且常常需要相关领域坚实的知识储备，因此译前准备工作必不可少。

（一）研究典籍文本

翻译古代经典，贵在“传真”。换言之，古代典籍英译应以“信”为本。典籍的翻译非常强调双语间意义的对应转换。在此，文本“意义”应包括概念意义（conceptive meaning）、语境意义（contextual meaning）、形式意义（formal meaning）、风格意义（stylistic meaning）、形象意义（figurative meaning）和文化意义（cultural meaning）（刘宓庆，1999：41）。由此可见，典籍文本意义的转换是系统性、全方位以及双向度的。再者，“翻译是一种认知活动，是以现实体验为背景的认知主体所参与的多重互动为认知基础的，译者在透彻理解源语言（含古代语言）所表达出的各类意义的基础上，尽量将其在目标语言中映射转述出来，在译文中应着力勾画出作者所欲描写的现实世界和认知世界”（王寅，2005：17）。因此，译者若要保证最大限度地传达原文的信息和风貌，就必须潜心研究，在词义、成语典故、内容和风格意境等方面透读原文。

（二）借鉴注疏成果

古代典籍文字晦涩艰深、语义难辨，作为第一读者的译者在解读方面困难重重。但我国历来有“传——注——疏”的学术传统，几乎所有古代典籍都有前人注疏与校勘。这些前辈学者校勘讹误、解释词义、分析句读、讲解修辞等，其研究面涉及了语音学、语义学、语用学以及语法学等。众所周知，译文的错误多源自理解的错误。因此，译者应借鉴这些注疏、校勘，甚至还要对各家释义加以考证，这样才能了解古籍的精义邃旨。

（三）参照已有前译

除了充分借鉴前人的典籍研究成果外，译者还应该积极参照已出版的国内外译本。目前，四书五经、四大名著、宗教经文等各类古代经典都已有英译本或部分英译本。据不完全统计，20 世纪 30 年代之前，《论语》较为出名的英译本就有 50 余种，而且此后每年以 10%—20%的速度在递增。译者只有通过译本比较，博采众长，才能创造出超越前译的佳作。

（四）寻找合作伙伴

古代典籍译者要寻找两方面的合作伙伴：一方面，从事典籍翻译工作的译者一般为英文专业出身，国学基础较弱，但中国古代典籍思想深邃，内容庞杂，而且语篇一般具有多义性和跨学科性，往往涉及政治、军事、官制、礼仪、天文、地理、法律等广泛领域，因此译者必须虚心请教典籍研究专家；另一方面，译者最好与以英语为母语的汉学专家合作，由他来负责审阅译文中的表达失误或措辞不当，很多微妙的语用现象只有操母语的人才能体会得到。在这两方面专家的配合下，古代典籍译者才有可能打造出典籍英译的“经典”。

二、古代典籍翻译的标准

我国古典籍语码表现形式具有高度的抽象、凝练和多义的诗学理论特点，因此古代典籍的跨文化、跨语际翻译不再是一个狭义的语言学或文化学的命题。我们知道，中国典籍的英译过程是一个把古代汉语转换成现代英语的过程，期间势必经历语内翻译和语际翻译两个阶段。首先进行的是语内翻译，即用现代汉语完整准确地解读典籍中的古汉语。第二阶段进行的是语际翻译，即用现代英语完整准确地表达源自古代典籍原文的现代汉语意思。现从文学典籍翻译、非文学典籍翻译以及宗教典籍翻译三方面宏观地阐释一下典籍翻译标准：

（一）文学典籍的翻译标准

文学典籍大多以抒情叙事为主，包括诗词歌赋、散文小说、各类戏剧等。因此，能否成功地传情叙事就成为文学典籍翻译标准的重要内容。换言之，在进行文学典籍汉译英时，首要考虑是如何传情，其次就是如何叙事，重心是在“传情”上，二者有机结合在一起，就是“诗言志”文学理念的深化。

虽然“传情”在文学典籍翻译标准中很重要，但是中国传统文学典籍中的“情”和西方传统文学作品中的“情”是有明显区别的。以悲剧为例，尽管中西悲剧均有怜悯的人文因素，但是中国悲剧强调“悲苦”之情，西方悲剧却重在“悲惧”。与“传情叙事”相联系的语言美学效果也是异同兼有。中西方都特别强调真善美、自然美、纯朴美。但具体而言，中国文学典籍的语言美向来是刚柔并济、沉郁敦厚；而西方文学作品更偏向于宽广客观、冷峻激昂。中国作家历来强调“语不惊人死不休”的语言创作理念；西方作家则更偏向于语码所编织的繁复、深刻的思想王国。所以，译者应格外注重元叙事美，即必须从思想性和表达形式上进行二次叙事，以使英语读者喜闻乐见。换言之，文学典籍的内容与其最初的外在表现形式密不可分。当然，这种形式在英译中也需因地制宜，并非一成不变。

（二）非文学类典籍的翻译标准

在此，非文学类典籍指以古代哲学、法学、伦理学、医学、科技等为主要内容的文献经典。就非文学类典籍的翻译而言，“语意通畅、理论严谨”为其翻译标准的主要指标。

所谓“语意通畅”，指用流畅的译入语传达原作的基本语意。至于汉语典籍原作的文体因素，如语法特点、外在形式结构等，则可以在翻译时因地制宜地进行取舍处理。因此，如果原作文体是艰深晦涩的，译者在一般情况下不必追求这种文体对等，而是刚好相反，将本来晦涩难懂的汉语原作译成语意流畅可读的英语文本。在此，对“雅”的追求绝非非文学类典籍译者追求的重心。所谓“理论严谨”，指以某一学科为主要内容的典籍英译本应该能为译入语读者再现原文本的学科理论，而且译本中所阐释的理论也是严谨的、自成体系的“经典”。

（三）宗教典籍的翻译标准

由于宗教典籍的独特性，在此特将其翻译标准单列成一类。宗教典籍的独特性表现在：第一，现当代的主要宗教的权威教义文本大多使用古文或文言特点的文体。第二，需要汉译英的宗教典籍数量极为庞大，仅道家一家的文献就是一个巨大的挑战。第三，中国在宗教文献领域的翻译研究历史源远流长，这对宗教典籍英译具有很大的借鉴作用。

一般来说，宗教文献的翻译标准可参照非文学典籍翻译标准，但是其中许多宗教典籍又同时具有浓厚的文学色彩，如《道德经》。因此，它的标准又可在一定的程度上借鉴文学翻译标准。诚然，宗教典籍是以宣扬教义为其主旨，其文学色彩并非刻意为之。简而言之，宗教经典英译标准为：语意通畅，形音皆备。

“语意通畅”在上文的非文学典籍翻译标准中已介绍过，因此在大多数的情况下，对于宗教典籍翻译来说，非文学典籍翻译标准可视为主标准。另一方面，所谓“形音皆备”，是指在宗教典籍翻译中，译者常常遭遇到道家、佛家文献中的灵符、符咒、咒语、真言等。这时，译者必须尽可能做到在“形”和“音”两个方面直译，有时甚至是绝对直译、完全照搬。

第三节　古诗词的翻译

诗词是最古老的文学体裁之一。人类在长期的劳动中产生了语言，在劳动的哼唱中创造出了早期的诗歌（即民谣）。诗词是语言的精华，是思维表达的最高形式，也是一个民族的精神表达。中国的古诗词或质朴刚健，或清新亮丽，风格各异。在传播博大精深的中国文化的过程中，古诗词的英译起着重要的作用。

一、汉英格律诗体述略

（一）格律与韵律

汉语古诗词中的音节，以两字或一字为一音步，每个双音步的第二个音和单音步可视为一个节奏点，又称为拍子。五言诗和七言诗就是三拍和四拍。因此可以说，平仄和节拍有非常密切的关系。在英语诗中，音的长短和轻重是重要的节奏要素。一般来说，汉语诗的节奏表现在平仄的分布上，而英语诗则体现在轻重声的排列规律上，其常见的格律（metre）有：trochaic、iambic、anapestic dactylic，音步数量大致有：monometer、dimeter、trimeter、tetrameter、pentameter、hexameter、heptameter 和 octameter 等。

就押韵而言，中国古诗都是有韵脚的，即行尾的元音应该相同。绝句诗一般压在第一、第二和第四句的尾字，第一句可不压，但二、四句则要求较严，不但要在同一韵目，且须均为平声；律诗押韵的分布是第一、二、四、六和末句，第一句也不强求。英诗的押韵一般要求重读音节中的元音及辅音相同即可，元音前的辅音可不相同。总体而言，其押韵可分为押尾韵（end rhyme）、押中间韵（internal rhyme）和押头韵（head rhyme）。

（二）常见诗体

中国古诗词主要是五绝、七绝和五律、七律，以及宋元繁盛起来的宋词和元曲。英文中常见的诗体则有：对偶句（couplet）、英雄双韵体（heroic couplet）、三行诗体（triplet）、四行诗体（quatrain）及十四行诗（sonnet）等。

二、古诗词翻译的基本原则

首先，古诗词翻译的最基本原则是：以诗译诗。如将古诗词译成散文或小说等，则已不能再称其为诗词翻译，至多是阐释性编译。

第二，古诗词翻译应以诗行为基本单位，并应尽量保留原有的标点符号，不能随意整合诗行，否则原作的风格和诗学气质将被摧毁。当然，在翻译实践中，由于汉语古文字的精悍洗练、汉英句法的差异等因素，诗行的增减现象难以避免。在不影响诗词风格和气质的前提下，因地制宜地局部整合还是可以接受的。

第三，诗词的翻译应尽量保留原作中重要的意象。意象往往是用来表示诗词深层意义的，是诗歌的灵魂，意象的更改必然会破坏原诗的意境。译者有责任将读者的诗歌想象带入原作时空环境，以使原诗的艺术性和美学价值在目的语文化中得到再现，从而使目的语读者得到与译出语读者相同或相似的读者反映，领略到中国古代诗歌语思想之深远，哲理之精辟，感受到同样的感染与共鸣。

第四，诗词翻译应尽量再现原作的音韵美，使译入语读者读译作时能像原语读者一样朗朗上口。由于英汉两种语言音韵体系方面的差异，要做到这一点并非易事。

总之，古诗词翻译应有四观：形式观，结构观、意象观以及音韵观。这样才能在忠实原诗词意义的基础上，充分再现原作的美学追求，传递出中国古诗词的特殊艺术魅力。

三、古诗词翻译的基本方法

总体来说，古诗词翻译的基本方法有三种：文体翻译法、阐释翻译法以及再造翻译法。

（一）文体翻译法

文体翻译法更加关注的是诗词的文体特征，而不是内在思想价值。译者追求的是对原诗形式、音韵以及结构等文体因素的绝对忠实，主张译诗应该像镜子一样，完全映射出原作的外貌。从某种程度上讲，文体翻译法极易成为极端的直译。例如：

江雪
千山鸟飞绝，
万径人踪灭。
孤舟蓑笠翁，
独钓寒江雪。

River Snow
A hundred mountains and no bird,
A thousand paths without a footprint.
A little boat, a bamboo cloak,
An old man fishing in the cold river-snow.

(Translated by Bynner)

这首五言绝句作于唐代诗人柳宗元谪居永州期间，此时的诗人政治上失意，精神上无所寄托。全诗用简单白描的语言描绘出了一位老者迎风顶雪独钓寒江的孤独悲凉景象。但由于译者基本采用文体翻译法，对原诗在外在形式、语言特色等方面机械地移植，一味地照字面翻译诗歌，导致绝大多数外国读者往往很难捕捉到原文的意境，反而认为该诗是在描绘一个可怜的老者在风雪交加的冬日，为了生活不得不去钓鱼果腹。

（二）阐释翻译法

阐释翻译法要求译者将原诗中所隐含的信息得以彰显，或者采用替代的方法将原诗词的文化意象替换为读者熟悉的意象，消除读者理解中的文化障碍，进而传递出诗歌的文学思想价值，保留原诗的意境美和情感美。在此基础上，译者再去考虑如何传递原诗词的形式美。例如：

登鹳雀楼
白日依山尽，
黄河入海流。
欲穷千里目，
更上一层楼。

Ascending the Stork Tower
Ling'ring is the setting sun about the mountain height,
Surging is the Yellow River eastward to the sea.
Aim higher and up the tower take another flight
To acquire a vision broader than one thousand *li*.

译者在第二行增加了"surging"一词，把黄河汹涌澎湃的壮阔气势栩栩如生地展现在了读者面前；在第三行译者增加了"aim higher"，阐释出了诗歌所要表达的深刻哲理，诗歌的意境得以充分再现。

再请看温庭筠的《更漏子》一词：

玉炉香，红蜡泪，
偏照画堂秋思。
眉翠薄，鬓云残，
夜长衾枕寒。

梧桐树，三更雨，
不道离情正苦。
一叶叶，一声声，
空阶滴到明。

Incense from a jade censer
And a tearful vermilion candle
Evoked autumnal moods within the painted chamber.
Penciled eyebrows worn,
Cloud-like locks in disarray;
Long is the night, the covers and pillow cold.
Upon the *wutong* trees
Falls a midnight rain,
Indifferent to the persistent pains of separation.
Leaf upon leaf,
Drop upon drop,
On empty stairs it drips until the dawn.

众所周知，秋思是一种内心情绪，无形无状，灯光是无法照出的。但作者用“偏照”二字刻画人物的无奈与愁闷，可谓妙笔生花，将抽象的事物具体化，从而把室内的精致陈设与人物的心理巧妙地联系起来，浑然一体。但若是直译，“照”与“秋思”是无法搭配的，译者用“Evoked”替换“照”，做到了异曲同工。

当然，阐释翻译法的运用也会不同程度地破坏原诗词的一些文体因素。例如在李清照的《声声慢》中：

寻寻觅觅，
冷冷清清，
凄凄惨惨戚戚。

三行词句接连用了七个迭韵词，节奏缓慢，情绪压抑，悲凄的气氛浓重。试看以下英译：

I have a sense of something missing I must seek.
Everything about me looks dismal and bleak.
Nothing that gives me pleasure, I can find.
Even the weather has proved most unkind.

（徐忠杰译）

这里，译者对原文使用了阐释翻译法，原词的语义、文学思想等得到了传递。但译者对文体的因素顾及较少，音步较乱，每行长度过大，节奏反而较为轻快。同时，译者在前两行行尾使用了两个长元音/i:/，在后两行末尾运用了/aind/，音效明亮，原文凝重凄凉的音韵体系遭到破坏。

又如：

天净沙·秋思
枯藤老树昏鸦，
小桥流水人家，
古道西风瘦马。
夕阳西下，
断肠人在天涯。

Autumn

Crows hovering over rugged old trees wreathed with rotten vine—the day is about done. Yonder is a tiny bridge over a sparkling stream, and on the far bank, a pretty little village. But the traveler has to go on down this ancient road, the west wind moaning, his bony horse groaning, trudging towards the sinking sun, farther and farther away from home.

（翁显良译）

元代散曲是一种吟唱，用韵密度大，几乎是每句押韵，而且全篇一般不换韵，从头至尾一韵到底。散曲的用词比较口语化，其语言风格总体上是生活化的朴素。马致远的这首曲被译者用散体英文进行了较完整的阐释，但原作的文体特点也荡然无存了。

（三）再造翻译法

虽然诗歌翻译在某种意义上是艺术，是再创造，但这也往往成为某些人胡译乱译的借口。在此，再造翻译法是指一种极度自由的翻译方法，它极易走向极端的自由译或意译。译者往往只是借用了原诗的大体形式或主旨思想，大胆地改掉许多原诗的意象，对原作文学情感、音韵特色以及部分文体都做了大量修改。从某种意义讲，这是对原诗词的再造或再创作。

从大量的古诗词翻译实践可以看出，人们通常采用的是阐释翻译法。但有时译者也因地制宜地采用介乎文体翻译法和阐释翻译法之间的翻译方法，即在尽可能直译的基础上对译文作一些必要的整合，使之符合目标语读者的诗歌美学价值观，或者在基本采用文体翻译法的基础上，尽可能多地传递出原诗的意象和音韵体系特征。例如：在李白《静夜思》的两个译本中，许渊冲的译本是在文体翻译法的基础上进行适当阐释；王守义和诺弗尔的译本则在阐释翻译法的基础上适当照顾了文体因素。

静夜思
床前明月光，
疑是地上霜，
举头望明月，
低头思故乡。

译文一：

Thoughts on a Tranquil Night
Before my bed a pool of light—
Can it be hoar-frost on the ground?
Looking up, I find the moon bright;
Bowing, in homesickness I'm drowned.

（许渊冲译）

译文二：

Thoughts on a Quiet Evening
The floor is flooded with moonlight
Frost covered the old earth like that.
I gaze at the moon
Shimmering in a dark court.
Sad and homesick
I bow down my head.

（王守义与约翰·诺弗尔译）

总之，译诗应该有诗的形式，诗的韵律。对于中国的古典诗词而言，它向来有神韵、风骨、格调、性灵及境界等方面的追求，强调作者心境情结的传达，崇尚韵外之致、味外之义。因此，译者在忠实原诗的意义的基础上，应充分反映原诗的美学追求。但与此同时，我们也知道由于汉语诗词文化意象密集，文化内涵丰富，加之巨大的时空差异，当代西方读者阅读中国古代诗词英译本时难免困难重重。因此译诗也要朗朗上口，明白易懂，不然就违背了诗歌的本意。

第四节　历史文物专有名词的翻译

中国是文明古国，历史文物浩如烟海。历史文物是人类文化的珍贵遗产，文物专有名词既是对文物的命名，同时也是对文物历史文化特征的总括性描述。一般来说，历史文物专有名词措词古朴典雅、意蕴丰富，是古汉语文化语料的精华之一，包含了大量的文化信息。随着我国对外开放的不断深化，旅游产业的日趋兴盛，翻译行业从业者翻译历史文物专有名词的频率越来越高。如何让译入语读者正确地认知文物，科学地理解其名称，是翻译研究者和学习者的重要课题。

一、历史文物专有名词的特点

历史文物专有名词本身表现出一种复杂的语言、历史、文化的结合，深深地内嵌于某一特定的文化系统。总体说来，历史文物专有名词可大致分为三种：基本表象类、审美价值类和文化专属类。

（一）基本表象类

基本表象类文物专有名词反映了对文物基本表象的直接性认知，是一般文物命名的落足点。以器物类文物为例，依材料、质地，可分为陶瓷器、石器、青铜器、金银器、玉器之类；依功用，可分为酒器、祭器、乐器、兵器、饰物等。基本表象类文物专有名词告诉我们文物“是什么”，这也是翻译者首先需要直接传递的信息。例如：

环柄八棱杯 octagonal cup with ringed handle

彩绘陶壶 painted pottery pot

（二）审美价值类

审美价值类历史文物专有名词是从审美价值角度对基本概念进行更为全面、系统的描述，进一步说明文物“什么样”。这就涉及人们对文物的审美意识和对文物自身的艺术价值的认知。文物的造型、窑记、花纹、铭字、质地、工艺等文化特点和时代特征都与审美价值类文物专有名词息息相关。例如：

虎噬蜥蜴带链铜带钩 bronze beltchain with a hook shaped of tiger devouring lizard

描金云龙纹直颈瓶 straight-necked vase with cloud and dragon design in gold tracery

（三）文化专属类

文化专属类历史文物专有名词能反映出汉民族文化特有的传统观念、社会习俗、宗教意识、风土人情等。领会这种专有名词对于汉语读者并无困难，但英语读者却常常因文化背景的不同而理解困难较大。例如：

说唱俑 talking and singing figure

观星望月气功镜（宋） mirror with patterns of astronomical observation and *Qigong*（bodybuilding method）

二、历史文物专有名词的翻译原则

由于文物本身所具有的文化性、历史性和民族性等特点，其翻译与一般的文字翻译还是有区别的。在一般性翻译原则的基础上，历史文物专有名词的翻译原则有三：

（一）民族性原则

中国历史文物是中华文化宝库的艺术精华，翻译这些文物专有名词时就要体现其民族特色，反映特有的民族内涵和民族精神。例如：

伯公父瑚 Bogongfuhu—food container

该文物为西周晚期青铜器，是盛稻粱的一种器皿，也是西周特有的一种礼器。译者先音译后补充，体现了民族性这一原则。

（二）简洁性原则

既然是文物名称，在英译时考虑到西方读者的接受能力，自然应简洁易记。例如：

夔纹鼎 tripod with kui pattern

利簋　ligui—food container

狩猎纹壶　pot with hunting design

（三）交际性原则

对历史文物专有名词的翻译也是一次跨文化交际，因此译名应承载一定的交际信息，利于对文物的直接或间接说明，使人能顾名思义。例如：

彩绘船图罐 jar painted with a boat

虢季子白盘 Guojizibai plate—water container

三、历史文物专有名词的翻译方法

(一) 以物选词

由于文化、历史、社会等的巨大差异，词语的概念意义及文化内涵义常常不是对等的，这一点在历史文物专有名词翻译的选词上表现得尤为突出。因此，翻译时必须依据文物本身，采取“以物选词”的技巧。例如：

笔洗 brush washer（笔≠pen）

绿釉贴花凤首壶（唐）green-glazed vase in applique shaped like a phoenix head（壶—vase）

鸡冠壶（辽）cockcomb-shaped jug（壶—jug）

四系壶 four-handle pot（壶—pot）

(二) 形象化选词

文物本身就是不可多得的艺术品，其名称往往形象生动，给人一种文化和审美享受。因此，译名也应把握其形象化内涵，挖掘其生动的文化寓意。例如：

足踏飞燕铜奔马（汉）galloping horse with hind-hoof on a swallow

“飞”和“奔”二字活灵活现地反映出这种稀世珍宝的艺术品质，译文中“galloping”一词形象、贴切地传递了原名的动态美。

白釉黑花童子垂钓瓷枕（金）white-glazed porcelain pillow with child-fishing design and black decoration

译名中“child-fishing”动感十足，“design”一词又表现出“静态”的纹饰，亦动亦静，形象生动。

(三) 顺应性排序

对于当代人来讲，许多文物的名称较为晦涩冗长，其命名涉及形状、功能、纹饰、造型、色调等诸多方面，词语排序往往涉及汉英不同的语言习惯、文化取向和审美心理。因此，采取顺应性排序是文物名称翻译的重要方法。例如：

彩陶葫芦瓶（新石器）gourd-shaped jar in colours

三彩长颈瓶（唐）long-necked vase in tricolors

由上例可知，在感知物体时，汉语的语用习惯是先表明色调，然后描述其形态；英语则首先阐述物体形态，然后才是色调。

大盂鼎 yu tripod

鎏金刻花碗（汉）gilded-gold bowl with carved design

白瓷长颈瓶（唐）white porcelain vase with long neck

绛底五色彩绣 embroidery in five colours on red background

五岳真形镜（明）mirror with patterns of the original forms of the five famous mountains

上述五例表明：在观赏物体时，汉语多取向于物体特征，表达物体特征的修饰词在中心词之前。英语则侧重于客观物体本身，被修饰词即中心词的位置比较灵活，可在修饰语的前、中、后。

（四）解释性翻译

历史文物专有名词毕竟承载了太多的文化信息，社会传统、成语典故、民风民俗等不胜枚举，不可译的情况在所难免。因此，为减少英语读者理解上的困难，解释性翻译有时是非常必要的。例如：

杏花人物玉壶春瓶（元）blue-and-white pear-shaped vase with flared lip and portraiture design

釉里红缠枝玉壶春瓶（元）underglazed red pear-shaped vase with flared lip and design of interlocking chrysanthemum branches

上例中的"玉壶春瓶"是宋、元以来出产的一种细状长形陶瓷花瓶。造型别致，亭亭玉立。但在英语文化中却无对等词语，只能解释性的译为"pear-shaped vase with flared lip"。

青花八吉祥壶（清）blue-and-white pot with design of the eight Buddhist emblems of good luck

八仙过海云纹镜（元）mirror with patterns of the Eight Immortals crossing the sea and cloud design

柳毅传书纹镜（宋、元）mirror with patterns of Liu Yi passing on a written message

王子乔吹笙引凤镜 mirror with patterns of Wang Ziqiao playing wind pipe to fascinate a phoenix

以上四例含有中国民间故事、传说、成语、典故等，译者适当进行文化解释，便于读者的理解。

编钟 bian zhong（bell-chime）

编磬 bian qing（stone-chime）

官窑双耳瓶（宋）porcelain vase decorated with two handles, Guan ware

玉如意 jade ruyi（s-shaped ornamental object, formerly a symbol of good luck）

辟雍砚 Biyong inkslab（of celadon or white porcelain, with unglazed surface）

青瓷花尊 celadon Zun（wine vessel）with lotus pattern

影青广寒宫瓷枕（元）Ying Qing（misty blue）porcelain pillow with moon-palace design

以上几例是在适当音译的基础上加注释，在一定程度上弥补了直接音译的不足。

练习 Exercises

一、翻译下列句子

1. 由，诲女知之乎？知之为知之，不知为不知，是知也。（《论语·为政》）
2. 余是以记之，盖叹郦元之简，而笑李渤之陋也。
3. 貂蝉曰："贱妾年方二八。"

4. 他自送死，非我逼也。

5. 他就弄个神通，把毫毛拔下几根，丢入口中嚼碎，喷将出去，念声咒语，叫“变！”

6. 温故而知新，可以为师也。

7. 子贡问曰：“乡人皆好之，何如？”子曰：“未可也。”“乡人皆恶之，何如？”子曰：“未可也。不如乡人之善者好之，其不善者恶之。”（子路篇第十三：二十四）

8. 君子之德，风。小人之德，草。草，上之风，必偃。（颜渊篇第十二：十九）

二、翻译下列古代典籍节选

1. 《师说》节选：

嗟乎！师道之不传也久矣！欲人之无惑也难矣！古之圣人，其出人也远矣，犹且从师而问焉；今之众人，其下圣人也亦远矣，而耻学于师。是故圣益圣，愚益愚。圣人之所以为圣，愚人之所以为愚，其皆出于此乎？爱其子，择师而教之；于其身也，则耻师焉，惑矣！彼童子之师，授之书而习其句读者，非吾所谓传其道解其惑者也。句读之不知，惑之不解，或师焉，或不焉，小学而大遗，吾未见其明也。巫医，乐师，百工之人，不耻相师。士大夫之族，曰师曰弟子云者，则群聚而笑之。问之，则曰：“彼与彼年相若也，道相似也，位卑则足羞，官盛则近庚。”呜呼！师道之不复，可知矣。巫医乐师百工之人，君子不齿，今其智乃反不能及，其可怪也欤！

2. 《道德经》第二十章：

唯之与阿，相去几何？美之与恶，相去若何？人之所畏，不可不畏。荒兮，其未央哉！众人熙熙，如享太牢，如春登台。我独泊兮，其未兆；沌沌兮，如婴儿之未孩；傫傫兮，若无所归。众人皆有馀，而我独若遗。我愚人之心也哉，沌沌兮！俗人昭昭，我独昏昏。俗人察察，我独闷闷。淡兮，其若海，望兮，若无止。众人皆有以，而我独顽似鄙。我独异于人，而贵食母。

3. 《黄帝内经》节选：

余闻上古之人，春秋皆度百岁，而动作不衰；今时之人，年半百而动作皆衰者，时世异耶？人将失之耶？

三、翻译下列古诗词

1.

敕勒歌

敕勒川，
阴山下。
天似穹庐，
笼盖四野，
天苍苍，
野茫茫，
风吹草低见牛羊。

2.　题林安邸

林升

山外青山楼外楼，
西湖歌舞几时休？
暖风熏得游人醉，
直把杭州作汴州！

3.　嫦　娥

李商隐

云母屏风烛影深，
长河渐落晓星沉。
嫦娥应悔偷灵药，
碧海青天夜夜心。

4.　莺梭

刘克庄

掷柳迁乔太有情，
交交时作弄机声。
洛阳三月花如锦，
多少功夫织得成。

5.　听张立本女吟

高适

危冠广袖楚宫妆，
独步闲庭逐夜凉。
自把玉钗敲砌竹，
清歌一曲月如霜。

6.　秋夕

杜牧

银烛秋光冷画屏，
轻罗小扇扑流萤。
天街夜色凉如水，
坐看牵牛织女星。

7.　声声慢

寻寻觅觅，冷冷清清，凄凄惨惨戚戚。乍暖还寒时候，最难将息。三杯两盏淡酒，怎敌他晚来风急。雁过也，正伤心，却是旧时相识。

满地黄花堆积。憔悴损、如今有谁堪摘？守着窗儿，独自怎生得黑？梧桐更兼细雨，到黄昏点点滴滴。这次第，怎一个愁字了得。

四、翻译下列历史文物专有名词

1. 秦始皇兵马俑
2. 青瓷象首八系壶（隋）
3. 《满江红》词菱花形镜（南宋）
4. 白衣红陶盘
5. 兽面纹分裆鼎
6. 乐府钟
7. 金缕玉衣
8. 司母戊鼎

下篇

英译汉

第一单元

英译汉的语言视角

教学目标

本单元将从英汉词语层以及句法层两个视角对英汉两种语言进行比较，使学生在充分理解英汉基本语言系统异同的基础上，系统领会在翻译过程中译者头脑中英、汉跨语言转换时应掌握的各种技巧。

从语言的符号性和结构层次特征的角度，语言可以被理解为由不同结构层次组成的符号系统。词语、句子、段落、篇章构成这个符号系统中的基本层次，在语言交际过程中能够表达一个完整的意思，所以一般也被视为翻译的基本单位或翻译过程中的转换单位。英汉两种语言的对等转换、不对等转换、跨层次转换主要集中在这些语言层次上。

第一节　英汉词语层面比较

英汉词语是翻译过程中基本的对比和分析对象。本节中，词语是指词（word）和词组（phrase）。而对比和分析英汉词语主要从语法和词义两个角度来进行。

英　语			汉　语	
词类名称		作用	词类名称	作用
实词	Nouns	表示人或事物名称	名词	表示人或事物名称
	Verbs	表示动作或状态	动词	表示动作、行为、发展变化
	Adjectives	表示人或事物的性质与特性	形容词	表示人或事物的性质状态
	Adverbs	用来修饰动词、形容词，表示动作状态的特征或程度	副词	用来修饰限制动词、形容词，表示程度、时间、频率
	Pronouns	代替名词、数词	代词	代替一切实词或起指代作用
			量词	表示事物和动作的单位

续表

英语			汉语	
词类名称		作用	词类名称	作用
虚词	Prepositions	用在名词、代词后面组成介词短语，说明它与别的词之间的关系	介词	用在名词、代词之后，组成介词结构，表示处所、时间、方向、方式等
	Conjunctions	连接词、短语或句子	连词	连接词、词组或句子
	Articles	用在名词前面，帮助说明名词的含义	冠词	（汉语无冠词）
			语气词	表示各种语气
特殊词	Interjections	表示说话的感情或语气	感叹词	表示感叹或呼唤应答的词

一、从语法角度来看

从上表中，我们可看出英语和汉语有着大致相同的词类，实词中都有名词、动词、形容词、副词、代词、数词，虚词中都有介词和连词；而感叹词可以单独成句，可以在句中充当句子成分，但又不与其他词发生结构关系，是英汉语词类中比较特殊的一类。两种语言所不同的是，英语中有冠词而对应的汉语语法结构中没有，而汉语中有量词和语气词英文中也没有，这几点在翻译时需要特别注意。

不同的词类在句中充当不同的句子成分或起不同的语法作用。在语内交际过程中，英汉两种语言的词类（词性）均会经常发生转换（语内转换）：名词有时会变成动词，动词有时也可转作名词，如汉语中的“喜爱歌唱（名词）”和“歌唱（动词）祖国”，英语中的“she dreams...（动词）”和“sweet dreams（名词）”等。在翻译过程中，英汉两种语言有时不需要进行词类转换，但更多的时候则常伴有词类转换（语际转换），如：

He is a *teacher* of Russian.

他**教**俄语。（名词转译为动词）

He was gazing across the Haihe River, *ignorant* of the approaching danger.

他在眺望海河，**没有注意**到袭来的危险。（形容词转译为动词）

She is *physically* attractive.

她**身材**迷人。（副词转译为名词）

This watch never *varies* more than a second in a month.

这块表一个月的**误差**从不超过一秒钟。（动词转译为名词）

Care must be taken at all times to protect the instrument from dust and damp.

应当始终**注意**保护仪器，不使其沾染灰尘和受潮。（名词转译为动词）

词语的转换不仅限于统一语言层次，也可转译为其他语言层次，见下例：

They have not done so well *ideologically*, however, as *organizationally*.

但是，他们的**思想工作**没有他们的**组织工作**做得好。（副词转成名词词组）

Angola was the most *identifiable* trouble spot in Southwest Africa.

安哥拉是西南非洲的麻烦之地，**这是大家最容易看得出来的**。（形容词转成分句）

另一个值得注意的地方是词序（Attributive modifiers）。在英译汉时，译者应该根据英汉两种语言修饰语的所在位置适当调整语序。一般来说，在英语句子中，单词放在被修饰词的前面，短语和从句大多放在被修饰词的后面。汉语定语不管单词或词组一般都放在被修饰语的前面。如：

someone *important* **重要**的人

the traditional Chinese cuisine **中国传统饮食**

a candidate *with little chance of success* 一个**当选希望渺茫**的候选人

a little, yellow, ragged, lame, unshaven beggar

一个**身材矮小**的乞丐，**面黄肌瘦，胡子拉碴，衣衫褴褛，还瘸着腿**

对于状语的语序，一般情况下英语的状语可置于修饰语前也可置于其后，而汉语里，状语通常放在被修饰的动词或形容词前面。如：

to develop *rapidly* **迅速**发展

extremely fast 快**极**了/**极**快

With a bag of books we walked across the garden *in the gray light of the dawn.*

我们**提着一袋书**，**在晨曦中**穿过了花园。

He was quick to use self-deprecating humor *to throw anyone off the scent.*

为了迷惑别人，他机灵地说些自我挖苦的笑话。

He was born *in Rome on May 27, 1980.*

他是**1980年5月27日在罗马**出生的。/ 他于**1980年5月27日**出生于罗马。

二、从词义角度来看

词义就是词的含义或意义，是人们对一个词所称呼的事物、现象、关系的概括性认识。词义包括外延意义和内涵意义。外延意义是指一种语言最基本的概念性的意义，也是语言符号所代表事物的基本特征的抽象概括，常视为词语在字典中的定义或释义。内涵意义是隐含于或附加在概念意义上的意义，是指与外延意义相关的情感意义的总和（文化、感情、态度和信仰等方面）。如何发掘、理解和处理词语的内涵意义是翻译中很棘手的问题，是对一名翻译工作者极大的挑战。

一般说来，英语词义比较灵活，词的涵义范围比较宽，比较丰富、多变，词义对上下文的依赖性比较大，独立性比较小。汉语词义比较严谨，词的涵义范围比较狭窄，比较精确、固定，词义的伸缩性和对上下文的依赖性较小，独立性比较大。英语一向被认为是一种适应性、可塑性比较强的语言，它的适应性和可塑性突出地表现在词义的灵活性上。汉语不同于英语。汉语源远流长，有着独特的民族文化和历史传统，用词讲求词义精确、规范、严谨，历来以词义多流变、重晦涵为不法，诫绝生造词义（刘宓庆，2007）。

下面例子中的四个看似简单的单词，在不同语境下其对词义进行汉译就可产生多种不同的结果。

1. Story:

（1）Oh, what a *story*! 哦，好个**谎言**！

（2）To make a long *story* short. 长话短说。
（3）It is another *story* now. 这是另外一个问题。
（4）He *storied* about his academic career and his professional career.
他编造了他的学历和经历。
（5）Once the *story* got abroad, I would never hear the last of it.
要是这个奇闻一旦传了出去，就会讨论个没完没了。
（6）I don't buy your *story*. 我不相信你的话。
（7）*Stories* circulated first in Moscow. 流言起初是在莫斯科传播的。
（8）I have tried all I could do to silence such a *story*.
我已经想尽办法去压下这个谣传了。
（9）Her *story* is one of the saddest. 她的遭遇算是最悲惨的了。
（10）John's tale sounded to me exactly like a *fish story*.
我认为约翰的故事荒唐无比。
（11）The *story* about him became smaller and faded from the public eye by and by.
报道对他的渲染已减少，不久他就不再受公众注意了。
（12）I don't want to get a wrong idea of me from all these *stories* you hear.
你听那么多闲话，我不希望你从中得出一个对我的错误看法。
（13）You put me on the spot. I have to cook up a *story* this time.
你把我拖下水，这回我要找借口了。
（14）A young man came to the police office with a *story*.
一个年轻人来到警察局报案。
（15）It was reported that the general was dead, but officials refused to confirm the *story*.
据说将军已死，但官方拒绝证实这个消息。

2. Kill:

（1）He *killed* the man. 他杀了那个人。
（2）He *killed* the dog. 他宰了那条狗。
（3）They *killed* the proposal. 他们断然拒绝该建议。
（4）Please *kill* the engine. 请把发动机熄火。
（5）He is dressed to *kill*. 他穿得很时髦，十分吸引人。
（6）You are *killing* me. 你的话笑死我了。/你的动作笑死我了。
（7）She *kills* her child with kindness. 她宠坏了小孩。
（8）He took a snack to *kill* her hunger. 他吃零食充饥。
（9）He *killed* time every day at the park. 他每天上公园消磨时间。
（10）He *killed* the motion when it came from the committee.
他否决了委员会提出来的建议。
（11）He *killed* himself with overwork. 他因工作过劳而死。
（12）He *killed* the spirit of the group. 他抹杀了团体的精神。
（13）The news *killed* their hope. 这消息使他们的希望破灭。

（14）These flowers *kill* easily. 这些花容易**枯死**。

（15）He *killed* three bottles of whiskey in a week. 他一周内**喝了**三瓶威士忌。

3. Delicate：

（1）*delicate* skin **娇嫩的**皮肤

（2）*delicate* porcelain **精致的**瓷器

（3）*delicate* upbringing **娇**生**惯**养

（4）*delicate* living **奢侈的**生活

（5）*delicate* health **虚弱的**身体

（6）*delicate* stomach **容易吃坏的**胃

（7）*delicate* vase **容易破碎的**花瓶

（8）*delicate* diplomatic question **微妙的**外交问题

（9）*delicate* difference **讲不大清楚的**差别

（10）*delicate* surgical operation **难做的**外科手术

（11）*delicate* ear for music 对音乐有**鉴赏**力

（12）*delicate* sense of smell **灵敏的**嗅觉

（13）*delicate* touch **妙**笔生花

（14）*delicate* food **美味的**食物

（15）*delicate* features **清秀的**五官

4. develop：

（1）His plane *developed* engine trouble only seven miles after takeoff.

仅仅在起飞 7 英里后，他的飞机就**发生了**故障。

（2）Modern aircraft are so heavy that the wings must *develop* a very large lift force in order to sustain the aircraft.

现代飞行器自重极大，其机翼必须要**产生**非常大的升力才能维持飞行。

（3）Inspired by these ideas, in 1752 Franklin *developed* a practical lightning rod.

在这些想法的启发之下，富兰克林在 1752 年**研制**出了避雷针。

（4）As young Goddard grew into manhood, he *developed* tuberculosis.

当年轻的戈达德成年后，他**患上了**结核病。

上面的例子表明，把英文译成汉语的第一步需要译者准确地理解原文词语在该上下文中所要表达的意义，然后通过选词遴字在译文中将原文意义充分表达出来。

在英译汉的具体操作中，确定英语词义的技巧有很多种，除了参考所在语境之外，还可以根据词类来确定词义。例如在下面各句中，air 分属不同的词类：

（1）The rain had cleaned the *air.* 雨后**空气**新鲜。（名词）

（2）Don't *air* your troubles too often. 别老是**诉**苦。（动词）

当然，除了语境及词类这两点以外，译者还可以从英语词语所表达的意思是广义还是狭义、是抽象还是具体、是一般还是个别、是褒义还是贬义等角度进行考量，以便于翻译时采用适当的方法来处理。如：

He preferred the products of old brand to the *new flashy.*

他宁可要老牌产品，而不要华而不实的**新产品**。（抽象—具体）

There is a mixture of the *tiger and ape* in the character of the imperialists.

帝国主义者是**残暴如虎、狡猾如猿**的混合体。（具体—抽象）

She said, “He is a lightly discriminating *man*.”

她说，“他是个很爱挑剔的**买主**。”（一般—个别）

I used to be a *politician*. But since I came back from Peking, I have been a statesman.

我过去一直是**吃政治饭的**，但是，自从我从北京回来以后，我已成了一名政治家。（贬义—褒义）

另外，选好词、用好字还需要从学科和专业的角度来理解词义，如 base 一词，在词汇学里可译为“词根”；在商务英语里可译为“本金”；在绘画艺术里指的是“底涂”；在勘察测量领域指的是“基线”；在军事术语中应译为“根据地”等。详见下例：

The lathe should be set on a firm *base*.

车床应安装在坚实的**底座**上。

As we all know, a *base* reacts with an acid to form a salt.

众所周知，**碱**与酸反应生产盐。

Line AB is the *base* of the triangle ABC.

AB 线是三角形 ABC 的**底边**。

He is on the second *base*.

他在二**垒**。

The weary troops marched back to the *base*.

疲惫不堪的士兵列队返回**基地**。

第五个值得注意的地方是代词，即通过指代来判断词义，这点往往应用于指代模糊或容易产生歧义之处：

（1）第三人称代词，不定代词如 some、any、each、both，以及定代词如 much、many、few、little 等。请见下例：

He（father）sent John to the university and was eager to have *him* distinguish *himself*.

他送约翰上大学，巴望能让**儿子**出类拔萃。

（2）指示代词如 this、that、these、those，以及指示副词 here、there、now、then 等。例如：

Health is above wealth, for *this* cannot give so much happiness as *that*.

健康比财富更重要，因为**财富**不能像**健康**那样给人那么多幸福。

（3）比较指代。请见下例：

I hate blue shirts; white shirts suit me but gray is the *most preferable*.

我讨厌穿蓝衬衫，喜欢穿白衬衫，而最喜欢穿**灰衬衫**。

在上面的例子中，如果没有指代词 father、health、wealth 以及 shirt，那么对于如何理解并翻译 him、himself、this、that 以及 the most preferable 将会是很困难的。

最后，根据翻译文本对文学性和正式性的要求，译者还应当注意普通文体和文学（正式）文体的不同，在翻译时应当根据需求进行调整。例如：

very strong 非常强壮（普通文体）；孔武有力（文学文体）

delicious food 好吃的食物（普通文体）；美味佳肴（文学文体）

That American boy can sing the classics of Beijing Opera in *pitch-perfect* Mandarin.

那个美国小孩能用很棒的普通话演唱京剧名段。（普通文体）

那位美国男孩演唱的京剧名段可谓**字正腔圆**。（正式文体）

第二节　英汉句法层比较

英汉两种语言在句法结构方面存在很大的差异，具体表现在：英语句子重形合，汉语句子重意合；英语是静态型语言，汉语是动态型语言；英语句法为树状结构，汉语句法为竹节结构。

一、形合和意合

英语重形合，是一种高度形式化的语言，句法完备，逻辑严密，用词求异，表意精确，富有变化。英语句子一般有主语，句尾可无限延伸。

汉语重意合，以达意为主，重视语义和内在事理逻辑，没有语法形式的限制，弹性大，表意笼统，用词重复。请见下例：

One more try, and you will succeed.

再试一次，你将会成功。

对比：（只要）再试一次，你（就）会成功。

本句是一个由 and 连接的简单并列句，一般将来时明确表明了两句间的动作关系。但汉语译文就比较灵活，句子之间的关系主要靠语意来表达，关联词（括号内译文）可译也可不译，习惯于不译。

Now the integrated circuit has reduced by many times the size of the computer of which it forms a part, thus creating a new generation of portable minicomputer.

现在集成电路作为计算机的组成部件，极大地减小了计算机的体积。得益于此，新一代的可携式微型计算机应运而生。

本句是由一个主句、一个定语从句和一个分词状语组成的主从复合句。主句用现在完成时，定语从句用一般现在时，再加一个由 thus 连接的现在分词短语作状语，通过时态、逗号、关联词和现在分词短语把各句之间的关系表达得非常清楚。而汉语则在对各句简单陈述的基础上，通过调整语序和运用“作为”、“得益于此”的词意把各句之间层层递进的因果关系表达了出来。

二、静态与动态

英语限定动词受主谓一致的限制。一个简单句或分句只有一个谓语动词。句中其他动词则需要名词化或改成非谓语形式，使句子呈现静态特征。静态结构还表现为介词结构多、物称结构多、被动结构多。另外，英语句子抽象性表达多、长句多、从句多，多用抽象的词表达具体的事物和现象，体现了英语的形式化和逻辑化特点，而用介词表达比较虚泛的意义。

汉语无主句及主语省略句较为普遍。句法特点为主动语态用得多、连接词用得少、动词用得多、短句多、分句多。由于汉语无词型变化，动词使用简便、自由，其造句特点是按照各动作实际上或逻辑上的顺序来安排动词在句中的位置，运用大量的动词集结，动作突出，因而叙述呈动态。汉语句法的这种动态特征一般用形象的方法表达抽象的事物和现象，体现了汉语的意象性和直觉性特点，另外词与句追求平衡与对称。例如：

Let me go and ask them to send an accountant *here* to help you *with your account*.

我去叫他们派一个会计**到这儿来**帮助你们**算账**。（兼语式与连动式套叠）

英译汉的过程常常是变“静”为“动”的过程，摆脱名词化的框架，将其转化成汉语的动宾词组或主谓词组，强化原文的动态色彩。例如：

She is a good beginner in computer.

她是一个好的电脑初学者。

对比：她刚学电脑，学得很好。

英文句子是一个典型的系表结构，译为汉语时如遵循同样的句法结构译为“她是一个好的电脑初学者”，虽然尚可表意，但明显不符合中文表达习惯。所以，可以将 beginner 译成动词“刚学”，将整句译成表动态的中文短句。

The computer is a far more careful and industrious inspector than human beings.

电脑是比人更仔细、更勤快的检查者。

对比：计算机比人检查得更细心、更勤快。

这是一个带有比较级的系表结构，如果直译成“电脑是比人更仔细、更勤快的检查者”，看似表达完整，但不符合中文表达习惯，而且意思含糊不清。所以，根据汉语好动的表达方式，可以将 inspector 译成动词“检查”，这样既传达了原文的意思，又符合汉语表达习惯。

三、树状与竹节状

英语注重句子的结构，句子组织呈现树状，即主谓结构，尤其是谓语动词，是全句的主干，其他修饰、限定、补充成分都要根据主谓框架而搭建，就像树干上的枝丫，借助各种关联手段（关联词、语法手段）搭架构成一种树状结构。在表达复杂意思时，主要通过句与句之间靠标点符号、连接词、介词等衔接而无限扩展，往往一句话可以包含多个意思。

汉语则相反，句与句之间的关系主要通过字词的语意来表达，一句话一般只能表达一个意思，是一种“竹形结构式”的语言。即句子没有一定的主谓框架限制，没有谓语动词和非谓词的区别，有可能几个动词结构连用，或几个名词性短语连续铺排，节奏简洁明快。在表达复杂意思时，按语义或事理逻辑铺排，没有一定的框架限制，逐步交代，层层铺开，像竹竿一样，一节一节地接下去，层层铺开，形成连贯铺排之势，类似竹节状结构。例如：

Plastics is made from water which is a natural resource inexhaustible and available everywhere, coal which can be mined through automatic and mechanical processes at less cost and lime which can be obtained from the calcinations of limestone widely present in nature.

塑料是由水、煤和石灰石制成的。水是到处可以获得的、取之不尽的一种自然资源；煤可以通过自动化和机械化来开采，成本较低；石灰可由煅烧自然界广泛存在的石灰石而得到。

原文是一个典型的英语复杂长句，由 42 个单词组成，全靠一个逗号和几个连词结合成一个多层次的、内容丰富的句子。主句的主干是：Plastics is made from water, coal and lime. water、coal 和 lime 之后各有一个定语从句，其中的后两个定语从句还是被动语态。所以，按照汉语的表达习惯，翻译时要化整为零，可以把主句和各个定语从句分开译成短句，其中的一些状语比如 at less cost 也可以单独处理成短句。

因此，在英译汉时，遇到复杂的长句，首先要有耐心地分析句子成分，抽出主句和从句的主干，将其翻译成独立的分句；其次，一些状语，比如分词短语、介词短语等，也可以译成短句；最后，按照汉语的表达习惯，将这些分句连接起来。

本节的要点可以总结如下：

英语句子语义流程：先把最重要的信息放在最前面，信息呈现按“倒金字塔”逐次减弱，先概括后细节，先一般后具体，先判断后阐述，属于前重心。

汉语句子语义流程：把最重要的信息放在最后，强调从整体直观出发，属于后重心。句尾封闭，语义由后向前延伸。这两点可以作为译者在进行英汉翻译时对译文句法安排的依据。

练习 Exercises

一、翻译下列句子，注意句中斜体部分的处理

1. Robert felt himself in a state of *delicious* wonder.
2. Where *declining* costs do not exist, the presence of state enterprise is controversial.
3. The mechanism of the process, slow and delicate, often *escapes* our attention.
4. The days are past when Jewish blood could be shed with *impunity*.
5. The old man sitting in a chair is a *past* president.
6. There was no question that Chrysler had a respectable *past*.

二、翻译下列句子，注意对汉语句子结构的处理

1. So much does he worry about his financial position that he cannot sleep at night.
2. To this are added the data on expected royalties, tax rates, etc., including their probable variation.
3. In went the sun and down came the rain.
4. Then come the twilight colours of sea and heaven, the wine pink width water merging into lawns of aquamarine, and the sky a tender palette of pink and blue.

5. Turns are made in a helicopter, as in an airplane, by banking.

6. What if the sea were to rise 300 feet?

7. On the other hand, if all the farmers were completely uneducated, their production would remain low.

8. The plan as it is leaves much to be desired.

9. The beauty of the scenery passes all power of description.

10. To understand fully what is happening it is necessary to know why it should happen.

第二单元

词语的翻译

教学目标

本单元将重点介绍英文词语的汉译技巧，使学生在掌握词义的处理技巧的基础上，系统领会增词法和减词法这两种常用翻译方法。

第一节　词义的处理技巧

一、词义的选择

英文单词的数量极大，据牛津词典[1]网站估计总数有大约 75 万，仅收录在牛津词典（第二版，共二十卷）中的常用单词就有 171 476 个，另外还有 47 156 个废弃不用的词汇，同时英语单词还具有一词多义的特点，庞大的词汇量及灵活多变的词义给翻译工作提出了很高的要求，同时处理词义也是做好翻译工作的重要基础之一。因此对于翻译工作者来说在特定语境下正确辨别一个特定单词的意义是非常重要的。以下是一些针对英语词义理解、选择并进行翻译的主要技巧。

1. 构词法

为了理解一个英语单词的原始意义，我们应当学习英语词汇学的相关知识，具体地说就是构词法方面的知识，如复合、派生、附加、混合、首字母缩写等。这些知识的掌握有助于翻译者正确理解并阐明词义。

例如，单词 parabiospheric 包含 para-（外部）+ bio-（生物）+ spheric（在球体）三个部分。经过简单的分析，我们可以准确地把它译成“外生物层的”。

2. 演绎推理

演绎推理是指在英语词典原始意义的基础上根据单词所处的特定环境及上下文进行理解，这是一种常用的英汉翻译手段。例如：

boomer: a person born in the marked rise in birthrate 生育高峰期出生的人

---

① http://oxforddictionaries.com/words/how-many-words-are-there-in-the-english-language

community: a social group or class having common interests　群体，……派

3. 移植

这种译法主要是针对单词各个组成部分进行直译。例如：

microwave　微波　　supermarket　超市

notebook　笔记本　　splashdown　溅落

dataphone　数据送话机

4. 词义延展

根据上下文和语境需求，在理解某些单词时应将其特定意义作一般化理解或将具体意义作抽象化理解，反之亦然。例如：

bottleneck 瓶颈——交通狭口——阻塞（从具体到抽象）

brain trust 脑托拉斯——智囊团（从特定到一般）

brain drain 脑排干——人才外流——人才流失（从具体到抽象）

It is more than transient *everydayness*. 这远非一时的**柴米油盐**问题。（从抽象到具体）

5. 词义替换

这项翻译技巧是根据不同情况把英文原词翻译为中文里相应的同义词或成语。例如：

to kill sb. as an *example*　杀一**儆百**

Please *withhold* the handout.　请**不要发**这些材料。

He was indeed a good *riddance*.　他还是**不在**的好。

The same is not true with a *mortal illness*.　如果是得了**不治之症**，情况就不一样了。

6. 词义扩展

此项技巧通常应用于英文单词在汉语中无对应表达方式的情况下。例如：

mindlessness　思想上的**混沌状态**

togetherness　不分彼此的**集体感**

redshirt　**美国大学中在体育方面有发展前途的学生**

swan song　**绝唱，归天之作**

a throwaway society　一个**大手大脚**、**浪费成风**的社会

7. 合并翻译

这个技巧用来将两个意义相近的单词合译为一个汉语表达方式。例如：

so *subtle and careful* an observer　一位如此**精细**的观察者

his *mendacity and dishonesty*　他的**狡诈**

a *grim and tragic* Christmas　一个**惨淡**的圣诞节

the *body and mind cramped* by noxious work　有害工作造成的**身心困顿**

8. 音译

这种技巧是最常用在处理专有名词，特别是人名和地点、商标等的翻译上。此外，它也可用于没有现成的中文表达可资利用之时。例如：

Wall Street 华尔街　　The Times 泰晤士报

Pentium 奔腾　　Citroen 雪铁龙

quinine 奎宁　　hacker 黑客

9. 字形翻译

顾名思义，这种翻译技巧应用于将单词形状直译为汉语。例如：

H-beam 工字梁　　*V*-belt 三角皮带

O-ring 环形圈　　*X*-brace 交叉支撑

Y-curve 叉形曲线　　*U*-steel 槽钢

10. 一词多义

有时，同一个英文单词在不同的搭配中意义不同，在译为中文时需要灵活调整。例如：

exercise options（**行使**选择权）　　*exercise* monopoly（**实施**垄断）

exercise judgment（**作出**判断）　　*exercise* democracy（**实行**民主）

exercise responsibility（**履行**责任）　　*exercise* influence（**施加**影响）

11. 词形变化

在很多情况下，不同的词形，如时态变化、单复数变化等都会对词义产生影响，汉译时需要灵活调整。例如：

The roofs of this pagoda are constructed of colored glazed tiles of *yellows and greens*.

这座宝塔的塔顶是用**深浅不同的黄色和绿色**的琉璃瓦盖成的。

She rejected his *advances* during the trip to Cannes.

在去戛纳的旅程中她拒绝了他的**求爱**。

二、词义的处理

因为英语和汉语是两种完全不同的语言，各有自己的历史和文化背景，英语和汉语在长期发展和使用中形成了富有各自特点的修辞方法、搭配习惯和行文规范。相当多的英语单词具有数个，甚至十数个意义，即便是同一单词也会因词性不同而意义不同。因此译者有必要对原文从词性、上下文逻辑关系和语言习惯做深入细致的分析，才能正确确定词义。有时还须挖掘其引申意义或深层含义，才能准确无误地译出原意。

（一）词义的引申

翻译的原则是不应该为原文添加任何意义或减去任何意义。然而，为了准确地表意以及保留源语的惯用表达方式，译者可以在不脱离原文的基础上在译文中进行延续和扩展，即根据上下文的内在联系，通过句中词或词组乃至整句的字面意义由表及里进行恰如其分的引申，运用一些符合汉语习惯的表现法，选用确切的汉语词句，将原文内容的实质准确地表达出来。事实上，也正是为了“忠于原文”的目的，我们常常在译文中“近似、深化、升华”原文本意。例如，下面译文中的“洗”：

Mary *washes* before meals. 玛丽饭前洗**手**。

Mary *washes* before going to bed. 玛丽睡前洗**脚**。

Mary *washes* after getting up. 玛丽起床后洗**脸**。

Mary *washes* for a living. 玛丽靠洗**衣**度日。

Mary *washes* in a restaurant. 玛丽在饭店洗**碗碟**。

引申可以分为四种，它们分别是逻辑引申、语用引申、修辞性引申和文化引申。

1. 逻辑引申

所谓逻辑引申，是指在翻译过程中，由于直译某个词、短语乃至整个句子会使译文不通顺以及不符合目的语的表达习惯，因而就要根据上下文的逻辑关系，对该词、短语或整个句子从基本意义出发，由表及里，运用一些符合目标语习惯的表达法，选用确切的词句，将原文内容的实质准确地表达出来。例如：

Really, though, the books were about money—who has it, where to hide it, what a suit of clothing costs, *how long you can keep the butcher waiting*.

尽管实际上，这些书的内容与金钱相关——谁占有它，把它藏到哪儿，买一身衣服要多少钱，以及**肉贩能让你赊多久的账**。

逻辑引申又可分为具体化引申和抽象化引申。

（1）具体化引申

英汉翻译中，英文里用代表抽象概念或属性的词表示具体事物，译成汉语时一般用意思比较明确而具体的词进行引申，以避免译文晦涩费解。在翻译这一类词时，就应该掌握该词的确切含义，从而在译文中作具体化的引申。例如：

During the meeting, the Chinese Premier met respectively with his German, British and Japanese *counterparts*.

会议期间，中国**总理**分别会晤了德国**总理**、英国**首相**和日本国**内阁总理大臣**。

此例中，counterparts 原意为“地位相同的人；极相似的人（或物）”，但句中特指其他三个国家领导人，因英国和日本政体不同，所以翻译时必须将此词具体化引申为“首相和内阁总理大臣”。

Oxidation will make iron and steel rusty.

氧化作用会使钢铁生锈。

此例中，oxidation 原义是指“氧化［化学］”，但在翻译时将这一化学现象做了具体化引申，翻译时添加了“作用”二字。

After all *preparations* were made, the plane took off.

一切**准备工作**就绪以后，飞机就起飞。

此例中，preparations 具体引申为“准备工作”。

The car in front of me stopped, and I missed the *green*.

我前面的车停住了，我错过了**绿灯**。

原文中的 green 本来是“绿色”的意思，但是根据上下文，可以推测出这里是指交通信号灯，所以翻译时引申为“绿灯”。

Before he came to China, he thought a lot about the new development strategy. But he constantly tried to *defeat* his hypotheses, his theories, and his conclusions.

在他来中国之前，他对新的发展战略问题思虑良多。但他不断试图**推翻**自己的假设，**消解**自己的理论，并**否定**自己的结论。

例句中的 defeat 有多个意义，最基本的意义是“打败”和“击败”，而这里“击败”的对象并非常见的搭配，所以翻译时根据上下文可以引申为“推翻”、“消解”和“否定”，显然比直译更易使译文被理解。

But this price competition *strained* IBM's principles as well as their budgets.

但是这种价格竞争使得 IBM 公司的原则变得**难以为继**，更使其预算**捉襟见肘**。

例句中，strained 的原意是“使紧张”，而对于价格竞争给公司原有的 principles 带来了压力来说，可以将其引申译为“难以为继”，对于 budgets 而言则可引申为“捉襟见肘”，这样的调整使得句意更加清楚明晰。

（2）抽象化引申

英语中，特别是现代英语中，常用一个表示具体形象的词来表示一种属性、一个事物或一种概念。翻译这类词时，一般将词义加以抽象化引申，使译文流畅、自然。例如：

The road towards success is full of *roses and thorns*.

通往成功的路充满**喜与悲**。

原文中的 roses and thorns 本意是“玫瑰和荆棘”，但是可以引申为抽象的“喜与悲”。

We wish to draw your attention to the fact that the goods have been ready for shipment for a long time. Please *rush* the covering LC and let us know as soon as possible.

我方希望提请贵方注意，待运货物早已备妥。请**立即开具**相关信用证，并及早告知我方。

本句中的 rush 本意指“冲、奔”。这里引申为立即开具，比按照原意翻译更能使读者理解句意。

The *avalanche* unleashed by the film provided the best opportunity in a long time for the racial healing to begin.

这部影片产生的**巨大的轰动效应**将在相当长的一段时间内为种族矛盾的化解提供了最佳的机遇。

此例中 avalanche 的原意为“雪崩”，是一种真实存在的自然灾害，但在本句中是用于比喻意义。因此在翻译时，将该词翻译成汉语的“巨大的轰动效应”，这种较为抽象的表述更符合电影带给人的震撼感觉，比直译为“雪崩”更容易为汉语读者理解。

I have no *head* for mathematics.

我没有数学方面的**天赋**。

例句中的 head 本义是“头脑”，在此直译反而使读者费解，因此抽象化为“天赋”更合适。

2. 语用引申

把原文里的言外之意（implication）补译出来，这是属于语用引申的手法。补译的词语是根据原文的语用学意义增添上去的，为的是避免译文晦涩费解。但是增添的词语要恰到好处，若言外之意引申得太过分或太过头了，反而有损于原作的内容。因此语用学引申法应该慎用。例如：

The *financial implications* of this resolution remain to be defined.

本决议**所涉及的财政问题**还有待确定。

例句中的 implications 一词原意为“启示、影响”，但此句上下文明显表示尚未确定的情况，不适合用此含义。所以译者可以把 financial implications 引申为“所涉及的财政问题”，使上下文语境贴切反映出了句子本意。

Ulysses Grant once explained his military success by writing, "The fact is I think I am a *verb*, instead of a *personal pronoun*."

尤利西斯格兰特将军对自己的军事成就曾做出如下评价："事实上，我认为自己是个动词（**积极主动的行动派**）；而不是个人称代词（**被动的人**）。"

例句中的 verb 原意是用来形容或表示各类动作的词汇，而 personal pronoun 是用来代替人的名称。在原文中"I"就是个第一人称代词，但格兰特将军却说我是个动词而不是人称代词，这点从字面上是令人费解的。但从历史角度来看格兰特将军在美国南北战争期间作战指挥坚决果断，强调不惜代价主动进攻，消灭敌人有生力量，为北方军取得内战的胜利做出卓越贡献。所以，译者在这里采用了语用引申的方法把这里隐含的军人作风补译出来，使得读者一目了然。

What has he got up in his *sleeve*?

他的**葫芦**里到底卖的是什么药？

例句中 sleeve 一词的意思是"袖子"、"套筒"，这里将该词翻译成汉语的习语"葫芦里卖的是什么药"，既是地道的汉语，又准确反映了原义，让人一看译文就明白其意。

He tried a lot to promote his new products in the European market. But he failed due to lack of current capital. And now he's *at his wit's end*.

在欧洲市场他尝试了很多来推销他的新产品，但终因缺乏流动资金而失败。现在可谓是**黔驴技穷**了。

例句中 at one's wit's end 本意是"没主意了"、"没办法了"，这里引申为"黔驴技穷"这个成语则更为贴切。

3. 修辞引申

在英译汉时，有时为了使译文增色，除了真实地再现原文中包含的内容外，还要运用修辞手段，使译文达到"雅"的标准从而实现等效原则。这种在翻译时因修辞需要而增添的一些引申意义就叫修辞引申。例如：

Those companies had bad names in this area because they did evil things *openly*.

那些公司在这个地方名声很坏，因为他们**明火执仗**地干坏事。

例句中，do evil things openly 原意为公开地干坏事，这里引申为明火执仗地干坏事，这里成语"明火执仗"增加了译文之"雅"。

I have read *Shakespeare, Mark Twain, and Tolstoy*.

我读了**莎士比亚、马克·吐温和托尔斯泰的作品**。

例句里用作家名称来代表作品，这是典型的转喻（metonymy），翻译时调整为"莎士比亚、马克·吐温和托尔斯泰的作品"。

A large segment of mankind turns to untrammeled nature as *a last refuge* from encroaching technology.

很多人都向往回归无拘无束的大自然，那里是他们摆脱技术侵害的**世外桃源**。

例句中 a last refuge 有"最后的避难所"之意，这里将其翻译成"世外桃源"是典型的归化（domestication）翻译法，使译文达到"神似"的翻译境界。

4. 文化引申

语言不是真空的，它深深地扎根于人们的文化意识之中，并且反映该文化社团的全部信仰和情感。语言与文化是共生的、互依的，两者息息相关。英语中有许多承载着丰富文化内涵的成语、谚语、习语和典故等文化词语。在译成汉语时要根据具体情况将它们从文化上进行引进，用通俗易懂的汉语表达出来，使人产生丰富的联想。这个过程叫做文化引申。例如：

In 1995, he was moved to the National Sports Commission, and began his sports career, which he described as "*a happy accident*".

1995 年，他被调到国家体育委员会，从此开始了他的体育生涯，他将此喻为“**幸福的阴错阳差**”。

a happy accident 的英文解释为 a lucky or pleasant event or situation which happens without anyone planning it，指“好运气，侥幸”。如果将该短语译为“好运气”也未尝不可，但是缺少文化韵味，根据中国文化的特点译为“幸福的阴错阳差”，很符合汉语的表达习惯，也非常传神。

5. 词义引申的层次

根据词义变化和调整的程度不同，也就是根据引申义和本义的差异之大小，词义引申可简单分为三个层次：近似、深化、升华。

- 近似引申：指接近本义，但又不为本义所限的引申；
- 深化引申：指赋予新义，但与本义在字面上尚有蛛丝马迹的联系；
- 升华引申：出自本义但在字面上远离本义。

例如：

In order to get a large amount of water power we need a *large* pressure and a *large* current.

为了获得丰富的水能，我们需要**高**水压和**强**水流。(近似)

英语中 large 的基本含义是“巨大的”，但当用于修饰 pressure 和 current 时，它的汉语词义就发生了变化，汉语中只有“高压”和“强水流”这样的搭配。因此，译文通过近似引申体现出原文的专业性，更符合汉语的表达习惯。

We *improved* the control of wastewater and gases, weather forecasting and early warning, as well as our disaster prevention and protection capabilities.

我们**加强了**废水和废气处理，**提升了**气象预报预警，并**强化了**我们的灾害防御能力。

英语中一个动词可以同时接续几个宾语，而汉语动宾结构严谨，且汉语动词的词义范围比较狭窄，各自所接的宾语有限。在英译汉的过程中，必须考虑两种语言之间的差异，恰当地选择词语，使得汉语译文符合汉语语言的表达习惯。

In older cranes that have already paired off, dancing reinforces the union—it's a sort of annual *renewal* of "vows".

在已有配偶的成年鹤中，翩翩起舞会加强配偶间的感情联系，这是每年都要举行的一种**重温“山盟海誓”的仪式**。(升华)

这里将 renewal 一词翻译成“重温……的仪式”是升华了 renewal 的基本词义。

（二）词义的褒贬

词汇按照语法中的词性可以分成名词、代词、动词、形容词、副词、介词和叹词等，其中大量的词汇可以表达有截然相反感情色彩的意思。词的这种作用就是褒贬作用。例如：

funny	褒义	a funny story	滑稽的故事
		a funny writer	风趣的作家
		He is being funny.	他在逗乐。
	中性	There is something funny about the matter.	事情有点蹊跷。
		a funny black hat	古怪的黑帽子
	贬义	You'll be sorry if you try anything funny in class.	你要是在课堂上玩什么鬼花样，肯定会后悔。
		She is a bit funny sometimes.	她有时候疯疯癫癫的。
		Don't get funny with your boss!	不得对老板放肆！
由于	褒义	thanks to...	
		by virtue of...	
	中性	owing to...	
		due to...	
		because of...	
		as a result of...	
		in view of...	
	贬义	in consequence of...	

在翻译过程中，词汇的词性并不是原封不动地从原文搬到译文，而要根据译文的语言习惯进行。词汇感情色彩的翻译一般应严格按照原文的精神来进行，而不是像词汇的词性翻译那样受译文的支配。所以在翻译时，译者应注意原文措词本身的语义特征、作者的写作手法/风格、作者的表达意图即原文所描写的人物关系及人物说话的语用意图等，一言以蔽之，就是褒义词必须翻译成褒义词，贬义词必须译成贬义词，中性词也应译成中性词。

1. 褒译法

英语中有些词有明显的褒义特征，翻译时应译出褒义特征，包括整句中与此相关的语言单位：

The boy is *appreciated* by all his teachers for his carefulness in his homework.

这个男孩因功课做得仔细认真而受到所有老师的**赞赏**。

Her husband was a *brave* pilot during the Second World War.

她的丈夫是二战期间一位**勇敢的**飞行员。

We need *tough-minded* soldiers in our army.

我们军队需要**意志坚强的**士兵

He is *respected* by his people for his foresightedness.

他由于富于远见而受到了人们的**尊敬**。

The tasks carried out by them are *praiseworthy*.

他们进行的事业是**值得赞扬的**。

"He was *polite* and always *advise willingly*," she recalled.

她回忆道，"他**彬彬有礼**，总是**诲人不倦**。"

Zhao Zhongxiang is a *well-known* T.V. program moderator in China, particularly *noted* for being interpreter of *The Animal World*.

赵忠祥是中国**赫赫有名的**电视节目主持人，尤其以解说《动物世界》节目为人**称道**。

They were *actively consolidating their victories*.

他们在**积极巩固战果**。

2. 贬义法

英语中有些词有明显的贬义特征，翻译时应译出其贬义特征，也包括整句中与此相关的语言单位：

She is quite *unpopular* among her colleagues for she is so *egotistic*.

她在同事中间非常**吃不开**，因为她太**自私自利**了。

He did not yield in the face of the *ruthless* enemies.

他在**凶残的**敌人面前没有屈服。

I always considered him *calculating* and *mercenary* and did my best to avoid him.

我一向认为他这个人工于**心计**又**唯利是图**，所以总是尽力设法避开他。

Many people think that he is one of the most *ambitious politicians* of our times.

很多人认为他是现今最有**野心**的**政客**之一。

That *guy* is always trying to be different so as to *swindle and bluff*.

这**家伙**老是别出心裁，**招摇撞骗**。

That *politician* acted like a *buffoon* during that debate.

这个**政客**在那场辩论中真是**丑态百出**。

3. 中性词转褒或贬

英语中有些词具有中性语义特征，翻译时在一定上下文中宜译出褒义或贬义特征，同样也包括整句中与此相关的语言单位：

He is a young man *interested* in public affairs. 他是一个**热心**公务的小伙子。（褒义）

对照：Don't be *interested* in such meaningless things! 不要**热衷**于这种无聊的事。（贬义）

He reminded me that Mr. Thomas was our friend, and instead of *taking advantage of* his misfortune, we ought to help his family turn the corner.

他提醒我说，托马斯先生本是我们的朋友，我们应该帮助他家渡过难关才对，而不应该**趁火打劫**。（贬义）

对照：Be that as it may, the Bank of Canada *did not take advantage of* the re-emergence of free-trade trading in October 1950 to impose upon the market a Bank of Canada "clearing house"; in fact, they offered every assistance to the banks in arranging for establishment of a private brokerage system.

尽管这样，加拿大银行并没有**利用** 1950 年 10 月再度出现的自由贸易，把一个加拿大银行“清算所”强加给金融市场。事实上，他们尽一切努力协助过这些银行去创立一种私营经纪制度。（褒义）

The old couple made a *persistent* effort to search for their daughter lost in the war.

这对年老的夫妇**执着地**寻找着他们在战争中丢失的女儿。

对照：She was vexed by the *persistent* ringing of the phone.

她被**没完没了的**电话铃声搞得心烦意乱。

Mr. Robert is an *ambitious and aggressive* young man.

罗伯特先生是一位**雄心勃勃，富于进取的**小伙子。（褒义）

对照：罗伯特先生是一个**野心勃勃，咄咄逼人的**小伙子。（贬义）

第一种译文中使用的量词“一位”、形容词“雄心勃勃、富于进取”和名词“小伙子”都是褒义词，文章作者是在赞许罗伯特先生。如果从全文或上下文看是这样，就得用褒义词去翻译；反之，则全用贬义词去处理，采用第二种译法。需要注意的是，前后使用的褒、贬词一定要保持一致，不然会造成逻辑混乱。

第二节　增词法和减词法

英汉两种语言，由于表达方式上不能一一对应，翻译时常常有必要在译文的字面上作一些适当的增减，使译文既能忠实地传达原文的内容和风格，又能符合译入语的表达习惯，总的原则是增词而不增意，减词亦不减意。比如当代著名翻译家王佐良教授对培根《论读书》里经典名句“Reading makes a full man, conference a ready man, and writing an exact man.”的翻译“读书使人充实，讨论使人机智，笔记使人准确。”中对原文中两处省略的“makes”进行了增译，使其更符合汉语重排比的句法结构。增词法和减词法这两种翻译技巧也可称为增补法和省略法。

一、增词法

增词法的原则是增词而不增意，就是指在翻译时，原文中有些意义在字面上没有明确表现出来，需要译者按照意义上或修辞上或句法上的需要增加一些词来更忠实、通顺地表达原文思想内容，但不违背翻译的忠实性原则。英汉两种语言虽然表达方式不尽相同，但是增词必须是根据具体情况增加非增加不可的词语。

（一）增译名词

1. 译抽象名词时增译名词，例如：

Design should incorporate *provisions* to avoid any accidental collapse of a bed.

在设计中要有各种**预备措施**以避免床层的意外崩塌。

原文中 provisions 直译为“预防”，增译后变为“预备措施”，更符合汉语表达习惯。

In the summer of 1969, the government publicly urged an easing of *tensions* with China.

1969 年夏天，政府公开地极力主张与中国缓和**紧张关系**。

原文中 tensions 直译为“紧张”，增译“关系”一词后更符合汉语搭配。

2. 译具体名词时增译名词，例如：

He felt the *patriot* rise within his breast.

他感到胸中蓬勃而起的**爱国热情**。

原文中 patriot 直译为“爱国者”，但在译文中增译成“爱国热情”使得汉语译文更容易理解。

He allowed *the father* to be overruled by the judge, and declared his own son guilty.

法官的职责战胜了**父子亲情**，他宣判自己的儿子有罪。

原文中 the father 直译为“父亲”，显然这样翻译读者无法理解，所以译文中增译成“父子亲情”使得汉语译文通俗易懂。

3. 译不及物动词时增译名词

Light *travels* very fast.

光的**传播速度**非常快。

原文中 travels 直译为“传送”，增译为“传播速度”更符合汉语搭配。

Doesn’t she *wash* after getting up?

难道她起床后不**洗漱**吗？

Day after day she does the same: *washing, sweeping, and cooking*.

她日复一日地做着同样的家务：**洗衣服、拖地板、做饭**。

4. 译形容词时增译名词

The radio is indeed *cheap and fine*.

这台收音机真是**价廉又物美**。

She is a *complicated* girl—moody, sensitive and skeptical.

她是个**性情复杂**的人：喜怒无常、多愁善感、疑神疑鬼。

5. 增译表示名词复数的词

汉语中名词的复数没有词型变化，很多情况下不必表达出来，但要表达指多数人的名词时，可用“们”，如 the teachers（教师们）；或在该名词前面加上“诸位”、“各（位）”，如 ladies and gentlemen（诸位/各位女士和先生）。此外，英语名词复数，汉译时还可以根据情况，增加重叠词、数词或其他一些词来表达，以提高修辞效果。

（1）增加重叠词表示复数

Flowers bloom in the fields.

朵朵鲜花开满田野。

Every summer, *tourists* go to the coastal cities.

一到夏季，**旅游者纷纷**涌向海滨城市。

To look after *the hordes of sick men* there were only a few old doctors who were helpless before such scene of suffering and misery.

只有这些老医生来照看**一群群的伤员**，他们在如此的痛苦、悲伤面前，显得无可奈何。

（2）增加数词或其他词表示复数

汉语中有些数字词汇在文中并不表示具体的数字，只是表示“多，众多”的意思，如百（百花齐放、百家争鸣、百鸟朝凤、百感交集）、千（千篇一律、千人一面、千方百计）、万（万众一心、万紫千红、万水千山、千难万险）等；还有些词，如群、众、历、丛等也表示数量的多，例如：

The very earth trembled as with the tramps of *horses* and murmur of angry *men*.

连大地都震动了，仿佛**万马**奔腾，**万众**怒吼。

The *crowd* made a way for him.

众人给他闪开了一条路。

You can almost put it down as a general rule in this town that *presidents* often invite "honest criticism" from their aides.

你几乎可以把这视为此地的一种惯例：**历任总统**经常请他们的助手们要直言不讳地批评。

（二）增译动词

由于英语是一门静态的语言，在句法组织当中多用名词；而相比较而言，汉语则无此限制，不管有多少动词都可以并列使用。因此，许多英语名词翻译成汉语时都要加上一些动词，使句子意义明确，通顺自然，符合汉语习惯。例如：

There were no *speeches*, no *foreign diplomats*, no "ordinary Chinese" *with paper flags and flowers*.

没有**发表讲话**，没有**各国外交官到场**，也没有“中国群众”**挥舞纸旗和花束**的场面。

After the banquets, the concerts, and the table tennis exhibitions, he would work on the drafting of the final communiqué.

参加完宴会，出席过音乐会，观看了乒乓球表演赛之后，他还得起草最后公报。

Nobody could count on his *restraint or rationality*.

谁也不能指望他会**采取克制或讲道理的态度**。

My work, my family, my friends were more than enough to fill my time.

我干工作，我做家务，我与朋友来往，这些占用了我的全部时间。

（三）增译形容词和副词

根据原文的上下文，有些英语句子中的名词译成汉语时，需要增加一些适当的形容词。有些动词在一定的场合可以增加适当的副词，才能确切表达原意。

What a *day/life*!

多么**难熬的/幸福的/悲惨的**一天/生活啊！（增译形容词）

原文如果直译，既不通顺也无法使读者明白，而译文中增译的三个形容词是根据上下文由译者代为添加，可使句意具体而明确。

He doubtlessly expected *hugs*, tablefuls of food, *tears, laughter*, and conversation followed by more conversation, then hugs and more hugs all over again, without end.

毫无疑问，他以为会有**热烈的拥抱**，满桌的食物，**激动的泪水，欢乐的笑声**，一段接一段的谈话，一次又一次的拥抱，没完没了。（增译形容词）

译文中增加了三个相应的形容词，形象地描绘出他想象中的欢乐场景，使意思更加明确，表达更加生动。

With what *enthusiasm* the Beijingers are studying foreign languages!

北京人正以**很高的热情**学习外语啊！（增译形容词）

O, Tom Canty, born in rags and dirt and misery, what *sight* is this!

啊，汤姆·康地，生在破烂、肮脏和苦难中，现在这番景象却是**多么的煊赫**呀！（增译形容词）

With the meeting to begin in just a couple of hours, I hadn't *time* to worry about such trifles.

不出两三个小时会议就要开始了，我没有**闲工夫**为这些琐事操心了。（增译形容词）

"Army will make *a man* of him," said his father.

他的父亲说："军队会把他造就成为一个**堂堂的男子汉**。"（增译形容词）

They *started up* into the sky until the noise of the rocket *died away*.

他**猛地抬头**往天空看，直到火箭发射的声音**渐渐远去**。（增译副词）

增译副词后译文更加形象、更加传神。

She *lingered long over* his letter.

她**反反复复地回味**着他的来信。（增译副词）

The crowd *melted away*.

人群**渐渐地**散去了。（增译副词）

Time *drops in decay*, like a candle *burnt out*.

时间**一点一滴地逝去**，犹如蜡烛**慢慢燃尽**。（增译副词）

（四）增译量词

1. 英语中的名词，特别是可数名词，一般直接与数词或冠词连用；而汉语几乎总是要用量词。例如：

A red sun rose slowly from the calm sea.

一轮红日于平静的海面上冉冉升起。

To the east and the south *a faint pink* is spreading.

一抹浅红正在向东南方扩展。

A stream was winding its ways through the valley into the river.

一弯溪水蜿蜒流过山谷，汇到江里去了。

2. 英语中有些动词或动名词，译成汉语动词时经常需要增加一些表示行为、动作量的量词。例如：

Once they *quarreled bitterly*.

曾经他们**大吵了一场**。

I was *extremely worried about her*, but this was neither the place nor the time for a lecture or an argument.

我真是替**她万分担忧**，但此时此地既不便说教她一番，也不宜与她争论一通。

He *squeezed his sister* too and gave her a gentle push.

他也捏了一下他的妹妹，并且轻轻推了她一把。

You might just take a look at my coat before this afternoon. See if it *wants pressing*.

你最好在下午之前瞧一下我的外套，看是否**要熨烫一下**。

（五）增译表示时态的词

英语动词的时态是靠动词词型变化和加助动词来表达的。汉语动词没有时态变化，表达时态时多用具体表示时间的词或词组，例如用“曾经”、“已经”、“过”、“了”等表示过去时；用“在”、“正在”、“着”等表示进行时；用“将”、“就”、“要”、“会”等表示将来时。除此之外，为了强调时间概念或强调时间上的对比，往往需要加一些其他的词来帮助完成翻译。

1. 对时间概念作强调时，往往加词翻译。

I had heard about him before I met him.

我在见到他之前**就**听说**过**他了。

Once I was his boss, but now he is mine.

我一度**曾**是他的上司；不过现在是他领导我。

China has been implementing the birth control policy over the past decades.

过去几十年来，中国一直**在**推行计划生育政策。

2. 强调时间的对比时，要加词翻译。

I was, and remain grateful for his influence on my life.

他在我生命中有着重要的影响，对此，我**过去**很感激，**现在**依然很感激。

English prose is elaborate rather than simple. It was not always so.

现今英国散文华巧而欠简朴，**过去**却并非总是如此。

I knew it quite well as I know it now.

我在**当时**就知道得同**现在**一样清楚。

The high-altitude plane was and still is a remarkable bird.

该高空飞机**过去**是**现在**仍然是一种了不起的飞机。

（六）增译语气助词

语气助词是汉语中特有的一种修辞手段，用在句中停顿处或句尾以表示各种语气，如：的、吧、呢、啊、呀、吗、嘛、啦、了、罢了、而已等。不同的语气助词可以起不同的作用，如肯定、疑问、祈使、中间的停顿等等，但英语中没有相应的语气助词。在英译汉时，要细心体味原文，使用汉语语气助词，以更好地表达原文的修辞色彩。

“Some six or eight thousand men,” returned Montcalm, with much apparent indifference....（J. F. Cooper, *The last of the Mohicans*）

“**只不过**就是六千到八千人**而已**，”蒙卡姆显然满不在乎地说，……（《最后的莫西干人》，又译《大地英豪》，作者 James Fenimore Cooper）

原文中并无语气助词，译者在译文中增加了语气助词“只不过……而已”，把蒙卡姆毫不重视的语气表达了出来，更加清晰地传递了原作的含义和修辞色彩。

Don’t take it seriously. I’m just making fun of you.

别那么认真**嘛**！我就是开开玩笑**罢了**。

As for me, I didn't agree from the very beginning.

至于我呢，从一开始就不同意。

He described it（Latvia）—its forests, its little villages, its people, its fierce nationalism—with an eloquence that could only arise out of deep love for one's motherland.

他把它（拉脱维亚）的风土人情——森林啦、村庄啦、人民啦、强烈民族理念啦等等描述得生动流畅，只有深深热爱祖国的人才会如此。

It is entirely possible that things are being done for my release right now and that it takes time to do this.

现在是完全有可能想办法使我获释，只不过需要时间而已。

（七）增译结构词语

中英文在句法构成上存在很大差异，英语经常可以省略一些词而用其他的语法成分把被省略的词义暗含出来，翻译时可根据汉语的表达习惯，增译结构词语以达到汉语句法的构成需要，例如：

Studies serve for delight, for ornament, and for ability.

读书足以怡情，足以博采，足以长才。（培根：《论读书》王佐良译）

英语的并列句中通常省略重复的动词，该句省略了 serve。而汉语则通过重复动词，构成排比句式，增强表达效果，因此译文中添加了“足以”。

The villagers are as ready to help her as they were their own daughter.

村民们愿意帮助她，正如他们愿意帮助自己的女儿一样。

Without Bill Gates, there surely will not be Microsoft.

如果没有比尔·盖茨，就不会有微软帝国。

We are concerned to develop the abilities of all our students to the full, not just their academic ability.

我们关心的是全面发展学生的各种能力，而不仅仅是发展智力。

The system of job responsibility can be adopted where the conditions are ripe and not otherwise.

工作责任制度，条件成熟了就可以实行，条件不成熟的不要实行。

The best conductor has the least resistance and the poorest the greatest.

最好的导体电阻最小，最差的导体电阻最大

（八）增译承上启下的词语

Yes, I like Hunan cuisines. Lots of Chinese people do these days, sort of the fashion.

不错，我喜欢湘菜，现在很多中国人都喜欢湘菜，这种情况算是有点赶时髦吧。

You have made a mistake, and a serious one.

你犯了一个错误，而且还是个严重错误。

二、减词法

（一）减词法及其特点

很多翻译爱好者在比较英文原著与经典中文译本时会发现许多的“冗余”语单词在

汉译后被省略了。但如果不进行删减而全部直译，很多中文句子读起来就会显得冗长且不自然。这是由于英汉两种语言在词法、句法和修辞上存在很大不同，所以会出现部分词句成分虽在英语表述中很自然、地道，但若直译为中文就会变得“冗余”，从而影响译文质量。在英译汉中采用减词译法就是将原文中存在但译文中不必要的词语省去，这是针对译入语的句法需要而采用的一种翻译技巧，使译文更加简练，更符合汉语的习惯。

（二）减词原则

减词法固然是将一些冗余、累赘甚至不符合译入语语言习惯的语言单位进行减省，但并不是将原文的某些思想内容删去，即减词而不减意。例如：

The time-keeping devices of electronic watches are much more accurate than those of mechanical ones.

电子表比机械表准确得多。

“The time-keeping devices of electronic watches”在译入汉语时会出现语意重复，因此在译文中减省了“time-keeping devices”。

减词一般存在两种情况：一是语法性减词；二是修饰性减词。

1. 语法性减词

汉语没有冠词，代词（尤其是人称代词、关系代词）、连词、介词、关系副词等用的也远远比英语少。上述词类汉译时往往省略，省略后意思反而更为简洁。

（1）代词减译

英语代词的使用频率远远高于汉语。因此，英文汉译时往往按照汉语习惯将原文中的一些代词省略。

① 减译作主语的人称代词

英语重形合，语表形式规范，特别是代词充当主语的情况相当多，而汉语重意合，语表比较凝练。所以翻译时为了使译文句意紧凑，避免重复用词，汉语多调整为无主语句，省略的主语多是最前面的代词。例如：

For two weeks, *he* had been studying the house, looking at *its* rooms, *its* electric wiring, *its* path and *its* garden.

两周以来，他一直在仔细查看房子的状况，检查各个房间，观察电线、通道和花园。

But it’s the way *I* am, and try as *I* might, *I* haven’t been able to change it.

但是我就是这样，虽然会尽力去改，终究还是改不了。

Whether the laws are good or bad, *they* cannot complain, *they* cannot question, and *they* cannot suggest changes.

无论法律公正与否，他们都无法抱怨、无法质疑、也无法建议修改。

② 减译作主语的泛指人称代词

泛指人称代词作主语时，即便是在句首位置，翻译时也往往将其省略。例如：

We eat to live, but not live to eat.

吃饭是为了活着，但活着不是为了吃饭。

Anyone who does not recognize this fact is not a materialist.

不承认这个事实，就不是唯物主义者。

Before handing in your translation, *you* have to read it over and over again and see if there is anything in it to be corrected or improved.

上交翻译作品之前应反复读几遍，看看还有没有要修改或提升的地方。

Knowledge is a comfortable and necessary retreat and shelter for us in an advanced age; and if *we* do not plant it while young, it will give us no shade when *we* grow old.

知识是人到老年后舒适且必需的精神归宿。如果年轻时不播种，年老时就得不到树阴的遮蔽。

③ 减译物主代词

物主代词在英语中属于高频词汇，但汉语用词简练，进行汉译时可以将其省略。例如：

The mass of one unit of volume of a material is called *its* density.

物质单位体积的质量叫做密度。

The train came. He pinched *his* little sister lovingly, and put *his* great arms about *his* mother's neck and then was away.

火车来了。他疼爱地捏了捏小妹，粗壮的胳膊搂了一下母亲的脖子，然后就走了。

Her dark hair waved untidy across *her* broad forehead, *her* face was short, *her* upper lip short, showing a glint of teeth, *her* brows were straight and dark, *her* lashes long and dark, *her* nose straight.

她的黑发蓬卷地拂在宽宽的前额，脸是短小的，上唇也是短短的，牙齿闪亮，眉毛黑直，睫毛长而密，鼻子挺且直。

④ 减译比较级句子中的代词

The climate in Denmark is absolutely different from *that* in South Africa.

丹麦的气候与南非迥然不同。

⑤ 减译 it

非人称代词 it 在句中作主语时是虚词，并不指代上下文中具体的事物，一般主要用于表示自然现象、时间、距离、环境及一般情况等。汉译时，常将这一非人称代词 it 省略。同时 it 用于强调句中，没有实际意义，也应省略。例如：

Outside *it* was raining cats and dogs as she shut the door.

她关门时外面正下着滂沱大雨。

It was only then that I began to have doubts whether my story would ever be told.

直到那时我才开始怀疑，我的经历究竟能不能公之于众。

（2）连词减译

英语重形合，词与词之间、短语之间、句子之间的关系，主要通过连词表达；而汉语作为一种分析性语言，词与词之间靠顺序体现，句子之间的关系也往往通过句序体现，因此很多在英语中必不可少的连词在译成汉语时显得冗余。在进行英汉翻译时，应根据上下文情况将不必译出的连词减译。例如：

He looked gloomy *and* troubled.

他看上去有些沮丧不安。

If I had known it, I would not have joined in.

早知这样，我就不参与了。

He considered the National Security Council too large and bulky and *thus* too leaky, too many people who talked too much.

他考虑国家安全委员会太过庞大臃肿，人多嘴杂，极易泄密。

We knew that summer was coming, *as* we could see a swallow.

一燕可知夏至。

Because the departure was not easy, we'd better make it brief.

离别让人难受，我们还是简短些吧。

He did not sleep much, *but* when he did he dreamed of beautiful princess, splendid castles, and gold and silver.

他没睡多久，要是一入睡便梦到如花似玉的公主，梦到富丽堂皇的城堡，梦到黄金，梦到白银。（杨莉藜，1993）

（3）冠词减译

英语中，冠词是虚词，没有词义，它用在名词的前面，表示名词的数量或者特征，不能离开名词而独立存在，只是为了满足语法对遣词造句形式上的需要。因而，汉译时这种冠词经常省略不译。

Any substance is made of atoms whether it is *a* solid, *a* liquid, or *a* gas.

任何物质，不论是固体、液体或气体，都由原子组成。（不定冠词表类别）

The moon was slowly rising above the sea.

月亮从海上慢慢升起来。（定冠词表独一无二的事物）

When I got to the cinema, *the* film had already begun.

我到电影院时，电影已经开始了。（定冠词表特指）

但在下列情况中冠词的翻译不能省略：

① 不定冠词 a/an 强调数目“一”或“每一”、“同一”时：

twice *a* week 一周两次

birds of *a* feather 同一种类的鸟

He left without saying *a* word.

他一句话不说就走了。

② 定冠词 the 强调“这”、“那”时：

This is *the* boy who broke our window five minutes ago, sir!

先生，这就是五分钟前打破我们玻璃的那个男孩。

（4）介词减译

汉语的特点是它的简洁和介词出现频率较低，英语介词用得很多，词与词、词组与词组之间的关系，多用介词表达，因此汉译时许多介词可以省略。例如：

Smoking is prohibited *in* public places.

公众场合禁止吸烟。

The difference *between* the two machines consists in power.

这两台机器的差别是功率不同。

The products produced by this factory are good *in* quality and low *in* price.

该厂生产的产品物美价廉。

The battle began *at* 11:00 p.m.

夜晚 11 点，战斗开始了。

An ancient castle stood *on* the edge of the cliff.

悬崖边矗立着一座古堡。

但是，表示地点的介词如不是位于句首而是紧随动词之后，翻译时一般不可省略。例如：

She hid *behind* the door. 她藏在门**背后**。

（5）动词减译

汉语注重意合，语法结构比英语更随意，英译汉时常常出现省略动词的现象，有些谓语动词省去不译，使句子更为简洁有力。例如：

When the pressure *gets* low, the boiling point *becomes* low.

气压低，沸点就低。

Russia *covers* vast territories and *abounds* in natural resources.

俄罗斯国土面积辽阔且资源丰富。

2. 修饰性减词

修辞性减词是从译文修辞角度考虑，将英文中的某些词语省略不译。往往这些词语的涵义在译文中虽无体现但意义明确，但如果不省略，就可能造成译文语意的重复或累赘。

（1）原文同义词或近义词省略

英语有些同义词或近义词连用，或表示强调，使意思更加明确，或表同一名称的不同说法，有时是出于释义、修辞或以旧词带新词等修辞作用的考虑。汉译时，常常不必或不能译成同义词或近义词连用的形式，只选择其中一个翻译即可。例如：

Semiconductor devices have no *filament or heaters and therefore* require no heating power or warmed up time.

半导体器件没有灯丝，因此不需要加热功率或加热时间。

原文中 filament 和 heaters 都可以译为“灯丝”，and 和 therefore 都可以译为“因此”、“所以”，于是译文中各只出现一次。

Instead of one old woman knocking me about and starving me, everybody of all ages *knocked me about and starved me*.

打我并使我挨饿的不只是一个老太婆，而是老老少少各式各样的人。

（2）简练性减译

语言讲究简洁美，原文中有的词、词组或分句，如果照译，会使译文出现冗词赘语，为了求简洁，这样的词、词组或分句通常应省去不译。例如：

Her younger sister is an *actress*.

她妹妹是个演员。（减译“女”演员）

As scheduled, Chinese and American diplomats met on January 20，at the Chinese

Embassy in Poland. It was their first *get-together* in more than two years.

按照预定时间，中美两国外交官于一月二十日在驻波兰的中国大使馆进行会晤。这是两年多来的首次。（减译首次“会晤”）

University applicants who had worked at a job would receive preference over *those who had not*.

报考大学的人，有过工作经验的将优先录取。（减译“比没有工作经验的人”）

The First *manned* landing on the Moon surface was achieved by American astronauts on July 20, 1969.

1969 年 7 月 20 日美国宇航员首次登上月球。（减译“载人的”）

练习 Exercises

一、请将下面的句子译成中文，注意词义的引申或褒贬

1. Public opinion is demanding more and more urgently something must be done about noise.

2. When the Jones were little they were forbidden to set foot there because of the revolting language and of what they might catch.

3. Therefore I knew, beyond doubt or question, that the world was mistaken about this hero: he was a fool.

4. The publishing house has to take the readability of the novel into consideration.

5. In order to survive, to feed, clothe, and shelter himself and his children, man has to learn to use things he finds in nature, and this means that he has to study and learn about nature.

6. She was born with a silver spoon in her mouth.

7. It is all very well, again, to have a tiger in the tank, but to have one in the driver's seat is another matter together.

8. Americans do not like to be called materialistic because they feel that this unfairly accuses them of loving only material things and of having no religious values.

9. My whole ambition is to serve my country and maintain its greatness.

10. Hitler's ambition to conquer the whole of Europe was doomed to fail.

11. He is crazy about reading.

12. You were crazy to let such a man drive your car.

13. "Poor chaps aren't so well off either these days," said Mr. Bond, putting up one of his artificial smiles.

14. The artificial improvement of drainage could soon lead to a marked loss in nutrients.

15. She is the uttermost ass in the universe; and until half an hour ago nobody knew it but

herself and me.

二、翻译下列句子，注意增词法和减词法的使用

1. Everything was on a larger scale for him, the highs were higher, the lows lower.

2. Better be wise by the defeat of others than by your own.

3. He became one of the prominent men of the House, speaking clearly, sensibly, and modestly and never too long.

4. They talked about inflation, unemployment and environmental pollution.

5. Thus he grew in body and soul.

6. Border formalities, the French officials were polite and efficient, the Nazi authorities aloof and superior.

7. He is a complicated man—moody, mercurial, with a melancholy streak.

8. The patient this morning is much the same as he was yesterday.

9. Our country produced many eminent scientists and countless skilled craftsmen and created a magnificent science and culture in ancient times.

10. The cities utilize these funds for education, police and fire departments, public works and municipal buildings.

11. Deprived of sleep, an individual can only function for about three days.

12. Nobody knows for sure, but most experts think it will soon be difficult to obtain sufficient electricity from these sources.

13. In spite of the fact that his initial experiments had failed, Prof. White persisted in his research.

14. You may rely on it that everyone here will do his duty with utmost efforts.

15. Modesty helps one to go forward, whereas conceit makes one lag behind.

第三单元

句子的翻译

教学目标

本单元将集中介绍英文句子的汉译技巧，使学生在掌握表达方式转换、语态转换、分句合句转换和句式转换等翻译技巧的基础上，系统领会长句翻译的方法，并为语篇翻译打下基础。

第一节　表达方式转换译法

英语和汉语中均有从正面或反面来表达一种概念的现象，但由于文化和思维方式等的不同，两种语言在正反表达方式上存在一定差异。因此在翻译时，英语中有些从正面表达的内容在汉语中习惯从反面来表达；而有些从反面来表达的内容在汉语中则习惯从正面来表达，这种翻译手法称为表达方式转换译法。例如：

I *don't* think she is right.

我认为她不对。

Before he could stop me, I had rushed out of the classroom.

在他还没来得及挡住我前，我已经跑出教室了。

上面两个例句一个有否定形式，另一个没有，如果两句都采用直译的方式，会给读者留下很生硬的感觉，而采用了表达方式转换译法后，既表达出原文的本意，又符合汉语的表达方式。

从上面的例子我们看到英语原文里的否定形式未必在中文译语里也相应地采用否定形式，反之亦然。这里使用正反表达转换技巧的关键在于既能够使译文充分表达原文的意义，同时读起来也不会让人感到别扭、不地道，而给人自然得体的感觉。

那么英语中具有否定形式或否定意义的表达方式有哪些呢？我们大致可以分为以下几种：

1. 否定词：no、not、none、never、nothing、nobody、nowhere、neither、nor；
2. 部分否定词：not every、not all、not both、not much、not many、not always 等；
3. 半否定词：hardly、scarcely、seldom、barely、few、little 等；

4. 形式肯定意义否定的词：fail、without、beyond、until、unless、lest、ignorant、refrain、refuse、neglect、absence、instead of、other than、except、rather than 等；

5. 否定前缀 non-、in-、im-、ir-、dis-和否定后缀-less。

汉语的否定词比英语少。在汉语中没有词形变化，只能用一些明显具有否定意义的副词、形容词和动词来表达否定意义，比如：不、非、无、没、没有、未、否、别、休、甭、孬、莫、勿、毋等字。因此，英译汉时常常有必要根据不同的语境进行转换。

一、英语正面表达转换为汉语反面表达

（一）单词转换

词际转换是指将英语中没有否定形式却表示否定意义的词译为汉语的否定词。例如：

Freeze!

不许动！

frost-*free* refrigerator

无霜冰箱

Such a chance was *denied* to her.

她没有得到这样一个机会。

The first shot *missed* the target.

头一枪没有打中目标。

This winter is *predictably* colder.

不出意外，今年冬天更加寒冷。

The actual process is totally *beyond* our comprehension.

我们完全不能理解实际的操作工序。

Time is what we want most, what, alas, many use *worst*.

时间是我们最缺少的，哎，也是很多人最不善于利用的。

It was *beyond* his power to sign such a contract.

他无权签订这种合同。

The soldiers would fight to death *before* they surrender.

战士们宁愿战死也不投降。

They feel great *anxiety* about his sickness.

他们对他的病情感到焦虑不安。

The proposal was carried by a very *narrow* margin.

这项建议差点通不过。

He went to an outdoor phone booth and dialed Chicago, then New York, then San Francisco. *Silence. Silence. Silence.*

他来到一个户外公用电话亭，先拨给芝加哥，再给纽约、旧金山打了电话。没有回复。没有回复。还是没有回复。

Father's attitude toward anybody who wasn't his kind used to *puzzle* me.

过去我一直弄不懂父亲为何对那些和他不对脾气的人是那样的态度。

（二）短语转换

短语转换是指将英语中没有否定形式却表示否定意义的短语翻译为汉语的含有否定词的短语。例如：

Wet paint!

油漆未干！

fatal deases

不治之症

The evidence is conclusive and *beyond doubt.*

证据确凿，毋庸置疑。

The chain reaction is *far from ending*.

这个连锁反应远没结束。

The runaway jaguar is *still at large.*

那只逃脱的美洲虎还未捉到。

We believe that the younger generation will prove *worthy of* our trust.

我们相信，年轻一代将不会辜负我们的信任。

（三）句子转换

句子转换是指将英语中没有否定形式却表示否定意义的句子翻译为汉语的含有否定词的句子。例如：

He carries his age very well. He looks 50 but in fact he's nearly 60.

他不显老，看上去像 50 岁，其实他已经 60 多了。

More haste, less speed.

欲速则不达。

If you believe in unlimited quality and act in all your business dealings with total integrity, *the rest will take care of itself.* —Frank Perdue

如果你坚信好品质无极限，并且在所有生意往来里都秉承诚信，其余的事情便不用操心了。——弗兰克・普渡

The pictures that linger in his mind, called up in a moment by such sensations as the smell of roses or of new-mown hay, *are of a simpler nature*.

然而，萦绕心头的画面，那些一经嗅到玫瑰花香或新鲜干草的气息便会倏地闯入记忆的情景，其实并不复杂。（陈宏薇，1988）

As he sipped his coffee, *he opened a still damp morning paper*, and began reading.

他一边啜着咖啡，一边打开油墨未干的晨报，看了起来。

Like those of little experience, *he was easily elated by success and deflated by failure.*

正如没经历过大事的人一样，他是经不起成功也经不起失败的。

You may leave at once *for all I care*.

你尽可以马上离开，我才不管呢。

二、英语反面表达转换为汉语正面表达

（一）单词转换

People generally take an instinctive *dislike* to troubles.

人们普遍本能地讨厌麻烦。

When it comes to our own pursuits of happiness, we agree to *disagree*.

在追求快乐方面，我们求同存异。

He *carelessly* glanced through the note and got away.

他随便地扫了一眼那张便条就走了。

He was *dishonorably discharged* from the army for his cowardice in the battle.

因其在战场上的懦弱行为，他灰溜溜地地被部队开除了。

The mother gently *disengaged* her hand from that of her sleeping baby.

母亲轻轻地把手从沉睡的宝宝手里抽了出来。

Hitler's *undisguised* effort to persecute the Jews met with world-wide condemnation.

希特勒公然迫害犹太人的行径遭到了全世界的谴责。

（二）短语转换

You *can't be too* careful.

你要特别小心。

Don't lose time in posting this letter.

赶紧把信寄出去。

Such behavior *couldn't long* escape notice.

这样的行为早晚会被人发觉的。

The examination *left no doubt* that the patient had died of cancer.

检查结果清楚地表明病人是死于癌症。

Students, *with no exception*, are to have physical examinations this afternoon.

今天下午全体学生都要进行体检。

（三）句子转换

No man can *have too much* knowledge and practice.

知识和实践多多益善。

No comrade in the Party *must ever forget* this bitter lesson and we must all take warning from it.

这个惨痛的历史教训，我们全党同志一定要永远记住，引以为鉴。

Suddenly he heard a sound behind him, and realized *he was not alone* in the garage.

他忽然听见背后有动静，便意识到车库里还有别人。

The significance of these incidents *wasn't lost on us*.

这些事件的影响引发了我们的注意。

I *never* go past the house *but* I think of the happy moments I spent there.

我每次走过那所房子，都会想起在那里度过的快乐时光。

The human system can hold out for a while against the gas from a leaking, damped-down coal stove, but soon after *unconsciousness comes death.*

煤气若是从封上火的煤炉漏出，人体可以承受一段时间，可一旦昏迷，很快就会死亡。

Unlocking the mystery of what had really happened to his grandparents was his life pursuit, even if it might lead to a skeleton in the family cupboard.

他的祖父母到底怎么样了成为他毕生要解开的一个谜，即使这可能最终是一个不为人知的家丑。

Maintaining credibility requires confronting potential adversaries with the objective, *unambiguous facts of our counter-balancing military capabilities*, our political strengths and economic advantages, and our clear resolution to use these for our defense if necessary.

保持这种可靠性需要以下客观的、明确的事实来对付潜在的对手：我们达到平衡的军事能力、我们的政治实力和经济优势，以及我们必要时使用这些手段进行自卫的毫不含糊的决心。

三、英语双重否定转换为汉语正面表达

There is *no* rule that has *no* exception.

任何规则都有例外。

There is *not* any advantage *without* disadvantage.

有利必有弊。

It is *impossible* but that a man will make some *mistakes*.

人无完人。

You *cannot* be *too* careful in proofreading.

校对时越仔细越好。

第二节　语态转换译法

被动语态的广泛使用是英语有别于汉语的一大特点。一般说来，无论是书面语中，还是口头语中，英语比汉语用得被动语态更多。因为被动语态能够更好地突出客观事物的本质特征，描述其发生、发展及变化过程，表述客观事物间的联系，所以语言学家 Quirk 等（1972）认为这些特点使得英语被动句广泛应用于科技文体、新闻文体、官方文件及学术写作当中。反观汉语中，被动语态用得相对较少，原因在于汉语注重主题，既汉语中的主语实际上相当于一个主题，句子中的主语和谓语的关系是话题和说明的关系，所以主题可以是施事也可以是受事。因此英译汉时被动语态经常需要转译为主动语态。

一般来说，英语的被动语态多用于以下几个方面：

1. 当强调动作承受者，而不必表明施动者或施动者含糊不清时，多用被动式。例如：

We are kept strong and well by clean air.

清洁的空气使我们保持强壮和健康。

2. 当施动者已知但无需表明时，多用被动式。例如：

Visitors are requested not to touch the exhibits.

游客请不要触摸展品。

3. 当需要特别强调施动者时，多用被动式。例如：

The three machines can be controlled by a single operator.

三台设备仅需一名操作工控制。

4. 当需要被动结构来保持句子结构连贯时，多用被动式。例如：

John was a lawyer's son and was destined to the bar.

约翰是律师之子，也注定会做这一行。

在翻译被动语态时，译者可以注意以下四种转译方法。

一、转译为主动语态

英语被动句式转换为汉语主动句式时，原文中的主语在译文中有时仍可作主语，有时也可作宾语，有时全句还可译成带表语的主动句。例如：

（一）保留原文主语不变

The whole country *was armed* in a few days.

几天时间全国就武装起来了。

In a moment he will turn and see us, and *his face will be lighted by a smile* so radiant you'll feel warm all the way through.

马上他就会转身看着我们，同时脸上会焕发出灿烂夺目的微笑，让你浑身暖洋洋的。

In future conflicts, *similar logistical problems are likely to be repeated*—raising the prospect of mass confusion in a full-scale mobilization.

在未来的冲突中，类似的物流难题可能还会复现，从而极大地增加了全面调动时出现大范围混乱的可能性。

With the development of speech, the number of occasions producing sudden experiences of pleasure increased, and since *laughter was closely associated with speech*, man had this means of expressing his pleasure.

随着口头交流的发展，人们突然间感受愉快的机会增多了，而且因为快乐与话语紧密相关，人类便具有了这种表达欢愉的方式。

（二）将原文非主语成分转译为主语

By the end of the war 800 people had been saved *by the organization.*

到战争结束时，这家组织已经拯救了 800 人。

Heat is constantly produced by the body as a result of *muscular and cellular activity*.

肌肉和细胞活动使得身体不断地产生热能。

A new way of displaying time has been given *by electronics.*

电子技术提供了一种新的显示时间的方法。

二、转译为被动语态

有时英语中的被动语态甚至部分主动语态句子都可以翻译成汉语的被动句式，特别是在受动者不愿意或处在不好的情况下。例如：

（一）译成“被……”或“给……”

He *won me over* as I researched his life deeper and deeper.

当我对他的生活调查越来越深入时，我被深深折服。（主动转译为被动）

In this country *the exclusion of girls* starts at primary school, where students are supposed to learn gender equality.

这个国家里，女孩子从小学开始就被排除在外，但学校本应是教育学生性别平等之处。（主动转译为被动）

At the end of the year he *was fired* for incompetence.

到年底他因无法胜任工作而被解雇了。

If the scheme *is disapproved,* work on the project will stop immediately.

如果方案被否决，这项工程将马上停工。

Any minute we would surely *be spotted* by enemy planes flying in and out of the airfield.

我们随时都会被出入机场的敌机发现。

（二）译成“遭……”、“受……”、“为……所”等

The visitor *was flattered and impressed.*

客人受宠若惊，深为感动。

Vegetable oil *has been known* from antiquity.

植物油自古以来就为人们所熟悉。

Everyone in the community *was fed up with* her gossip.

社区里人人都受够了她的闲话八卦。

The proposal for issuing additional shares *was approved* by the board of directors of the company.

增发股票的建议获得了公司董事会的批准。

Such conduct will *be looked down upon* by all with a sense of decency.

这种行径将会为一切有良知的人所鄙视。

三、转译为无主语句

主语的省略是中文句法中的一个典型特征。在英汉翻译中，当施动者已知且无须表明时或为了体现客观性时都可以译为汉语无主语句。例如：

The unpleasant noise *must be immediately put to an end.*

必须立刻停止这恼人的噪声。

Law-enforcement *must be strengthened to prevent corruption.*

必须加强执法力度以预防腐败。

Best surface finish *is provided by machining methods*, especially by grinding.

采用机械加工的方法，特别是利用磨削法，可以获得最佳表面光洁度。

四、转译为其他结构

有些情况下，以上方法都很难将英语被动语态转译为通顺且符合汉语表达习惯的句子。因此，译者有必要进行灵活调整进行翻译。例如：

It *is well known* that smoking is harmful to the health.

众所周知，吸烟有害健康。

It *should be said* that *the situation is basically sound.*

应该说，情况基本上是稳固的。

To explore Mars, rockets carrying Mars Exploration Rover *were launched* again and again.

为了探索火星，人们一次又一次地发射载有火星探测车的火箭。

Acid *is known* to have a strong corroding effect on plastics.

我们知道，酸对塑料有很强的腐蚀作用。

The campus *is populated* by students craving for knowledge.

校园里都是渴求知识的学生。

He *has been wedded* to translation.

他与翻译结下了不解之缘。

第三节　分译法和合译法

英语和汉语在句子结构上存在差异，这种差异包括词、短语、句子等的时间和空间顺序，也包括表达内容和形式方面的不同。在不少情况下翻译英语句子时须将原句结构作较大改变。分译法和合译法是改变原文句子结构的两种重要方法。分译法是指把原文的一个词或短语译成一个分句，或把一个复合句译成多个简单句；合译法是指把原文的一个复合句译成一个简单句，或是把多个句子译成一个句子。对分译法和合译法的学习，是对按照原句语序进行翻译的有效补充，掌握这种翻译技巧可以丰富汉语译文的表达效果，使译文更加地道，在很大程度上提升译文的可读性。

一、分译法

分译法是指把原文的一个简单句译成两个或两个以上的句子。

（一）单词转译为分句

把原文中的一个单词翻译成句子，使原文的一个句子分成两个或两个以上的句子。

1. 副词转译为分句

They, *not unexpectedly*, did not renege on their promise.

他们没有食言，这是意料之中的。

Superficially, this is an innovative and scientific research.

从表面上看，这是一项富有创新性和科学性的研究。

Illogically, she had expected some kind of miracle solution.

她满以为会有某种奇迹般的解决办法，这是不合常理的。

Mr Dube *incredibly* persuaded the SABC to air it, the first anti-apartheid song to be played on a white station.

杜布先生说服了南非广播公司去播放这首歌——这是第一支在白人电台播放的反种族隔离的歌曲，这真是令人难以置信。

He is an active student, but he was *uncharacteristically* listless in class today.

这个学生很活跃，可今天他在课堂上却无精打采，异乎寻常。

Those Chinese whizz kids in Silicon Valley are *understandably* proud of their achievements.

那些在硅谷工作的中国天才对他们取得的成就感到自豪，这可以理解。

2. 形容词转译为分句

That region was the most *identifiable* trouble spot.

那地区是个动荡的地方，这是显而易见的。

She had such a *kindly, smiling, tender, gentle, generous* heart that she was loved and respected by her students.

她是如此的心地善良，性格温柔，乐观大方，这使得她深受学生们的爱戴。

In the US, the *incredible* number of the young people who cannot read is about one fourth.

在美国约有四分之一的青年人不具备阅读能力，这简直令人难以置信。

3. 名词转译为分句

He shook his head and his eyes were wide, then narrowed in *indignation.*

他摇了摇头，双目圆睁，接着又眯起来，面带愤慨之色。

Much of the historical splendor of China strains the imagination of Western people: *its expanse, its cultural diversity, the length of its history,* the beautiful objects produced thousands of years ago with a technology that still makes the experts gasp.

中国历史上的许多辉煌成就令许多西方人心驰神往：其内容博大精深，其文化多姿多彩，其历史悠长久远，她在数千年之前在制作众多极品中所使用的精湛技艺至今还令专家们惊叹不已。

（二）短语转译为分句

1. 分词短语转译为分句

Being stressed out and distressed, Jeff felt ill.

因为压力大又苦恼，杰夫病倒了。

She had to quit her job and went out of the town, *having been threatened and harassed constantly.*

她不断地遭到威胁和骚扰，只得辞去工作并离开这个地方。

Being summer, the rivers were open and *navigable.*

夏天已到，河流开冻，可以通航。

2. 名词短语转译为分句

It is *a truth universally acknowledged* that a single man in possession of a good fortune must be in want of a wife.

饶有家资的单身汉必定想要娶妻室，这是举世公认的真情实理。（张玲、张扬，1993）

Sally became too excited to fall asleep after she received the offer from that company—*a multinational Fortune 500.*

萨莉在收到那家公司的录用通知书后激动得无法入睡，那可是一家跨国《财富》500强企业。

The high risk of injection puts a premium on the use of sterile needles.

由于注射时受感染风险极高，无菌注射针的使用得到了重视。

3. 介词短语转译为分句

Their sales increased sharply *with their new marketing strategies adopted.*

他们采用了新的市场营销策略，销售额也随之显著增长。

He returned to the political arena *at a ripe moment domestically*.

在国内时机成熟的时候，他重返了政治舞台。

He had made several attempts to solve the problem *without success*.

他试过几次想要解决这个问题，但都没有成功。

Another racial conflict in the state would surely make the ethnic relations even tenser.

如果在该州再次爆发种族冲突，势必会加剧族群间关系的紧张程度。

（三）复杂句转译为简单句

复杂句是由主句和从句构成的，翻译时可以把从句拆开来译。例如：

Elizabeth was determined to make no effort for conversation with a woman, *who was now more than usually insolent and disagreeable.*

伊丽莎白打定主意，决不主动与这样一个女人说话，这女人比往常更加无礼、令人讨厌。

This is the cat *that killed the rat that ate the cake that lay in the house that Jack built.*

这就是那只捕杀了老鼠的猫。那只老鼠偷吃了放在屋里的蛋糕。这屋子是杰克盖的。

The People's Republic of China must be created by the blood and the work of all of us *who believe in the future; who believe in man and his glorious man-made destiny.*

伟大的中华人民共和国必须通过我们的热血及劳作才能缔造。我们这些人相信未来，相信人民，相信人民自己能够创造自己光辉灿烂的命运。

二、合译法

合译法是指把原文两个或两个以上的词或短语译为一个词或短语，或把两个或两个以上的简单句翻译成一个句子。

（一）词或短语的合译

He was beaten *black and blue* after he was caught on the spot.

在他被当场抓住后，让人打得鼻青脸肿。

The person who *forgives and forgets* is in the position of real power.

宽容之人方可立于不败之地。

In the midst of all the *hustle and bustle*, people might overlook their health—and that is the worst thing that they can do.

在每日的繁忙和喧嚣之中，人们可能忽略自身的健康，这是最糟糕的事情。

In order to reach the goal, the price must be fixed *fair and square* based on market deal price in the conditions under which related interest parties pursue their own interests.

在各相关利益团体追求自身利益的条件下，为了实现目标，价格必须在市场成交价的基础上公平和公正地来设定。

（二）简单句的合译

The young man was very miserable. He had no money about him. All his savings had been stolen.

这个年轻人真惨，已落到身无分文的地步，因为他的全部积蓄都被偷了。

That day, the President had an interview with his father. His father was going to the moon by space shuttle.

那天，总统会见了他的父亲，他的父亲将乘航天飞机去登月。

He was clean. His mind was open.

他为人单纯而坦率。

She was born in a very small town. The town is in the north of China near the sea.

她出生在中国北方一个沿海的小镇。

第四节 名词性从句的翻译技巧

英语名词性从句可分为主语从句、宾语从句、表语从句、同位语从句四类。这些从句的翻译一般按原句的语序处理即可，相对比较容易，但有时也可以译为并列分句、定语从句或其他形式的句子。

一、主语从句

（一）主语从句引导词

主语从句是指在复合句中作主语成分的从句。一般来说，引导主语从句的引导词主要分为三种：一是 that 引导的主语从句；二是 whether 引导的主语从句；三是疑问词引导的主语从句，如 what、who、whoever、which、when、where、how、why 等。在翻译由引导词的引导的主语从句时，一般可以按照英语原文顺序来翻译。例如：

What she told me was nothing but a lie.

她对我说的只不过是谎言而已。

Where the vapour has gone can be easily found.

水蒸气到哪里去了，这很容易就能发现。

Whatever is worth doing is worth doing well.

任何值得做的事情都应该把它做好。

When human language was first created is not known for sure.

人类语言最初是什么时候形成的尚不能确定。

Whatever I saw and heard on my trip left me a very deep impression.

这一路上的所见所闻让我印象深刻。

Whoever has made a trip to South Africa will never forget the savannas and forests.

凡是去过南非的人都不会忘记那里的大草原和森林。

Why metals can conduct electricity is an interesting problem.

金属为什么能导电是一个有趣的问题。

That those who had learned from us now excelled us was a real challenge.

向我们学习过的人反而超越了我们，这对我们的确是一个促进。

（二）it 作形式主语

形式主语 it +谓语+ that/whether 引导的从句，汉译时一般先译从句再译主句。为了强调起见，it 一般可以译出来；如果不需要强调，it 也可以不译出来。例如：

It doesn't make much difference *whether they have signed an agreement or not.*

他们之间签没签过协议没有多大关系。

It is a matter of common experience *that bodies are lighter in water than they are in air.*

众所周知，物体在水中比在空气中轻。

It is now no longer a question *whether or not another Crisis is coming;* instead, it's a question of which Crisis and when.

危机是否即将到来，现在已不再是什么问题了。问题是这未知危机何时爆发。

有时候，如果主语从句仍然按照英语原来的顺序翻译的话，it 一般不需要译出来。在汉语译文的开始，一般可以用"……的是，……"这样的结构来翻译。例如：

It is strange *that she should have failed to see her own shortcomings.*

奇怪的是，她竟然没有看出自己的缺点。

It is certain *that we shall produce this kind of engine.*

毫无疑问的是，我们将生产这种发动机。

二、宾语从句

（一）宾语从句引导词

由 that、what、how、when、which、why、whether、if 等引导的宾语从句，在译成汉语时，一般按照英文原句的顺序进行翻译即可。例如：

Did you understand *what she meant*?

你明白她是什么意思吗？

Mrs Anderson replied *that she felt ashamed and upset.*

安德森夫人回答说她感到羞愧和不安。

The mother didn't know *that her son had swam in that river that morning.*

这位母亲不知道她的儿子早上在那条河里游泳。

I told them *how serious I was with our relation.*

我告诉他们我对我们之间的关系是十分认真的。

They have informed me *when they are to discuss my promotion.*

他们已经通知我他们将在什么时候谈论我的晋升。

有时可加“说”字，再接下去翻译英语原文宾语从句的内容。例如：

He reminded his students again *whether they could pass it or nor was decided not only by himself but by lots of other professors.*

他一再提醒学生们说，决定他们能不能通过的不只是他一个人，还有其他许多教授。

（二）it 作形式宾语

用 it 作形式宾语的句子，在翻译的时候，that 所引导的宾语从句一般可按英语原文顺序翻译；it 有时候可以不用翻译。例如：

I take *it* for granted *that you will come and talk the matter over with him.*

我想当然地认为，你会来和他谈这件事的。

I made *it* clear to them *that they must make a decision before 12 o'clock.*

我向他们讲清楚了的，他们必须在 12 点之前作出决定。

Nutritional experiments have made *it* evident *that vitamins and minerals are indispensable for one's health.*

营养实验证明，维生素和矿物质对人体健康是必不可缺的。

另外，当主句部分表示“感到……，认为……”时，也可以在译文中将 that 引导的宾语从句提前到句子最前面进行翻译。例如：

I regard *it* as a shame *that I was declined by that company twice.*

两次遭到那家公司的拒绝，我感到十分羞愧。

I regard *it* as an honor *that I am chosen to attend the NPPCC.*

我被选参加全国人民政协会议，感到十分光荣。

We consider *it* absolutely necessary *that we should open our door to the outside world.*

打开国门，实行开放，我们认为这是绝对必要的。

We consider *it* absolutely right *that we should try our best to achieve a greater success.*

我们应该努力去获得更大的成功，这样做是十分正确的。

三、表语从句

表语从句位于主句的连系动词之后，在句中充当表语，引导表语从句的从属连词和引导主语从句的从属连词相同。汉译时，一般可以按照英语原句的顺序直接进行翻译。例如：

This is *how the equation was solved.*

这就是此方程式求解的方法。

It seems *that it is going to rain.*

看起来要下雨了。

That is *why Peter got fired.*

这就是彼得被解雇的原因。

That's *why the far side of the moon is a better place for this research.*

这就是月球背面更适合这项研究的原因。

His view of the world politics was *that the relation between nations was either friendly or hostile.*

他对国际政治的看法是，国与国之间不是朋友，就是敌人。

The question remains *whether we can win votes from the majority of the people.*

问题是我们能否赢得大多数人民的选票。

What she said most was *that no matter how long it might take, she would keep waiting for him.*

她讲得最多的是，不管要多久，她都会一直等着他。

One difficulty is *that almost all of what is called behavioral science continues to trace behavior to states of mind, feelings, traits of character, human nature, and so on.*

难题之一在于，所谓的行为科学还都是从心态、情感、性格特征、人性等方面去寻找行为的根源。

四、同位语从句

英语中的同位语从句用来解释说明它前面的某个名词的具体内容，它与其所修饰的名词在地位上是等同的。能接同位语从句的名词通常为抽象名词，主要有：belief（相信）、fact（事实）、hope（希望）、idea（想法、观点）、doubt（怀疑）、news（新闻、消息）、rumor（传闻）、conclusion（结论）、evidence（证据）、suggestion（建议）、problem（问题）、order（命令）、answer（回答）、decision（决定）、discovery（发现）、explanation（解释）、information（消息）、knowledge（知识）、law（法律）、opinion（意见、观点）、truth（真理、事实）、promise（承诺）、report（报告）、thought（思想）、statement（声明）、rule（规定）、possibility（可能）等。

同位语从句常用 that、whether 或 if 来引导，它们在从句中不充当任何句子成分。同位语从句的翻译比较复杂，汉译时可灵活处理，根据具体情况可采用下面多种方法。

（一）直接译在主句后

一般来说，同位语从句的翻译可以保持原来的语序，同位语从句可以直接翻译在主句后面。例如：

There is a possibility *that he has passed it.*

有可能他已经通过了。

They expressed the wish *that they would return to their mountain village to teach after graduation.*

他们表示希望毕业后会回到家乡的山村教书。

Einstein came to the conclusion *that the maximum speed possible in the universe is that of light.*

爱因斯坦得出的结论是，宇宙中的最大速度可能是光速。

As a soldier, he must accept the general's decision *that he was to be taken to the field hospital,* though he wanted to keep fighting in the battle field.

作为一名士兵，他必须接受将军的决定，被送往医院救治，虽然他希望继续坚守阵地战斗下去。

（二）译在所修饰的名词前

有时候在翻译同位语从句时可以将其置于所修饰的名词前面翻译，相当于前置的修饰语，构成类似定语的结构或者独立成句，但不一定使用定语的标志词“的”。例如：

It does not deny the truth *that the earth is not the centre of the solar system.*

地球不是太阳系的中心，这个真理是不可否认的。

The rumor *that they have divorced* is unfounded.

关于他们已经离婚的传闻是没有根据的。

We all know the fact *that light travels faster than sound.*

我们都知道光传播的速度要大于声音的传播速度这一事实。

But I knew I couldn't trust him. There was every possibility *that he could betray me just next minute.*

但我知道不能轻信他。他随时都会背叛我的可能性是很大的。

（三）译在所修饰的名词后

有些同位语从句在翻译时可以采取顺译法，放在所修饰名词的后面，用冒号、破折号直接分开主句和同位语从句，或可以增加“即”、“这样”、“这一”、“以为”等这样的词来与主句连接。例如：

We have reached the conclusion *that practice is the criterion for testing truth.*

我们已经得出这样的结论：实践是检验真理的标准。

Two days ago, the researchers of this laboratory made an exciting announcement *that this kind of new material could be used into producing long service life batteries with a low cost.*

两天前，这个实验室的研究员发布了一个令人振奋的声明——这种新材料可以应用于生产低成本、长寿命的电池。

But considering realistically, we had to face the fact *that our natural resources were going to be depleted.*

但是从现实考量，我们不得不正视这样一个事实：我们的自然资源行将耗尽。

But this does not in any way alter the fact that *they are, even now, still very irrational.*

但这却丝毫改变不了这样一个事实：即使到现在，他们还是非常不理性的。

（四）用汉语的无主句翻译

在主语为被动语态或非生命体作主语时，可以改变原文的同位语结构，以汉语的无主句结构译出。例如：

An order has been given *that the researchers who are now in the skylab should be sent back.*

已下命令将目前在航天实验室里的研究人员送回来。

Even the most precisely conducted experiments offer no hope *that the result can be obtained without any error.*

即使是进行最精确的实验，也无望获取无任何误差的实验结果。

第五节　状语从句的翻译技巧

状语从句是一个比较复杂的语言现象，英汉两种语言中都有存在。英语的状语从句根据功能可分为时间、地点、原因、让步、条件、目的、结果、比较和方式状语从句等。有些状语从句的位置比较灵活，有前有后。此外，英语中各类状语从句都有明显的反应其逻辑关系的连接词。汉语的状语从句与英语的状语从句的最大区别就在于状语从句的位置和连接词。汉语中多数状语从句是放在主句之前，只有比较和结果状语从句位于主句之后，方式状语从句的位置则可前可后。

英语状语从句的连词大部分可以在汉语中找到相对应的关联词，翻译时关键在于如何让译文更符合汉语表达方式。因为引导汉语状语从句的关联词时常省略，且省略关联词的汉语句子更为精练，所以英文原文中的连词有时不必译出。例如：

The iron should be stricken *while it is hot.*

趁热打铁。

If winter comes, can spring be far behind?

冬天来了，春天还会远吗？

关于状语从句的具体翻译技巧，可从分为以下几个方面。

一、时间状语从句的翻译

在英语中，时间状语从句的连接词主要有：when（当……的时候）、whenever（每当……）、every time（每当……）、as（当……时）、by the time（等到……的时候）、the day（在……那天）、once（一旦……）、since（自从……）、until（直到……、如果不……）、till（直到……）、before（在……前）、after（在……后）、as soon as（一……就）、the moment（一……就）、immediately（一……就）、no sooner... than（一……就）、hardly/scarcely... when（一……就）、the instant（一……就）、instantly（一……就）、directly（一……就）、the minute（一……就）、the second（一……就）等。

（一）译成相应的时间状语

While she spoke, the tears were running down.

她说话时，眼泪流淌下来。

As she finished the speech, the audience burst into applause.

在她演讲结束时，听众爆发出热烈的掌声。

Before we send our formal order confirmation, we have to inform you that we cannot accept your request for a 10% discount.

在本公司寄出正式订单确认之前，必须通知贵方，本公司不能接受贵方打九折的要求。

When they analyzed these rocks, they found "shocked" quartz grains—slivers with a particular arrangement of micro cracks believed to represent the relic left by an extraterrestrial impact.

在分析这些岩芯时，他们发现了“冲击”石英颗粒——带有特殊排列的微裂缝的薄片，科学家认为他们是外层空间来的物体与地球碰撞留下来的遗迹。

（二）译成“一/刚/每……就”的结构

I'll call you *as soon as I have everything arranged.*

我一安排好就给你打电话。

As soon as the goods are on board, the master of the steamer or the ship's agents will give the exporter a receipt of the goods shipped.

货物一装上船，船主或轮船代理人就会给出口商开出一张所装货物的收据。

Directly he uttered these words there was a dead silence.

他刚说出这些话，大家就沉默下来。

（三）译成条件句

A body at rest will not move *till a force is exerted on it.*

若无外力的作用，静止的物体不会移动。

We can't start the job *until we have the approval from the authority concerned.*

如果没有有关当局的批准，我们不能开始这项工作。

Turn off the switch *when anything goes wrong with the machine.*

如果机器发生故障，就把电门关上。

注意在翻译上句里 when 引导的时间状语从句时，译者并没有套用“当……时候”的句式，而是根据上下文调整为条件状语从句。when 作为最常见的引导状语的连词，其应用是非常灵活的，翻译时不可简单套译，这样的例子还有：

He was on the verge of losing his temper with his wife *when she uttered a cry.*

他正要对妻子发脾气，忽听她哭叫起来。

另外，when 引导状语从句除表时间之外，有时还表原因或让步，相当于 since 或 although，例如：

Why tell lies *when you know the truth*?

既然你知道实情为何还要撒谎？

He gave up literary study *when he might have made a great career in it.*

尽管他在文学研究方面可能会做出一番事业，他还是放弃了。

He just stood here with his arms folded *when he might have given me a hand.*

尽管他可以帮我一把，但就是站在那袖手旁观。

before 也常被用来引导时间状语从句，在翻译时，要注意汉语表达习惯是按照事物发展的先后顺序展开，所以调整原文语序是必要的。例如：

Being a pupil *before you become a teacher.*

想做先生先当学徒。

Get the broken glass out of here *before it hurts somebody.*

碎玻璃伤人，先把它弄出去。

I had scarcely entered the classroom *before the bell rang.*

铃声响之前，我才刚刚迈进教室。

before 可以引导让步状语从句：

They would fight to death *before they surrender*.

他们即便战死也决不投降。

二、原因状语从句

英语中，原因状语从句的连接词常常是：because（因为）、since（既然、由于）、as（因为）、for（因为）、now that（既然）、in that（在某方面）、seeing that（既然）、considering that（考虑到、因为）、in view of the fact that（鉴于）。

（一）根据中文表达习惯，翻译成因果分句，一般放在主句之前

The harvest was poor this year *because spread of crop diseases and pests was too quick.*

因为农作物病虫害传播极快，今年收成很差。

We had to put the meeting off, *since so many people were absent.*

由于很多人没有来，会议只得延期。

You "jump on the bandwagon" when you decide to support a candidate *because public opinion studies show he is likely to win.*

因为民意调查显示某个候选人很可能会取胜，所以你决定支持他，你就是"随大流"了。

As we have always received your payment punctually, we are puzzled to have had neither remittance nor report in connection with our current statement of June 30.

因为我方总是准时收到贵方的付款，但是迄今为止，我方既没有收到汇款，也没有接到有关我方 6 月 30 号结算的回音，因此深感困惑。

Now that you have had a chance to examine what we have sent to you, we are enclosing an order form for you to make an order easily.

既然贵方有机会审读我方寄送的材料，因此为便于贵方订货，附上订单一份。

It doesn't boil, despite temperatures reaching up to 400 degrees C, *because it is under terrific pressure.*

尽管温度可高达摄氏 400 度，水却因为处于高压之下而不会沸腾。

（二）可译为汉语的"……是因为/就在于"的结构连接主句

A gas differs from solid *in that it has no definite shape.*

气体不同于固体是因为它没有固定的形状。

He will get promoted, *for he has done good work.*

他将得到提升，就在于他工作干得好。

Theory is valuable *because it can provide a direction for practice.*

理论之所以有价值，是因为它能给实践指明方向。

（三）可译为 not...because 结构

当 because 引导的原因状语从句的主句中谓语为否定式时，有时可以按正常的语序翻译，即 not 否定其后动词。例如：

He *did not* come to the class this morning *because he was sick.*

今早他没有来上课，因为他病了。

Women in some Islamic countries *do not* vote *because they have no right to.*

一些伊斯兰国家的妇女不参加选举，因为她们没有选举权。

但是，有时 not 不否定谓语，而是否定 because 本身。所以，翻译时应把主句译成肯定，从句译成否定。例如：

The engine *didn't* stop *because electricity was off.*

并不是因为停电机器才停止运转。

I *don't* teach *because teaching is easy for me.*

我之所以教书并不是因为教书对我来说太容易。

The vehicle *did not* stop running *because the fuel was finished.*

车子停止运行，不是因为燃料用完。

These rings are *not* valued *because they are set with precious stones.*

这些戒指的价值并不在于它们镶有宝石。

三、条件状语从句

英语中连接条件状语从句的连接词常常有：if（如果）、if only（但愿、要是……就好了）、only if（只要）、unless（除非、如果不）、providing that（假如）、in case（如果）、suppose that（假如）、so long as（只要）、on condition that（条件是）等。

（一）翻译在主句前面

If you tell me about it, then I shall be able to decide.

假如你把一切都告诉我，那么我就能够作出决定。

It was better *in case they were captured.*

要是把他们捉到了，那就更好了。

If it were gentle, only the more unstable rods fell. *If it were severe*, they all fell.

如果震动轻微，只有不稳定的木棒倒下，如果震动剧烈，所有的木棒都会倒下。

If Lu Xun were alive, how happy he would be to see the great achievements of New China!

如果鲁迅还活着，看到新中国的伟大成就他会多么高兴啊！

If a free society cannot help the many who are poor, it cannot save the few who are rich.

自由社会要是不能帮助众多的穷人，也就无法挽救少数富人。

The amount of deformation is directly proportional to the applied stress *provided the force does not exceed a certain limit.*

如果外力不超过某一限度的话，那么形变量与外力成正比。

（二）翻译在主句后面，用来补充说明条件

You can sail in the morning *if you are ready.*

你早上就可以出海，如果你准备就绪的话。

During the execution of a contract, *if one party fails to perform the contract and thus bring economic loss to another party*, the latter may ask the former for compensation according to the contract stipulation.

在合同的执行过程中，受损方可根据合同规定要求对方赔偿，如出现一方不能履行合同而造成另一方经济损失的情况。

四、让步状语从句

英语中，表示让步关系的连接词常常有：though（虽然）、although（虽然）、even if（即使）、as（尽管）、while（尽管）、whatever（无论什么）、wherever（无论哪里）、whoever（无论谁）、however（无论怎样）、no matter（不论、不管）、for all that（尽管）、granted that（即使）、in spite of that fact that（尽管）、despite the fact that（不管）等。

（一）译成表示"让步"的分句，如"虽然……但是……，尽管……"等

While we can not see the air, we can feel it.

我们虽然看不见空气，但却能感觉到它。

Granted that you don't like the proposal, you shouldn't have rejected it without consulting others.

即使你不喜欢这个提议，你也不该没有同别人商量就把它驳回了。

The price of our product is still slightly lower than those of competitors *even though it has been increased by 10%.*

尽管我方产品的价格提高了10%，但是与我方的竞争对手相比，还是稍低。

The letter of credit covering your order No. 638 has not reached us yet *though we have made repeated requests.*

尽管我公司一再要求，但是仍未收到贵方编号638订单的信用证。

Although humans are the most intelligent creature on earth, anything humans can do, Nature has already done better.

虽然人类是地球上最聪明的生物，但大自然总会比人更胜一筹。

While industrial lasers today are most often used for cutting, welding, drilling and measuring, the laser's light can be put to a much different use: separating isotopes to produce nuclear fuel.

虽然今天的工业激光器最常用于切割、焊接、钻孔和测量，但激光可以用于与此迥异的用途：分离同位素以生产核燃料。

（二）译成条件句

由no matter引导的从句可以译为以"不论、不管、无论"等做关联词的条件分句。例如：

No matter what I say or how I say it, my little daughter always thinks I'm right.

不管我说什么，也不管我怎么说，我的小女儿总是认为我是对的。

No matter how carefully you move your hand toward a fly, the insect will dart off almost every time.

不管你多么小心翼翼地把手伸向一只苍蝇，差不多每次它都飞走。

五、目的状语从句

英语里常用的连接目的状语从句的连接词有：that（为了、以便）、so that（为了、以

便）、in case（以防、以免）、for fear that（以防）、lest（以防）、in order that（为了）等。

（一）译在主句前面

一般来说，把表示“为了”的目的状语从句通常放在主句前面翻译。

He pushed open the door gently and stole out of the room *for fear that he should awake her.*

为了不惊醒她，他轻轻推开房门，悄悄地从屋里溜了出去。

We should start early *so that we might get there before evening.*

为了傍晚以前赶到那里，我们很早就动身了。

A film can slow down the blossoming *so that students can study the process.*

为了能让学生研究这一过程，电影可以放慢花朵绽放的过程。

There must be device non-linearity *in order that such a phenomenon could be possible.*

为了使这一现象有可能发生，就必须存在器件的非线性。

（二）译在主句后面

表示目的的从句还可以翻译在主句后面，表示“省（免）得”、“以免”、“以便”、“使得”、“生怕”等概念。

He emphasized it over and again, *lest she should forget.*

他反复强调这一点，免得她忘了。

They hid themselves behind some bushes *for fear that the enemy should find them.*

他们躲在树丛后面，以防被敌人发现。

In addition, the cameraman must have a knowledge of composition *so that the arrangement of the people and objects in each shot will produce the desired effect.*

另外，摄影师必须具备合成的知识，以便安排好每个镜头中的人和物来达到预期的效果。

六、结果状语从句

（一）译在主句后面

英语中常见的连接结果状语从句的连词有：so that、so...that、such...that、to such a degree 等，通常可以翻译为“结果、如此……以至于……”，一般可直接翻译于主句之后。

He made a wrong decision, *so that half of his lifetime was wasted.*

他做了错误的决定，结果浪费了自己半生的时间。

The difference is *such that all will perceive it.*

差别这么大，所有的人都看得出来。

（二）译在主句前面

一般情况下，主句中如果含有 never、never so、not so、not such 等否定词，而且其后的结果状语从句是由 but that 和 but what 连接并构成双重否定，我们在翻译的时候，可以译为“如果……不”或者“没有……不”。

She *never* comes *but she borrow.*

她如果不借东西就不来。

She is *not* so old *but that she can read.*

她并没有老到不能读书。

第六节　定语从句的翻译技巧

在英语的各类从句中，定语从句可能是最为复杂的一种。而且由于英语和汉语之间的语法、句法差异以及习惯表达法的不同，在进行定语从句翻译时我们需要特别注意。

英语中，定语从句可被划分为限定性从句与非限定性从句两种，二者在句子中的位置一般处在其所修饰的先行词后面。限定性定语从句与非限定性定语从句的差别在于限定性定语从句对被修饰的先行词有限定制约作用，使该词的含义更具体、更明确。限定性定语从句不能被省略，否则句意就不完整。而非限定性定语从句与先行词关系不十分密切，只是对其作一些附加说明，不起限定制约作用。如果将非限定性定语从句省去，主句的意义仍然完整。

汉语中，定语作为修饰语通常在其所修饰的词前面，并且没有限制意义的强弱之分。因此，限定性与非限定性在翻译中并不是最重要的考虑因素。值得注意的是，英语里常见结构复杂的定语从句，而汉语中定语则不宜庞大复杂。所以，在翻译定语从句时，译者必须考虑到汉语的句法特点和表达习惯。如果英语的定语从句太长，无论是限定性的还是非限定性的，都不宜直接翻译成汉语中的定语成分，而应用其他方法处理。常见的定语从句翻译有以下几种方法。

一、前置法

定语从句的意义是作定语修饰语，特别是当定语从句较短，结构简单，与先行词的关系紧密时，通常把定语从句翻译到所修饰的先行词前面，译成 "……的"。例如：

I have but one lamp in my heart *by which my feet are guided.*

我心中只有一盏指路明灯。

The people *who worked for him* lived in mortal fear of him.

受雇于他的员工们怕他怕得要死。

He had been too proud to acknowledge the fear *that lies at the bottom of his heart*.

他太骄傲了，不敢承认内心深处的那种恐惧。

The emphasis was helped by the speaker's mouth, *which was wide, thin and hard set*.

讲话人那又宽又薄又坚毅的嘴有助于他加强说话的语气。

The sun, *which had hidden all day,* now came out in all its splendor.

被遮蔽了一天的太阳终于又露出了万丈光芒。

He *who has never tasted what is bitter* does not know what is sweet.

没有吃过苦的人不懂什么是甜。

Space and oceans are the new frontier *which scientists are trying to explore.*

太空和海洋是科学家们努力探索的新疆界。

His laughter, *which was infectious*, broke the silence.

他那富有感染力的笑声打破了沉默。

He liked his sister, *who was warm and pleasant*, but he did not like his brother, *who was aloof and arrogant.*

他喜欢热情快乐的妹妹，不喜欢冷漠高傲的哥哥。

The action *it takes at any moment* can't be predicted, and people find that disturbing.

它随时可能采取行动却让人无从预测，这使人们觉得不安。

I was, to borrow from John, the spy *who was to stay out in the cold.*

借用约翰的话来说，我是一个被打入冷宫的间谍。

We were most impressed by the fact that even those patients *who were not told of their serious ill* were quite aware of its potential outcome.

让我们印象深刻的是即便是那些被隐瞒严重病情的病人，也深知其疾病可能带来的潜在后果。

二、后置法

有些定语从句的结构比较复杂，或者与先行词的关系不紧密，如果直接将定语从句翻译在其所修饰的先行词前面，会使汉语的定语太臃肿庞大，不符合汉语表达习惯而且对读者的理解造成了一定的困难。这种情况下，一般可以把定语从句用分译法译成一个句子放在先行词后面，变成并列分句。

（一）译为并列句，重复先行词

由于定语从句的先行词通常在定语从句中充当句子成分，在采用后置法翻译定语从句的时候，可以重复该先行词，也可以用代词进行代替。

She told the secrets to Jean, *who told it to her friends.*

她把秘密告诉了珍，珍又告诉了她的朋友。

Man possesses an expressive faculty that goes far beyond gestures, *that allows and even compels him to express his thoughts, feelings, dreams, and intuitions.*

人类所具有的表达能力远远比手势丰富得多，这种能力不仅使人能够自主和不自主地把他的思想、感情、梦想和直觉表达出来。

Carrie reached home in high good spirits, *which she could scarcely conceal.*

嘉莉兴高采烈地回到家，脸上挂着掩饰不住的喜悦之情。

Although he lacks experience, he has enterprise and creativity, *which are decisive in achieving success in the area.*

尽管他经验不足，但很有进取心和创造力，而这正是在这一领域取得成功的决定性因素。

You, *whose predecessors scored initial success in physical research*, have acquired greater achievements in this respect.

你们的先辈在物理研究方面取得了初步的成功，而你们则在这一领域获得了更大的成就。

（二）译为并列句，省略先行词

在保证译文流畅并完整的前提下，用后置法翻译定语从句时，先行词不必重复翻译出来。

They invented a new production system *by which efficiency has now been rapidly increased.*

他们发明出一种新的生产系统，采用之后效率已迅速得到提高。

The hearts are subjected to several diseases *which are treatable by surgery*.

心脏易受几种疾病的侵袭，但均可经手术治疗。

The four key negotiators resumed their talks, *which continued well late into the night.*

四个负责人继续谈判，一直进行到深夜。

It is he who received the phone call *that announced the successful merger*.

是他接到电话，宣布公司并购成功。

三、融合法

融合法是把定语从句和它所修饰的先行词结合在一起翻译，融合成一个简单句。翻译时先对先行词进行适当的概括总结，形成主语，再将定语从句译成单句中的谓语部分。由于限定性定语从句与主句关系较紧密，所以融合法多用于翻译限定性定语从句，尤其是“there be”结构带有定语从句的句型。

I received the impression of a brutal, clever, competent man *who, in business matters, at all events, would be pitiless.*

我对这个人的印象是又冷酷又精明能干。这种人在生意上都很绝情。

She was a tall girl with the oval face, straight nose, fine eyes and full mouth *that appeared to be characteristics of the family*.

她身材高挑，椭圆形脸，直鼻梁，眉清目秀，嘴唇丰满，这些都是她家族的特征。

He paid that peculiar deference to women *which every member of the sex appreciates*.

他对女性殷勤，这种做法每个女人都赏识。

四、译成状语从句

限定性定语从句和非限定性定语从句有时兼有状语从句的职能，可以表示时间、条件、原因、让步、目的、结果等关系，翻译时可调整成并列分句、独立句和状语从句这几种形式。翻译时应先分析其逻辑关系，再选择相对应的复合句结构。例如：

She insisted on buying a swimming suit *which she had no use for*.

她虽然用不上，但仍坚持买一件游泳衣。

如果我们把上面的例子直译成“她坚持买一件她用不着的泳衣”或“她坚持买一件泳衣，这泳衣她不用”，显然是不通顺的，问题就在于这两句译文是套用定语词组和并列分句形式而译，因此我们在汉译中添加了表示让步的连词，将定语从句译成状语从句，既通顺又符合原句本意。

下面我们从六个方面来看定语从句译成状语从句的技巧。

（一）因果关系

After work, I immediately went to the French restaurant *where my eldest daughter's birthday party was going to be held.*

一下班，我就立即去了那家法国餐厅，因为我的大女儿的生日聚会马上就要开始了。

She selected the diamond ring rather than the gold one *which is much cheaper than the former.*

她选择了那个钻石戒指，因为这个比那个金戒指值钱多了。

（二）结果关系

Copper, *which is used so widely for carrying electricity,* offers very little resistance.

铜的电阻很小，因此被广泛用于电力输送。

This kind of plant grows best in the tropical area, *where there are enough sunshine and suitable temperature.*

这种植物最为适宜在热带地区生长，因为在那里有充足的阳光和适宜的温度。

School programs will be much more responsive to what the child is capable of thinking, *which will minimize over-challenge and under-challenge.*

学校的课程将会更加适合学生的思考能力，从而减少课程过难或过于容易的现象。

Each course which a student attends gives him a credit *which he may count towards a degree.*

学生所上的每门课都将给他一个学分，当学生把所得学分累加到一定数量就可以获得一个学位。

（三）目的关系

Humans have the ability to modify the environment *in which they live, thus subjecting all other life forms to their own peculiar ideas and fancies.*

人类有能力改变自己的生存环境，从而使所有其他生命形态服从人类自己独特的想法和想像。

The new Republican Congress may be asked next year to underwrite a shift in the emphasis of foreign aid *which would bring Pakistan into global defense system.*

明年新的共和党国会可能会被要求批准调整对外援助的重心，从而将巴基斯坦纳入全球防御系统。

（四）让步关系

Electronic computers, *which have many advantages,* cannot carry out creative work and replace man.

虽然电子计算机有很多优点，但它们不具备开展创造性工作的能力，因此无法代替人类。

The consequences of their actions, *which have yet aroused too much trouble and disapproval,* have nevertheless given us a pause.

他们行为的后果，虽还未引发太多的麻烦和反对，却已经使我们举棋不定。

（五）条件关系

In a dispute between two states *with which one is friendly*, try not to get involved.

在两国发生争端时，如与该两国皆友好，则应避免卷入。

（六）转折关系

Actually, it isn't, because it assumes that there is an agreed account of human rights, *which is something the world does not have.*

事实并非如此，因为这是以人们对人权有共同认识为基础的，而在当今世界这种共识并不存在。

五、复杂的定语从句

（一）如果先行词和定语从句之间有插入成分，并对整个句子起附加说明的作用，宜将其提前翻译

The old schedule is filled with too many unnecessary visits and welcome parties, in conclusion, *which are not at all time and cost effective.*

总之，旧的行程里安排了太多没有必要的访问和欢迎宴会，既费时又费财。

（二）as 引导的定语从句一般放在先行词之前翻译，可译成"像……那样"

While egg-snatching is much noted, it is not as widely spread behavior among jays *as it was once thought to be.*

虽然这种偷蛋的行径是出了名的，但是他们这种行为在北美蓝松鸦里没有过去想像中的那样普遍。

（三）如果先行词和定语从句间有介词短语作状语成分，翻译时可将较长的定语从句译成独立分句，短的定语从句可提到中心词前面翻译

Thus there are times during a snowstorm *when the temperature will suddenly drop and the snow will change to sleet and hail.*

这样，在暴风雨期间，有时气温突然下降，雪会变成冰雨和冰雹。

第七节　长句的翻译技巧

一般来说，英语中长难句的出现和英语中短语以及并列和从属分句的大量使用密切相关，这些长句不但可以造成理解上的失误，其复杂的结构还可能使译者难以理清头绪并导致表达上的困难。

一、长句翻译前的分析

为了翻译好一个长句，我们可以先对该长句进行语法和语篇分析，即根据上下文的语义首先找出句子的主干（主语、谓语、宾语），然后确定枝叶成分（状语、定语等）。具体操作过程为：首先找出全句的主语、谓语和宾语，从整体上把握句子的结构；然后找出句中所有的谓语结构、非谓语动词、介词短语和从句的引导词；再分析从句和短语的功能，例如，是否为主语从句、宾语从句、表语从句等，若是状语，它是表示时间、

原因、结果、还是表示条件等；进而分析词、短语和从句之间的相互关系，例如，定语从句所修饰的先行词是哪一个等；最后注意插入语等其他成分以及句子中是否有固定词组或固定搭配。具体分析流程可参照下面例句：

例 1：But now it is realized that supplies of some of minerals are limited, and it is even possible to give a reasonable estimate of their “expectation of life”, the time it will take to exhaust all known sources and reserves of these materials.

该句的骨干结构为：It is realized that... it 为形式主语，that 引导着主语从句以及并列的 it is even possible to...结构，其中，不定式作主语，the time...是“expectation of life”的同位语，进一步解释其含义，而 time 后面的句子是它的定语从句。五个谓语结构，表达了四个层次的意义：（1）可是现在人们意识到；（2）其中有些矿物质的蕴藏量是有限的；（3）人们甚至还可以比较合理地估计出这些矿物质“可望存在多少年”；（4）将这些已知矿源和储量消耗殆尽的时间。

那么根据以上分析，我们可以将该句翻译为：

可是现在人们意识到，其中有些矿物质的蕴藏量是有限的，人们甚至还可以比较合理地估计出这些矿物质“可望存在多少年”，也就是说，经过若干年后，这些矿物的全部已知矿源和储量将消耗殆尽。

例 2：For a family of four, for example, it is more convenient as well as cheaper to sit comfortably at home, with almost unlimited entertainment available, than to go out in search of amusement elsewhere.

该句的骨干结构为：It is more... to do sth than to do sth else. 这是一个比较结构，而且是在两个不定式之间进行比较。该句中共有三个谓语结构，它们之间的关系为：it is more convenient as well as cheaper to...为主体结构，但 it 是形式主语，真正的主语为第二个谓语结构 to sit comfortably at home, 并与第三个谓语结构 to go out in search of amusement elsewhere 作比较。句首的 for a family of four 作状语，表示条件。另外，还有两个介词短语作插入语：for example、with almost unlimited entertainment available, 其中第二个介词短语作伴随状语，修饰 to sit comfortably at home。

那么根据以上分析，我们可以将该句翻译为：

譬如，对于一个四口之家来说，舒舒服服地在家中看电视，就能看到几乎数不清的娱乐节目，这比到外面别的地方去消遣又便宜又方便。

例 3：The presumption on which human cloning rests is that all these cells, though now specialized, still contain exact copies of the original set of genetic instructions needed to make an entire individual and can do so if a way is found to switch them back on.

该句的骨干结构为：The presumption is that all these cells...contain...genetic instructions... and can do so...其中介词 on 加 which 引导定语从句修饰主语 the presumption; that 从句为表语从句，此表语从句中 contain 和 can do 并列做 all these cells 的谓语；表语从句中又插入一个 though 引导的省略了主语 all these cells 的让步状语从句，补充完整为 though these cells are now specialized; needed to make an entire individual 为过去分词短语做 genetic instructions 的后置定语；并列谓语 can do so 又有 if 条件句修饰。rest on 意为“依赖”。为

避免重复，do so 代替前文提到的 make an entire individual。

那么根据以上分析，我们可以将该句翻译为：

人类克隆赖以存在的假定是：虽然所有的细胞现已全部特化，但却仍然包含有发育为完整个体所需的与母体完全一致的全部遗传指令；如果能找到一个方法使失去作用的部分恢复作用，这些细胞就能发育成为完整的个体。

例 4：Once intimidated by arguments that their children would feel more at home in bilingual classes, and that they might lose their heritage in regular classes, these women have since given voice, loudly and persuasively, to what they know from experience that unless they are fluent in the language of their adopted country, their children will never attend college or land any but the most menial of jobs.

该句的骨干结构为：these women have...given voice...to what they know from experience that...that 从句作 experience 的同位语从句；此从句中又套嵌一个 unless 引导的条件状语从句；Once intimidated by arguments 是过去分词做状语修饰 these women，其施动者 arguments 又有两个 that 引导的同位语从句修饰限定它。intimidated by arguments 意为“被论点搞得惊慌害怕”；feel at home 不能直译为“感到在家”，而应译为“感到自在”；give voice to 意为“表达，表露”；land jobs 译为“找到工作”。

那么根据以上分析，我们可以将该句翻译为：

有人说，孩子们在双语课堂里会感到更加自由自在，而在正规班级会丧失其传统文化。这几位母亲曾被这一论点搞得惶恐不安，现在发表了最响亮、最有说服力的意见。从她们自身的经验中，他们深知：如果孩子们不熟练掌握他们所移居国家的语言，除了那些最简单的体力活儿外，根本谈不上上大学，也谈不上找到理想的工作。

例 5：His famous will, in which he left money to provide prizes for outstanding work in Physics, Chemistry, Physiology, Medicine, Literature and Peace, is a memorial to his interests and ideals.

这个长句是由一个主句 His famous will is a memorial to his interests and ideals 和一个非限制性定语从句组成。由于主句被从句分成两半，如果按照原文顺序翻译，势必造成主句信息的割裂。我们可以把从句的信息挪到后面去，即先翻译主句，然后处理从句。

那么根据以上分析，我们可以将该句翻译为：

他那著名的遗嘱是对他的爱好和理想的纪念。在遗嘱里他留下钱，为在物理学、化学、生理学、医学、文学与和平方面的杰出成就提供奖金。

例 6：Then when Pug first returned to Grunewald house, the art museum director who lived next door, a vastly learned little dark man named Dr. Baltzer, rushed over, dragging a lame leg, to offer his neighbor a drink and to chat about the imminent British collapse.

该句的状语从句位于句首表示时间，和汉语表述相一致，可按顺序译出。主句主语 the art museum director 后面跟一个定语从句，句子较长而且起的是补充说明的作用，所以可以拆开另译为一句，置于主句之后。

那么根据以上分析，我们可以将该句翻译为：

帕格一回到绿林区自己的住宅，那美术馆馆长马上拖着一条残废的腿跑了来，邀请邻居喝一杯，同时谈起英国的覆灭迫在眉睫。这位博士馆长就住在隔壁，名叫芭泽尔。他学问渊博，身材矮小，肤色黝黑。

二、英语长句的翻译技巧

英语习惯于用长的句子表达比较复杂的概念，而汉语则不同，常常使用若干短句，作层次分明的叙述。因此，在进行英译汉时，要特别注意英语和汉语之间的差异，将英语的长句分解，翻译成汉语的短句。在英语长句的翻译过程中，我们一般采取下列方法。

英语长句汉译时，一般可采用以下几种方法：包孕法、切断法、拆译法、倒置法、重组法和插入法。

（一）包孕法

包孕是指在把英语长句译成汉语时，把英语后置成分（包括各种词组或从句）按照汉语的正常语序放在中心词（即被修饰成分）之前，使修饰成分在汉语句中形成前置包孕。但修饰成分不宜过长，成分也不宜过于复杂，否则会形成拖沓或造成汉语句子成分在连接上的混乱。例如：

In 1970, he was placed under house arrest *when he refused to use massive force in suppressing worker riots on the seacoast.*

1970 年他因拒绝使用武力大规模镇压沿海城市的工人骚乱而被软禁。

Congress has made laws requiring most pressure groups to give information *about how much they spend and how they spend it, the amount and sources of funds, membership, and names and salaries of their representatives.*

国会已制定法律，要求大部分压力集团呈报他们花费了多少钱、怎样花的、款项的总额以及来源、成员人数、代表的姓名和薪金等情况。

The General Assembly may establish such subsidiary organs *as it deems necessary for the performance of its function.*

大会得设立其认为于行使职务所必需之辅助机关。

This is no class war, but a war in *which the whole British Empire and Commonwealth of Nations is engaged, without distinction of race, creed, or party.*

这不是一场阶级之间的战争，而是一场不分种族、不分信仰、不分党派，整个大英帝国及英联邦全体成员国无不参加的战争。

（二）切断法

切断法基本上是按英语句子的语序把英语长句“化整为零”，也就是在语句的连接处，如使用关联词语处、并列或转折处、后续成分与主体连接处等，以及按意群将长句断开译成若干汉语分句。

The fourth edition of *the Diagnostic and Statistical Manual of Mental Disorders* says “pathological gambling” involves persistent, recurring and uncontrollable pursuit *less of money than of the thrill of taking risks in quest of a windfall.*

《精神错乱诊断与统计手册》第四版写道：“病态赌博”是一种持续反复并难以控制的行为，与其说是追求金钱，倒不如说是为了寻求冒险博取横财的刺激。

A small step has been taken *in the direction of a national agency with the creation of the Canadian Coordinating Office for Health Technology Assessment*, funded by Ottawa and the provinces.

渥太华和一些省出资成立了加拿大医疗技术评估协作办公室，这意味着向成立全国性机构的目标迈出了一小步。

Human beings have distinguished themselves from other animals, and in doing so ensured their survival, *by the ability to observe and understand their environment and then either to adapt to that environment or to control and adapt it to their own needs.*

人类把自己和其他动物区别开来。与此同时，人类还具有观察和了解周围环境的能力。他们要么适应环境，要么控制环境，或根据自身的需要改造环境。人类就这样一代代地生存下来。

（三）拆译法

所谓拆译法就是将英语句子中有些成分（词、词组或从句）从句干中拆出来另行处理，或置于句首，或置于句尾，以利于句子的总体安排。常见的情况是英语长句中某些成分很难用切断式顺译，也很难将它们包孕在句中，切实可行的办法是将它们拆开，放到句中的合适位置，以免造成行文上的梗阻。

1. 拆译单词

A cold that rapidly grew worse caused his *unlamented* return to Paris.

他的感冒愈来愈厉害，只好返回巴黎去了。但对他的离去，谁也没有感到遗憾。

Characteristically, Tedder concealed his feelings and watched and learned.

特德没有表露自己的感情，只是察言观色，心领神会。这是他的特点。

2. 拆译词组或插入成分

The foreign visitors watched *in a fascinated manner* the tournament held in Beijing, which exhibited a superb performance in smash service, twist service, steady service, high drop and killing and ended in a draw.

外宾观看了在北京举行的这场锦标赛。在比赛中双方在发扣球、旋转球、平稳球、吊球和扣杀方面技术都十分精湛，最后打成了平局。外宾们都看得入迷了。

There is a tide in the affairs *not only of men but of women too*, which, taken at the flood, leads on to fortune.

人生在世，有时会走运，抓住时机，就能飞黄腾达。不但男人如此，女人也一样。

Although the world economic crises were still lingering, a *large-than-expected* visitors of 8,000 attended the 110th China Import and Export Fair.

尽管世界经济危机仍未消散，来参加第 110 届中国进出口交易会的人数竟达 8 000 名之多，这真是出乎意料。

I believe strongly that it is *in the interests of my countrymen* that Britain should remain all active and energetic member of the European Community.

我坚决认为，英国应该继续保持为欧洲共同体中积极而充满活力的成员，这是符合我国人民利益的。

This land, *which once barred the way of weary travelers*, now has become a land for winter and summer vacations, a land of magic and wonder.

这个地方现在已经成了冬夏两季的休假胜地，风光景物，蔚为奇观；而从前精疲力竭的旅游者只能到此止步。

（四）倒置法

倒置法是指在翻译英语长句时将其断成若干短的句子，然后按汉语习惯表达法进行重新安排，对原文语序进行全部或局部的变换，结果译句中各分句的顺序可能恰恰与原文顺序相反。

1. 部分倒置

It is extraordinary that in all the years the British colonised Egypt they never got to know the real people of Egypt.

英国人在埃及殖民统治的岁月这么长久，而对真正的埃及人民却不愿了解，这是颇不寻常的。

2. 完全倒置

Insects would make it impossible for us to live in the world; they would devour all our crops and kill our flocks and herds, if it were not for the protection we get from insect-eating animals.

如若没有那些以昆虫为食的动物保护我们，昆虫会吞噬我们所有的庄稼，害死我们的牛羊家畜，使我们不能生存于世。

（五）重组法

重组法指在进行英译汉时，为了使译文流畅和更符合汉语叙事论理的习惯，在弄清英语长句的结构、弄懂英语原意的基础上，彻底摆脱原文语序和句子形式，对句子进行重新组合，也就是以各部分之间的时间、逻辑等关系为依据把长句译为若干小分句。这样就摆脱了原文语序和句子形式的约束，能使译文流畅、自然、富有文采。但由于译者在翻译时在一定程度上摆脱了原文的束缚，使得细节上的疏漏（时态、语态等）很容易出现。

The poor are the first to experience technological progress as a curse which destroys the old muscle power jobs that previous generations used as a means to fight their way out of poverty.

对于以往的几代人来说，旧式的体力劳动是一种用以摆脱贫困的手段，而技术的进步则摧毁了穷人赖以为生的体力劳动。因此，首先体验到技术进步之害的是穷人。

The big problem of comprehension of the English text and *the bigger problem of* how to express it in rich, present-day Chinese which ranges from the classical to the colloquial both have to be solved in the course of translation.

了解英语原意是一个大问题，现代汉语既然是文言口语兼收并蓄，怎么用这样丰富多彩的文字来表达英文原文是一个更大的问题，这两个问题在翻译中都要得到解决。

Interest in historical methods has arisen *less through* external challenge to the validity of history as an intellectual discipline *and more from* internal quarrels among historians themselves.

人们之所以关注历史研究的方法论，主要是因为史学界内部意见不一，其次是因为外界并不认为历史是一门学问。

Few things could be more impressive than the peace *that descends on deserted city streets at weekends* when the thousands that travel to work every day are tucked away in their homes in the country.（《新概念 3》）

周末，当成千上万进城上班的人回到了他们的乡间寓所之后，空旷的街市笼罩着一种宁静的气氛，没有什么比此时的宁静更令人难忘了。

（六）插入法

插入法是指用破折号、括号或前后逗号将难以处理的句子成分插入译句中。在英译汉中采用插入语，一般有两种情况：一是英语原文有插入语，汉语译文也采用原文的做法；二是英语原文没有插入语，但附加成分多，结构复杂，汉语译文中不得不将某些部分用插入法译出。有同位语从句的句子也常常采用此方法。

States and organizations having presented written or oral statements or both shall be permitted to comment on the statements made by other states or organizations in the form, to the extent, and within the time limits which *the Court, or, should it not be sitting, the President,* shall decide in each particular case.

凡已经提出书面或口头陈述或两项陈述之国家及团体，对于其他国家或团体所提之陈述，准其以法院或院长（在法庭不开庭时）所定关于每案之方式、范围及期限，予以评论。

练习 Exercises

一、翻译下列句子，注意正反表达转换技巧的使用

1. Do you know why she is always trying to avoid you?
2. Her husband hates to see her stony face.
3. A person who does a regrettable action is often regretful afterwards.
4. The naughty boy is far from honest and his excuse is pretty thin.
5. You have roused my curiosity. And now you must gratify it.
6. Appearances are often deceptive.
7. At the news of his father's death, he remained quiet for several days.
8. I adhered to all the courtesies I had been taught. This frustrated my son to no end.
9. You can't be too careful.
10. We could not be more mistaken.
11. The United Nations Organization has not, so far, justified the hopes which the people of the world set on it.
12. For three weeks I held both jobs, working from eight in the morning until midnight. Never in my life have I been happier.
13. The agency enjoys an international reputation for impartiality.

14. She came into the room with no shoes on.

二、翻译下列句子，注意语态转译

1. The sun and the earth are in a great group of stars; it is called the galaxy.
2. The γ-rays are not affected by an electric field.
3. The finished products must be carefully inspected before delivery.
4. Other processes will be discussed briefly.
5. The atomic theory was not accepted until the last century.
6. I was possessed by the very novelty of what I did.
7. Premier Zhou is respected and loved by the people of the whole country.
8. The laws of motion will be discussed in the next article.
9. It need not be said that all factors must be taken into consideration.
10. If this suggestion is accepted, it should not be considered as a precedent.
11. A program called a compiler was written by an expert in machine code and is stored in the computer.
12. Therefore, when we are received with so much honor and so much kindness in this great country I believed that the People's Republic of China is doing a very significant thing.
13. Many basins were formed by the subsidence of the earth's crust.
14. Rainbows are formed when sunlight passes through small drops of water in the sky.
15. Energy is defined as the ability to do work.
16. A melody is heard, played upon a flute. It is small and fine, telling of grass and tree and the horizon. The curtain rises.
17. When water falls a great distance, energy is known to change from potential to kinetic.
18. There are some kinds of rays from the sun which could burn us to death if we were not protected from them.
19. Not the plain white ones which he wore in the evening, because they were all alike, but the colored socks that were supplied to him by an English haberdasher in Paris.
20. As oil is found deep in the ground its presence cannot be determined by a study of the surface. Consequently, a geological survey of the underground rocks structure must be carried out. If it is thought that the rocks in a certain area contain oil, a "drilling rig" is assembled.

三、翻译下列句子，注意分句译法与合句译法的使用

1. Unrealistically, they had expected some kind of miracle to happen.
2. But, occasionally, through haste or carelessness, mistakes were made, so that at the end of the business day one teller would be short on cash, the other long.
3. There is an identifiable cause for her loneliness.

4. He stalked away, but with a gnawing uncertainty his breast.

5. He nodded his head and his mouth opened, then closed in shyness.

6. The inside of each tent depended on the personality of its occupants.

7. She sat with her hands cupping her chin, staring at a corner of the little kitchen.

8. Sunrays filtered in wherever they could, driving out darkness and choking the shadows.

9. But they had become nomads of the desert, living on the ground and under the sky, and they loved it.

10. The station chief would have to be close to the director, a member of the inner circle.

11. Doctors and men both talked about a miracle drug constantly almost with awe.

12. The answer had been there all of the time just out of reach.

13. She had made several attempts to help them find other rental quarters without success.

14. The ample yard in back is dominated by heavily bearing fruit trees.

15. He wanted to tell John how surprised he was at his knowledge but embarrassment made him hold his peace.

16. His father had a small business in the city of Pisa. This city is in the north of Italy near the sea.

17. It was half past ten. Sarie watched the path anxiously.

18. That was long ago. A very long time ago. Almost 30 years ago.

19. He would miss many things and many people. He would miss Celia.

20. When I negotiate, I get nervous. When I get nervous, I eat.

21. From Florence the river Arno ran down to Pisa, and then it reached the sea.

22. It was an LST, and it was already nearly loaded with trucks and armored cars.

23. It was in mid-August, and the repair section operated under the blazing sun.

四、翻译下列句子，注意名词性从句的翻译方法

1. What matters is whether you have tried to finish the task.

2. What makes me surprised is that so many people broke the world record with efforts.

3. What makes me happy is that I was admitted to Fudan University, which I dreamed of.

4. That he once came to China made all the people present very excited.

5. Whether he robbed the bank remains to be investigated further.

6. Whether the sports meeting will be held tomorrow depends on what the weather is like.

7. The reason why he didn't attend the meeting was that he had been caught in a traffic jam.

8. The reason why my mother was sad was that she lost a bag, containing many important files.

9. The reason he explained at the meeting was that someone neglected his duty.

10. That is how he deals with it, which made me worried.

11. Doctors gradually realized that the environment in the hospital is important to the

recovery of diseases.

12. He felt that artists had lost their place in modern society and that art should be enjoyed by a larger audience.

13. As students, we should pay more attention to what teachers said and make full use of what we have.

14. Whether we begin the experiment depends on whether we have enough money.

15. The difficulty lies in the fact that attitudes towards the population growth vary from country to country.

16. Please give the prize to whoever comes first.

17. When children grow up, they should be encouraged to do whatever housework they can do.

18. More and more college students are faced with the fact that it is very hard to find a suitable job.

19. The reason why he became short-sighted was that he often kept reading books for 4 to 5 hours.

20. There is no doubt that the government will take measures to prevent the disease from spreading.

21. Whether the meeting will be held as planned hasn't been decided yet.

22. The reason why she was late was that she had to take care of her sick sister.

23. That China joined WTO is not only a great challenge but also a good opportunity.

24. It is reported that so far 91 children have died in the flood.

25. Human beings have to accept the fact that because of the green house effect, the climate over the earth is becoming warmer and warmer.

26. Why metals can conduct electricity is an interesting problem.

27. When this theory was originally formed is not known.

28. There is no possibility that human beings will ever be controlled by robots.

29. The suggestion that we should develop the natural resources in this region has been discussed.

30. What is the most important thing for us to do is to protect the wild animals which are being threatened with extinction.

五、翻译下列句子，注意状语从句的翻译方法

1. Scarcely had we got to the station before the train left.
2. As soon as she heard the news, she fainted.
3. Hardly had the computer started working when viruses were found.
4. They fell in love the moment they saw each other for the first time.
5. The earth turns round its axis as it travels about the sun.
6. I read a newspaper while I was waiting.

7. The first two must be equal for all who are being compared, if any comparison in terms of intelligence is to be made.

8. New forms of thought as well as new subjects for thought must arise in the future as they have in the past, giving rise to new standards of elegance.

9. If the small hot spots look as expected, that will be a triumph for yet another scientific idea, a refinement of the Big Bang called the inflationary universe theory.

10. While there are almost as many definitions of history as there are historians, modern practice most closely conforms to one that sees history as the attempt to recreate and explain the significant events of the past.

11. If, like most of mankind, you have strong convictions on many such matters, there are ways in which you can make yourself aware of your own prejudice.

12. Every time you try to answer a question that asks why, you engage in the process of causal analysis—you attempt to determine a cause or series of causes for a particular effect.

13. While not every scientific fact is a numerical one, nor every scientific theory a predictor of numerical magnitudes, so many are that we cannot conceive of modern science without the process of measurement.

14. Where it is dry so much of the time that few plants can live, the destructive waters have their own way when the occasional rains come.

15. Whatever its underlying reasons, there is no doubt that much of the pollution caused could be controlled if only companies, individuals and governments would make more efforts.

16. Now, commercial farmers have become increasingly specialized so that almost everything consumed on most farms is now bought from outside sources rather than home-grown.

17. Since most TV "action-adventure" dramas occurs in urban settings, the fear they inspire may contribute to the current flight of the middle class from our cities.

18. Although at first sight the legislation appears to obstruct what might otherwise be a simple process, it actually exists to facilitate the purchase, while protecting the creditors (so far as company law is concerned).

19. While there can be no question of considering education in isolation from science, technology, culture and information, as a social practice that may involve all the members of society in one way or another, education has its own characteristics.

20. Lifts stopped working, so that even if you were lucky enough not to be trapped between two floors, you had the unpleasant task of finding your way down hundreds of flights of stairs.

21. Business is pretty slack, to begin with, and then I am fixing up a little house for Ned and Ruth, when they are married.

22. When reports came into the zoo that a wild puma had been spotted forty-five miles south of London, they were not taken seriously.

23. I was just about to make my little bow of assent, when the meaning of these last words sank in, jolting me out of my sad reverie.

24. Sometimes this fall, if all goes well, a revolutionary new undersea vessel will be lowered gently into the waters of Monterey Bay for its maiden voyage.

25. When winds blow particles against a large rock for a long time, the softer layers of the rock are slowly worn away.

26. One must sow before one can reap.

27. Before manned spacecraft could be sent to space, the problem of getting the spacecraft safely back to earth had to be solved.

28. Not until we have detailed studies of the present movement of traffic and have a clearer idea of how many people wish to travel, where they want to go, at what time of day and how quickly—not until then can we begin to plan a proper transportation system for the future.

六、翻译下列句子，注意定语从句的翻译方法

1. There is a girl downstairs who wants to see you.

2. There are many people who are interested in the new invention.

3. What were the hopes and dreams that had made of them the incredibly stubborn warriors?

4. There are those who insist that the era of a computer terminal on every desk is just around the corner, while others insist that traditional teaching methods will never give way to computerized instruction.

5. It has long been my wish to encounter one of the oldest civilizations in earth. I have come amidst you from Egypt, on the banks of the Nile, which also has a most ancient civilization.

6. You've given Feldstyn, who dislikes me any how, the chance he was waiting for.

7. The last bits and pieces of interplanetary debris from which Earth formed were just arriving.

8. All commercial communication satellites, which began to be launched in 1965, are now designed for use in geosynchronous orbits.

9. World War II was, however, more complex than World War I, which was a collision among the imperialist powers over the spoils of markets, resources and territories.

10. One explanation for the pig-eating taboo is that pork that is not cooked sufficiently may spread a disease called trichinosis.

11. But even more important, it was the farthest that scientist had been able to look into the past, for what they were seeing were the patterns and structures that existed 15 billion years ago.

12. Even a skilled writer probably could not describe all the features that make one face different from another.

13. Yet no such effect had been detected in any of the ingenious and delicate experiments that physicists had devised: the velocity of light did not vary.

14. You compare her with your English women who wolf down from three to five meat meals a day; and naturally you find her a sylph.

15. He saw in front that haggard white-haired old man, whose eyes flashed red with fury.

16. When she was lost to his view, he pursued his homeward way, glancing up sometimes at the sky, where the clouds were sailing fast and wildly.

17. His wife, Betty, is a Shanghai-born Chinese who left China at the age of eight, and whose book, *Eight Moon*, tells of her sister Sansan's life in China.

18. As brighter areas of the image eject more electrons than the darker or shaded portions, an electronic image is produced in which varying degrees of positive charge duplicate light intensities seen in the scene being pictured.

19. At dinner I found myself placed between Mrs. Bradly and a shy drab girl who seemed even younger than others.

20. A writer—in fact every one of us in life—needs that loving-mother force from which all creation flows.

21. He unselfishly contributed his uncommon talents and indefatigable spirit to the struggle which today brings them (those aims) within the reach of a majority of the human race.

22. They are striving for the ideal which is close to the heart of every Chinese and for which, in the past, many Chinese have laid down their lives.

23. They would have had to live the rest of their lives under the stigma that he had recklessly precipitated an action which wrecked the Summit Conference and conceivably could have launched a nuclear war.

24. I told the story to John, who told it to his brother.

25. Kissenger and his small group of aides toured the Forbidden City, where the Chinese emperors had once lived in lofty splendor.

26. The cook turned pale, and asked the housemaid to shut the door, who asked Brittles, who asked the tinker, who pretended not to hear.

27. The Greeks assumed that the structure of language had some connection with the process of thought, which took root in Europe long before people realized how diverse languages could be.

28. Another popular spectator sport, which is known as the sport of kings, is horse-racing, which is controlled by the Jockey Club.

29. Attending services at the Cathedral of Pisa, he found himself watching a swinging chandelier, which air currents shifted now in wide arcs, now in small ones.

30. Prior to the twentieth century, women in novels were stereotypes of lacking any features that made them unique individuals and were also subject to numerous restrictions

imposed by the male-dominated culture.

31. Aluminum remained unknown until the nineteenth century, because nowhere in nature is it found free, owing to its always being combined with other elements, most commonly with oxygen, for which it has a strong affinity.

32. The number of the young people in the United States who can't read is incredible about one in four.

33. Television, it is often said, keeps one informed about current events, allow one to follow the latest developments in science and politics, and offers an endless series of programs which are both instructive and entertaining.

34. Taking his cue from Ibsen's *A Doll's House*, in which the heroine, Nora, leaves home because she resents her husband's treating her like a child, the writer Lu Xun warned that Nora would need money to support herself; she must have economic rights to survive.

35. That sex ratio will be favored which maximizes the number of descendants an individual will have and hence the number of gene copies transmitted.

36. With the conclusion of a burst activity, the lactic acid level is high in the body fluids, leaving the large animal vulnerable to attack until the acid is reconverted, via oxidative metabolism, by the liver into glucose, which is then sent (in part) back to the muscles for glycogen resynthesis.

37. Although Gutman admits that forced separation by sale was frequent, he shows that the slaves' preference, revealed most clearly on plantations where sale was infrequent, was very much for stable monogamy.

38. This preference for exogamy, Gutman suggests, may have derived from West African rules governing marriage, which, though they differed from one tribal group to another, all involved some kind of prohibition against unions with close kin.

39. On the whole, such a conclusion can be drawn with a certain degree of confidence, but only if the child can be assumed to have had the same attitude towards the test as the others with whom he is being compared, and only if he was not punished by lack of relevant information which they possessed.

40. Behaviorists suggest that the child who is raised in an environment where there are many stimuli which develop his or her capacity for appropriate response will experience greater intellectual development.

41. This assumption rests on the fallacy of the inherent laziness in human nature; actually, aside from abnormally lazy people, there would be very few who would not want to earn more than the minimum, and who would prefer to do nothing rather than work.

42. Translate the following paragraphs into Chinese:

Please, my dear husband, be so generous as to let me have a little world of my own. If you find me writing on a piece of paper, please don't peep over my shoulders. It may be that I am venting some pent-up feelings which long denied expression, or trying to compose a little poem which is not yet presentable for the time being, or attempting to sketch out something which is visualized form my childhood memories which grows in my mind like rainbow. When I am in such a mood, please leave me alone and let me write as pen dictates.

Don't disturb me, my dear. When I got nostalgic over some old photos or letters which bring tears to my eyes or smiles on my lips, for those were things that had happened to me before I met you, the joys and sorrows, partings and reunions that taste like green olive or glitter like scattered pearls. They are my cherished memories which, readily as I am to share with you, I would like to indulge in by myself for a while.

七、翻译下列句子，注意长句的翻译方法

1. It was the school's responsibility to make good citizens out of the students, and the parents' responsibility to teach the children to read and write.

2. Hilton is building its own hotel there, which you may be sure will be decorated with Hamlet Hamburger Bars, the Lear Lounge, the Banquo Banqueting Room, and so forth, and will be very expensive.

3. Deed and word must match and theory and practice must be closely integrated. We must reject flashiness without substance and every sort of boasting. There must be less empty talk and more hard work. We must be steadfast and dedicated.

4. The technological design of this bed cushion is advanced with novel structure, beautiful shape and various patterns. They are comfortable and convenient to carry.

5. Notice how the cold, colorless men, without ideas and with no other passion but a craving for success, get on in this society, capturing one plum after another and taking the juice and taste out of them.

6. When the quiet hour ends, the TV networks might even be forced to come up with better shows in order to get us back from our newly discovered activities.

7. Now since the assessment of intelligence is a comparative matter, we must be sure that the scale with which we are comparing our subjects provides a "valid" or "fair" comparison.

8. They all seem to look alike (though they come from all over)—lean, pointed, dedicated faces, wearing jeans and sandals, eating their buns and bedding down for the night on the flagstones outside the theatre to buy the 20 seats and 80 standing room tickets held for the sleepers and sold to them when the box office opens at 10:30 a.m.

9. In general, the tests work most effectively when the qualities to be measured can be most precisely defined and least effectively when what is to be measured or predicted can be not well defined.

10. The notion is that people have failed to detect the massive changes which have happened in the ocean because they have been looking back only a relatively short time into the past.

11. For example, they do not compensate for gross social inequality, and thus do not tell

how able an underprivileged youngster might have been had he grown up under more favorable circumstances.

12. It leads the discussion to extremes at the outset: it invites you to think that animals should be treated either with the consideration humans extend to other humans, or with no consideration at all.

13. The rise of anti-happy art almost exactly tracks the emergence of mass media, and with it, a commercial culture in which happiness is not just an ideal but an ideology.

14. Thus it happened that when the new factories that were springing up required labor, tens of thousands of homeless and hungry agricultural workers, with their wives and children, were forced into the cities in search of work, and any work, under any condition, that would keep them alive.

15. As a result of two or three centuries of scientific investigation we have come to believe that nature is understandable in the sense that when we ask her questions by way of appropriate observations and experiments, she will answer truly and reward us with discoveries that endure.

16. These new observational capabilities would result in simply a mass of details were it not for the fact that theoretical understanding has reached the stage at which it is becoming possible to indicate the kind of measurements required for reliable weather forecasting.

17. In the West, before mass communication and literacy, the most powerful mass medium was the church, which reminded worshippers that their souls were in danger and that they would someday be meat for worms.

18. The story of the discovery of what is now generally called the principle of Archimedes, namely that a solid body when immersed in a liquid loses a portion of its weight of the liquid it displaces, has many different versions, of which the following is one.

19. We assumed that there were forces of attraction between molecules which varied rapidly with the distance so that the attraction between molecules that were more than a few ten millionths of a millimeter apart was very small but became considerable when the molecules approached more closely.

20. His function is analogous to that of a judge, who must accept the obligation of revealing in as obvious a matter as possible the course of reasoning which led him to his decision.

21. This need is enshrined in the concept of sustainable development, which means that we must, for the benefit of coming generations, leave enough environmental space so that these generations will be able to address their needs and fulfill their aspirations.

22. Even when we turn off the beside lamp and are fast asleep, electricity is working for us, driving our refrigerators, heating our water, or keeping our rooms air-conditioned.

23. For our purposes we will say e-commerce begins in 1995, following the appearance of the first banner advertisements placed by ATT, Volvo, Sprint and others on Hotwired.com in

late October.

24. Napster.com, which was established to aid Internet users in finding and sharing online music files known as *MP3 files*, is perhaps the most well known example of peer-to-peer e-commerce, although purists note that Napster is only partially peer-to-peer because it relies on a central database to show which users are sharing music files.

第四单元

语篇的翻译

教学目标

本单元重点讲解语篇的衔接与连贯及语篇翻译的策略与技巧，使学生充分掌握英汉语篇的基本知识和基本翻译技巧，并对不同类型文体的语言特点和语言风格及语篇结构等进行深入了解，同时介绍几种常见的应用文的文体特点及其翻译技巧。

第一节　语篇的衔接与连贯

何为语篇？胡壮麟先生（1994）认为语篇是指任何不完全受句子语法约束的，在一定语境下表示完整语义的自然单位，它是由一系列连续的话段或句子构成的语言整体，既包括话语（discourse），也包括篇章（text）。语篇可以是一个词、短语或词组，也可以是一个小句，还可以是整篇文章；它可以是一句口号，一支歌曲，一次对话，一副对联，一张便条，一本文稿，一封书信；还可以是一首小诗，一篇散文，一部小说。

李运兴教授（1998）的定义简短而明确：“所谓语篇，即交际功能相对完整和独立的一个语言片段。内容相对完整的文章或著作节选可称为语篇。”

语篇是一个层次体系。它是比词、句和段落更大的语言概念。通常来说语篇是由段落和句子组成，句子内部包含有词组和词。但语篇不是词句和段落无序的结合，而是一个结构完整、功能明确的语义统一体。好的语篇不但需要词句之间在形式上衔接流畅，而且在语义上具备连贯性。所以在动手翻译之前，译者要先认真理解语篇中语句和段落的信息，特别注意具有连接作用的功能词，把这些功能词或短语所表达的不同意念，如条件、让步、因果、转折等忠实地表达出来。

一、语篇的衔接

一篇文章的行文是否清晰流畅，关键在于“衔接”，而“衔接”就是运用适当的语句形式进行“连接”。语篇衔接和语篇一样，是一个语义概念。它指的是语篇中的不同成分和部分之间的比较具体的语义联系。它使由句子串组成的篇章具有连贯性。从总体上说，“衔接”包括文章中段落与段落之间的连接和段落中语句与语句之间的连接。衔接理论从

20 世纪 70 年代兴起至今，对其研究水平最具代表性的是世界著名语言学家、澳大利亚悉尼大学韩礼德教授及其夫人哈桑教授，他们在其合著的《英语的衔接》（*Cohesion in English*）一书中把衔接看作“存在于篇章内部，使之成为语篇的意义关系”（Halliday, 1976）。

在国内对衔接理论研究的代表人物是胡壮麟先生。胡壮麟等人（1994）将衔接关系定义为“把语篇中结构上互不相关，但语义上互相依赖的各个成分联成一体的一种潜能”。根据韩礼德和哈桑的划分，衔接手段大致可分为语法衔接手段（grammatical cohesion）和词汇衔接手段（lexical cohesion）两种。前者又可以包括照应（reference）、省略（ellipsis）、替代（substitution）和连接（conjunction）。国内的陈力（2006）在《语篇理论在 EFL 教学中的应用》一文中用下面的简表总结了语篇衔接手段研究中所涉及的主要方面。

衔接手段	语法衔接手段（结构和逻辑的）	照应：人称照应、指示照应、比照照应等
		省略：名词性省略、动词性省略、小句性省略等
		替代：名词性替代、动词性替代、小句性替代等（引语替代、条件替代、情态替代等）
		连接：加合、转折、因果、时间；详述、延伸、增强等
	词汇衔接手段	重复：连续重复、间隔重复；词、短语、小句等
		同义词，反义词
		上下位词
		搭配

语法衔接指语篇通过照应、省略、替代或连接的配合来联句成篇。词汇衔接指通过词的重复、同义、反义、上下位词、搭配和整体与部分等关系来使语篇语义连贯。韩礼德和哈桑把词汇衔接关系分为两大类：同现关系和复现关系。在同现关系中，词汇链是一种常用的衔接手段。它指作者为围绕某一个主题而配合使用的一系列意义上相互联系的词语。复现关系指语篇中的句子借助重复原词或使用同义词、近义词等其他形式来相互衔接。

由于不同语言的衔接习惯不尽相同，因此，翻译时除了要善于利用衔接线索来解读原文，还要善于依据译语的衔接习惯来构建译文，这样才能达到对等的成篇效果。作为英国翻译理论语言学派的代表人物，卡特福德（1965）在所著的《语言学翻译理论》一书指出，他认为翻译是用一种等值的语言（译语）的文本材料（textual material）去替换另一种语言（原语）的文本材料。译者要在翻译中做到篇章等值（textual equivalence），就必须在译语语篇中努力再现原语语篇的“语篇组织”（texture）。而语篇组织是否成功的一个关键因素就是衔接手段的使用。在翻译过程中，译者通过辨析原语篇中的衔接方式，可以正确认识原语篇的深层含义，这样，要贯彻翻译的忠实性标准也就有了明确的理据。

二、语篇的连贯

连贯指语篇中不同成分之间的语义关联。这种关联或存在于不同句子所含的命题之间，或存在于话语的真正意图之间。连贯是指以信息发出者和接受者双方共同了解的情景为基础，通过逻辑推理来达到语义的连贯。连贯是将一个个词语、句子连成更大的语义结构的一种逻辑机制，它是交际成功的重要保证之一。虽然语篇的衔接性与连贯性属两个不同的概念，但两者在构成语篇时的关系却是非常紧密的。衔接侧重于语篇的有形网络，体现在语篇的表层结构上，即通过语法、词汇和篇章的手段表达的语篇组成部分之间的显性关系；连贯侧重于语篇的无形网络，体现在语篇的深层结构上。

篇章内容是否紧凑很大程度上取决于篇章的连贯性。它一方面通过篇章标示词如连词和副词来取得，更重要的一方面则取决于各概念或命题之间与主题的语义逻辑上的联系。译者只有透彻理解看似相互独立、实为相互照应的句内、句间或段间关系，并在此基础上加以充分表达，才能传达原作的主旨。但由于衔接手段的不同，在英语中连贯的语篇模式在汉语中就可能有欠连贯。一般来说翻译时可以借助连贯标记、信息的合理排列、语篇意向的感知来实现译文语篇的连贯。翻译时除充分利用篇章标示词外，还要特别注意吃透原文，理顺文字底层的联系，译于字里行间，并且要充分注意两种语言在谋篇布局方面的差异，努力再现原文语义结构上的连贯性。

第二节 语篇翻译的策略与技巧

英汉两种语言在文化、语言结构、表述方式等方面存在很大差异，译者在语篇翻译中必须要考虑用符合汉语习惯的方式表达出原文信息。重新表达不仅需要词汇方面的转换，还需采取一些相应的策略对译文的衔接进行重组，从而达到译文的连贯。

除此之外，在处理语篇翻译时，译者还应注意一些宏观策略和微观策略。

首先要对英文语篇作宏观分析。在动笔之前，译者要通读原文若干遍以充分把握原文的主旨，分析出原文的层次及文体特点，且在翻译过程中，应尽力准确无误地再现这些特点，并体会其运用语言的特点和风格。除此之外，译者还必须树立“大语篇观”的思想，即“译者翻译任何语篇时，必须有对该语篇的文化、历史、现状等有较好或者是粗浅的了解；理解正着手翻译的原文的全部，甚至局部、片段时，译者都要运用这一知识，因为所需翻译的原文涉及的有时不只是该短篇文字字面上所涉及的点滴知识，而且还会旁及使用该国文字的国家的上下数百年乃至数千年的文化积淀，以及当前的社会现状”（居祖纯，2000）。

其次，微观策略体现在译者从细节入手，对原文篇章中的段落和章节开展结构分析，了解其逻辑层次。每个段落也可被视为一个相对独立的篇章，一般也具有自己的主题、文体结构和特点，而全部段落的有机组合便构成整篇文章。更为微观的层面是对段落中的句子和词语展开分析和理解。值得译者注意的是，对词语和句子的分析不能脱离段落和篇章这两个大的语言单位背景。译者的分析起始于对语篇主旨及行文层次上的把握，以便为段落分析提供可以参考的背景和理解方向。然后展开对段落的分析，译者需要对段落与段落之间的关系、段落与全篇之间的关系进行反复的思考，直到对全篇的层次认识清楚了才能动笔进行翻译。最后译者要考虑译文的可读性，忠实原文的同时也保持灵活性，确保译文符合译入语表达习惯和文本特点。

翻译策略和技巧体现在篇章的各个层次上，在词与词组层次上主要是解决语义及搭配问题；在词组及句子层次上主要解决信息的解析、组合以及构建问题；而在段落层次上则主要解决句子及句子之间的逻辑连接问题；在语篇层次上，始终把语篇作为一个有机的整体把握，避免见木不见林的错误。

一、衔接

（一）英汉语衔接方式的差异

英语多用连接词对语句进行连接，而汉语则通过意义来完成。英语语法比较严密，重“形合”，多用连接词语（包括连词 and/or/but、副词 thus/however、关系代词或副词 when/that、短语 for example/ in addition 等）连接句子或分句。而汉语则重“意合”，即通过意义来连接而不一定要依赖连接词语。汉语中虽然也有一些连接词，但在表达中较少用或不用连接词。

在语法方面，英语语法是显性的，而汉语语法则属隐性。汉语在表达上富有弹性，许多逻辑关系靠意义来表达，语法处于次要地位。汉语的省略只求达意，不考虑语法。汉语最常用的省略是主语的省略，谓语的省略较少。

英语中的省略多数伴随着形态或形式上的标记，可以从形式上看出，即借助时态标记或情态标记等语法手段将某些动词省略；而汉语则通过原词重复或其他词汇手段来表达意义。英语有词的曲折变化形式，所以名词性替代词有单复数形式的区别，动词性替代词有时态的形式变化。汉语替代的频率低于英语，往往用原词复现的方式来起衔接作用。

（二）衔接的分类

韩礼德与哈桑在合著的《英语中的衔接》（*Cohesion in English*）一书中把衔接届定为“存在于篇章内部，使之成为语篇的内在关系”。在他们看来，有了衔接不一定会有语篇，但是如果没有衔接则一定不会产生语篇。所以衔接是产生语篇的必要的条件。该书将英语的衔接手段归纳为五种：（1）照应（reference）；（2）省略（ellipsis）；（3）替代（substitution）；（4）连接（conjunction）；（5）词汇衔接（lexical cohesion）。其中前四类属于语法衔接手段，后一类属于词汇衔接手段。

照应（Reference）是一种语义关系，它指的是语篇中的一个成分做另一个成分的参照点，即语篇中的一个语言成分与另一个可以与之相互解释的成分之间的关系。照应可以分为人称对照、指示照应和比较照应。英语与汉语在指代衔接手段的运用方面确实存在差异。英语中，为了实现衔接，在某一意义名词出现后，除非是要达到某种修辞效果，一般尽量采用代词指代。这样，一方面避免语篇的累赘、繁复；同时也可以使语篇主题鲜明，读起来逻辑清晰。相比之下，汉语倾向于重复前文出现的名词，或省略主语。

1. 人称代词照应

一般来说，因为汉语倾向于用重复手段，较少使用代词，所以汉语中的人称代词照应可处理为重复和省略。因为英语中的主语一般是不能省的，所以英语倾向于用代词的替代手段。例如：

They sailed well and *the old man* soaked *his* hands in the saltwater and tried to keep *his* head clear.

他们航行得很顺利。**老人**把**双手**浸在咸咸的海水里，并竭力保持**头脑**清醒。

A green caterpillar was slowly crawling out from under the lettuce. *It* was huge, fat, and apparently well-fed. *It* paused in *its* travels to survey the scene. Purple with fury, Henry could barely find his voice.（*A Hard Day in the Kitchen*, Shannon Hodge）

一条绿毛虫正慢吞吞地从莴苣底下爬出来。**那虫子**又大又肥，显然吃得很好，在爬动时还停顿下来查看下周围的环境。亨利气得脸色发青，话都差点说不出来了。

2. 指示代词照应

中英文都使用指示代词获取粘连效果。英语在表达确定的指称时必须有特指限定词，但在汉语中，如果所指对象的确定性在情景语境或上下文中已经非常明确，可以运用零式特指称语，即指代成分前没有特指限定词修饰。在汉语语篇中，“这”和“那”经常与名词连用，以表示所指对象的确定性。在这种情况下，“这”和“那”在功能上相当于英语的定冠词 the。例如：

The old man looked at *the fish* constantly to make sure *it* was true. It was an hour before the first shark hit him.

老人时不时瞧**那条鱼**，以确定**这**是真的。在一个小时以后，第一条鲨鱼袭击了他的小船。

从以上英汉互译的例子中，我们可以发现，代词是现代英语语篇中的重要衔接手段，在某一意义名词出现后，英语中一般使用代词指代前面出现的名词，汉语倾向于重复前文出现的名词，或者省略主语。因而，在英汉互译中我们要注意两种语言在衔接手段使用上的差异，使译文更加符合译入语语篇的行文习惯。

省略（Ellipsis）指某结构中未出现的词语可从语篇的其他小句或句子中找回（胡壮麟，1994）。英语是一种高度形式化、逻辑化的语言，要求句子主谓结构完备；而汉语是以语义为中心，形式为辅助。只要语意表达清晰明了，汉语表述中的句子结构及各个组成部分是否齐全都是可以接受的，甚至与语意无关的成分皆可忽略。因此英语中的省略用的不如汉语中的频繁。英语中有几种省略如名词性省略、动词性省略、分句省略、句法方面的省略和情景方面的省略等。一般来讲，英语译为汉语时，如果原文存在省略现象，需将被省略部分表达出来，以达到语义上的完整。通常省略的部分译者可以通过篇章语境中推知，这就要求在翻译时要考虑全文框架，把握具体语境。例如：

The football player is rolling on the ground *as if hurt* badly in the leg.（中间省略“he is”）

那足球运动员在操场上打着滚**似乎他的腿伤得厉害**。

Though a brother, I was his apprentice and he considered himself my master. He expected the same services from me as he *would from another*; while I thought he asked too much of a brother.（*Three Great Rolls*, Benjamin Franklin）（中间省略“expect”）

虽说是兄弟，可我给他当学徒，他也以我的师傅自居。他要求我和**别人一样干活**，可是我觉得他对亲兄弟这样苛刻也太过分了。

总之，在具体的语篇中译者要采用灵活的翻译策略，使译文符合译入语的语言特点。

替代（Substitution）指用替代形式指代上下文出现的词语，使行文简练流畅。替代可以分为名词性替代、动词性替代和分句性替代。在清晰表达意思的基础上，替代词与被替代词有着相同的结构功能。目的是为了避免重复，同时也是为了衔接上下文。这样不仅能使行文简洁、有力，而且比较符合英语民族的心理习惯，但中文却用替换或省略。

总体上说，英汉两种语言中都存在着起替代作用的词汇系统，翻译时，译者可根据原文中出现的替代词，考虑译入语言的特点，选择相应的词或词语。

1. 名词性替换

英语用代词或某些名词来取代名词词组，如第三人称代词、指示代词、关系代词、连接代词、不定代词和名词，例如 one、enough、half、the same、the kind、the sort、the former、the latter 等；而中文可以省略该名词。例如：

Mary needs a new *dictionary*. She's going to buy *one*.（one 替代 a new dictionary）

玛丽需要一部新字典。她正要去买一**部**。

I am learning *English*, but I don't really like *it*.（it 替代 English）

我正在学习英语，但不太喜欢**学**。

I never met a more interesting man than Mayhew. He was *a lawyer* in Detroit. *He was an able and successful one*. By the time he was thirty-five he had a large and a lucrative practice, he had amassed a competence, and he stood on the threshold of a distinguished career. (*Mayhew*, William S. Naugham)（one 替代 lawyer）

梅休是我见过最有意思的人。作为底特律的一名律师，**他为人能干，事业成功**。35 岁就业务兴旺，收入可观。他真可谓是资产丰厚，前程似锦。

2. 动词性替换

英语中，动词替代是另一种常见的替代衔接手段，利用如 do、do so、do it、do that、do this 等替代动词或替代动词短语或句子结构来代替前文出现的某个动词或动作意义，相当于汉语中的替代动词“干”、“搞”、“弄”和“来”等，使用动词性替换，可以使句子简洁紧凑、生动有力。例如：

He went to the wire on health reform, but you could make the argument that by the time *he did so*, it would have been even riskier for him to accept defeat than to press forward.

他不惜代价地推进医疗改革，但你可能认为**等到他这么干的时候**，接受失败比奋力向前更有风险。

She began nursing her child again, singing a sort of lullaby to him *as she did so*, and giving him a gentle shake at the end of every line.

她再次开始给孩子喂奶，**一边喂着**一边唱着一种催眠曲，唱到每句的末尾，都要把孩子轻轻地摇一下。

3. 从句性替换

英语为了行文简洁，往往使用替换词指代前文出现的某一小句或者某一概念，比如 so 或 not 可用来替换作宾语的 that 从句，if so 或 if no 来替换条件性从句，as 来取代分句的一部分，等等。在翻译时要注意汉语的表达习惯，有时为了使表达正确、清楚，也常常重复其所代替的词语。例如：

And the football club eventually changed its minimum age for footballers to *let him do so*.

这家足球俱乐部最终改变了最低年龄限制，**允许他踢球**。

Are you afraid of fighting them?

No, of course not.

If not, how do you propose to save them without resorting to violence?

你是害怕和他们打架吗？

不，当然不是。

如果不是，你如何建议不诉诸暴力也能救出他们？

连接（conjunction）作为衔接手段，是通过连接性词语的使用使人们了解句子之间的语义联系，并能在逻辑上预判后续分句的语义。韩礼德和哈桑（1976）将连接分为四类：增补（additive）、转折（adversative）、因果（causal）和时间（temporal）。在英译汉时，连词可以根据上下文进行灵活处理，不一定都需要直译，英汉两种语言有相通之处，只要处理恰当，是能够实现译文的连贯的。例如：

When I lived in the countryside as a small child, there were dogs all around, and so I got quite accustomed to them, never thinking of them as anything out of the common. *Nevertheless,* they have since left a most deep impression on me.

我小时候住在农村终日与狗为伴，一点没有觉得狗这种东西有什么稀奇的地方。**但是**狗却给我留下了极其深刻的印象。

I started wondering *why* I refused to run the light. I was not afraid of being arrested, *because* there was obviously no cop around, *and* there certainly would have been no danger in going through it.（*Trust*, Andy Rooney）

我开始纳闷儿**为什么**没闯红灯呢。**当时**旁边肯定没有警察，**又**不用担心被拘留，**而且**即便冒险闯了灯也没什么危险啊。

Though osteoporosis afflicts, for example, about 25 million Americans, most of them women, the disease offers no early symptoms. Usually it is not diagnosed *until* after age 50, *when* a victim suffers a fracture.（*Why the Bones Break*, Anastasia Toufexis）

虽然骨质疏松症困扰着许多患者，仅美国就有2500万人，而且大多是妇女，**但**这种疾病却没有任何早期症状，通常是患者**在**50多岁**时**不幸骨折**后才**被诊断出已经患病。

词汇衔接根据1976年韩礼德与哈桑的定义是指“语篇中某个语项的解释需要依赖（或参照）其中的另一语项”。也就是说语篇中出现的一部分词汇相互之间存在语义上的联系或重复，或由其他词替代或共同出现。衔接是一种语义关系，它和语义系统的其他成分一样，需要通过词汇语法系统来体现。除了上文提到的替换和省略，英语还使用同义词替代、近义词复现和句式变化的方法来避免重复。中文也讲究用词造句的多样化来避免单调、枯燥。

What characterizes almost all Hollywood pictures is their *inner emptiness. This* is compensated for by an outer *impressiveness. Such impressiveness* usually takes the form of a truly grandiose realism.

几乎所有好莱坞电影的特征都是**内容空虚**。**这种空虚**被具有**感染力**的外表所掩盖。**这种感染力**通常以非常宏伟的写实手法表现出来。

Studies serve *for delight, for ornament,* and *for ability.* Their chief use *for delight,* is in privateness and retiring; *for ornament,* is in discourse; and *for ability*, is in the judgment and disposition of business.

读书足以**怡情**，足以**博采**，足以**长才**。其**怡情**也，最见于独处幽居之时；其**博采**也，最见于高谈阔论之中；其**才干**也，最见于处世判事之际。

在英汉翻译过程中，译者要注意英汉两种语言在衔接手段方面的差异，总结经验。只有这样，才能更好地把握译文的逻辑脉络，使译文清晰、连贯，符合汉语表达习惯。

二、连续

连贯性在翻译中起着非常重要的作用。语篇的连贯是指语篇中语义上的相互关联，连贯存在于语篇的底层，通过逻辑推理来达到语义连接；它是将词语、小句、句群在概念、逻辑上合理、恰当地连为一体的语篇特征，体现了语篇中各个成分之间的逻辑关系，也体现了语篇作者的交际意图和预期的语篇功能。Werth（1984）就将连贯视为概括语篇内各种连接关系的上义词和涵盖性术语，包括衔接（cohesion）、搭配（collocation）和关联（connection）。这里衔接手段一般着重指语法、词汇手段的应用，可以说衔接手段运用得当有助于语篇的连贯。实现语篇连贯，通常采用“明显”和“隐含”两种方法。前者与语篇的衔接有关，指运用词汇手段如连接词，后者指信息的合理排列。我们从事翻译学习和工作，最终目标并不是实现字词、句子的对译，而是要给读者提供逻辑清晰，布局合理的译文。因而，把握语篇的连贯对译者来说是极其重要的。例如：

It's lonely at the top. Just ask IBM. While a crowd of Lilliputian competitors is nibbling away at profits by selling “clones” of IBM's personal computers, *larger rivals are teaming up* in an attempt to beat the computer colossus in the profitable software and office-network business.

高处不胜寒，个中滋味，可以请问国际商业机器公司（IBM）。**如今**一群小公司正通过销售 IBM 个人电脑的衍生品，渐渐蚕食着 IBM 的利润。**与此同时，较大规模的竞争对手也正在联合起来**，试图在利润丰硕的软件及办公室网络等业务上，击败这家电脑界的巨擘。

One after another, disclosure spilled out of Enron Corp over the past month: The partnerships hid billions in debt. Years of Enron's reported profits had been exaggerated. *The government was investigating.* Rivals were shunning Enron's energy trading desks, which Mr. Keneth Lay had built into the world's leaders. The stock price tumbled day after day, and credit agencies lowered Enron's ratings once and again on Wednesday, turning the company's debt to junk and its shares into a penny stock.

上个月，公司内幕一桩接着一桩败露出来：合伙公司隐瞒了几十亿美元的债务；多年来安然公司公布的盈利情况夸大不实。**为此，政府正在展开调查**。由首席执行官肯尼斯·雷创下的领先世界的安然能源业务，已经成为同行企业极力回避的对象。安然的股票价格每况愈下。资信评估机构星期三再次降低了安然的信用等级，结果公司的债券成了垃圾，股价也跌至谷底。

We have not lost control of our economy, but every sale arouses the fear of a future of Japanese ascendancy and American decline. The villain is not foreign capital, which we need to meet our budget deficit. The wickedness lies in the profligacy, which has made us depend on foreign money. *The American Esau has sold his birthright* for a mess of consumption, debt and political soft soap.

我们尚未丧失对美国经济的控制，不过任何资产的出售，都引发人们对未来的担忧：担心日本占据优势而美国日渐衰弱。这种局面的罪过不在外国资本；相反，我们需要外国资本来弥补预算中的赤字。祸根在于我们的肆意挥霍，它使我们依赖外国的金钱。**为了眼前的利益，美国的以扫已经卖掉了自己长子的特权**，换来一堆令人困惑的消费、债务和政治上的阿谀奉承。

连贯的译文是翻译的一大目的，译者一定要培养自己对连贯的把握意识。衔接手段是实现译文连贯的基础，但语篇的连贯还要靠作者和译者对读者语外知识储备的把握。只有两方面都做好了，才能真正实现译文的连贯和流畅。

第三节 应用文翻译

一、应用文体翻译的特点及翻译

（一）应用文的文体特点

应用文体突出“实用”，具有对象明确、时间性强、讲求实效、格式固定、语言得体、文字简约等特点。从临时的函电通告到各色的海报启示，都属于应用文体的范围，而常见的应用文体有书信（包括 e-mail）、评论的翻译、出国留学信函、公告、通知、规章、法令、广告、启事、契约、合同、公函、私信等。因为它们固定的格式和明确的交际目的，对于应用文体的翻译不能像翻译小说、散文等纯文学语言形式那样去传达某种思想感情，它是以传递信息为主，且实用性、规范性极强，即要“务实”。这是由它们形式的格式化要求的。这个格式是人们在长期使用中习以为常、约定俗成、自然而然形成的。

（二）应用文的翻译总体策略

应用文的翻译不同于文学翻译，它们具有特有的形式，包括格式、体例等。对已模式化、程式化的格式译者决不应随便更改。按照功能翻译学派的理论，翻译是一种有目的的交际活动，在这一过程中，译者应该根据客户或委托人的要求，结合翻译的目的和译语读者的具体情况，来决定原语文本信息的选择、翻译策略的运用及译文的表现形式，以满足不同文本的功能。

在具体的操作中，很少有文本是只有单纯一种功能的，大部分文本都是以一种功能为主而其他兼而有之。因此，译者必须首先确定一种文本的主要功能，或在同一文本不同部分确定每一部分的语言功能，从而有针对性地采用相应的翻译策略和手法，或忠实传递原文信息，或顾及译文读者，注重译文效果。

二、商贸函电的文体特点及翻译

商务英语源于普通英语，又是普通英语的一种功能变体，是专门用途英语（English for Specific Purposes）中的一个分支，适于商务场合中应用，或者说是一种包含了各种商务活动内容，适合商业需要的标准英文。而这些商务活动包括技术引进、对外贸易、招商引资、对外劳务承包与合同、国际金融、涉外保险、国际旅游、海外投资、国际运输等等，在这些活动中使用的英语统称为商务英语。对于商务英语的译者来说，既要学习英语语言又要学习商务知识；既要知晓商务文化也要了解不同国家、不同地区的人在不同文化背景下的社会文化；既要增强自身的跨文化意识又要提升自身的人文素养。

（一）商贸函电的文体特点

商贸函电指经济贸易活动中的各类信函、电报、电传等。其文体特征主要有：

1. 语言规范性

随着对外贸易的日益频繁，外贸函电的语言越来越规范化，对词、句和篇章甚至和标点符号都有严格要求，并且大量使用固定表达方式，如：amendment（改证）、extend（延期）、insurance（保险）、coverage（险别）、All Risk（综合险）、War Risk（战争险）、beneficiary（受益人）、premium（保险费）等；大量使用国际贸易术缩略词汇，如：FOB（离岸价）、FCL（整箱货）、L/C（信用证）、D/P（付款赎单）；选词规范严谨，如：The packing and wrapping expenses should be borne by the buyer.（包装费应由买方负担。）句中 packing 和 wrapping 是同义词，但在原文中并列使用是为了让语意明确，而翻译时统一译成“包装”一个词。

2. 内容简洁性

商务函电的简洁性是在表达清楚的前提下，使收信人在最短的时间内明白写信人所要传达的意思，而且不会产生误解。信中没有含糊或模棱两可之处，其遣词造句、行文用语和篇章逻辑性强、思路清晰并且结构规范。如前文中写明：Your shipment of our order No. 635 has been found short weight by 230 kilos. 后文中就不可再用 send 或 dispatch 等容易引发对方产生争议和分歧的词汇。

3. 态度礼貌性

在普通英语中，为了表示礼貌一般以 please 构成祈使句或以 will、may、can 开头组成一般问句。商务英语信函更强调礼貌和礼节，除了常见的礼貌用语，如 your kind inquiry、your esteemed order、your consideration 之外，还要体现一种积极合作、尊重体谅的态度，为双方合作成功打好基础。例如：

It would be appreciated if you could quote your prices of CIF Tianjin for computer.

请报电脑的天津到岸价，十分感谢。

We should be obliged/appreciated if you would let us know if the company is reliable repaying debts, and also if they pay promptly.

如果你们能告诉我方，该公司赔偿债务是否可靠以及他们的付款是否及时，我们将不胜感激。

We apologize for any inconvenience you may have been caused.

给你方可能造成的不便，向你们致歉。

4. 格式固定性

国际贸易在长期的发展中，逐渐形成了许多独特的格式和结构，形成了独特的函电文体，具有强烈的商业特点。商务信函一般应具有以下 12 种要素：

- 信头（letterhead）
- 案号（reference）
- 日期（date）
- 封内地址（inside address）
- 注意项（attention line）
- 称呼（salutation）
- 事由栏（subject）
- 信的正文（body of letter）
- 信尾敬语（complimentary close）
- 签名（signature）
- 缩写名、附件及分送标志部分（IEC: initials, enclosures and carbon copies block）
- 附言（postscript）

例如：

KK Kiddie Korner, Inc. November 24th, 2000 日期

Foshan Sweethome Installations Ltd. 2 Xiyue Street Foshan, Guangdong China 封内地址

Dear Sirs, 称呼

We have obtained your name and address from Johnson & Co. Ltd, and we are writing to enquire whether you would be willing to establish business relations with us.

We have been importers of furniture for many years. At present, we are interested in extending our range and would appreciate your catalogues and quotations.

If your prices are competitive we would expect to place volume orders on you.

We look forward to your early reply.

Yours faithfully, 信尾敬语

Tony Smith 签名

Enc: invoice for consulting services 附件

（二）商贸函电的翻译

商务信函以实用性和功能性为其主要目的，较少运用修辞手段，一般不存在语言与文化的差异，所以在翻译时句法结构上不需变动，一般都可以按原句结构进行直译。例如：

We repeatedly requested you by faxes to expedite the opening of the relative letter of credit so that we might effect shipment for the above mentioned order, but after the lapse of 3 months, we have not yet received the covering L/C.

我们已经多次传真要求贵方从速开来有关信用证，以使我们装运上述订单之货。但是三个月过去了，仍未收到有关信用证。

For payment, we require 100% value, confirmed and irrevocable letter of credit with partial shipment and transshipment allowed clause, available by draft at sight, payable against surrendering the full set of shipping documents to the negotiating bank here.

我们要求用 100%金额的、保兑的、不可撤销的信用证，并规定允许转船和分批装运，凭汇票向议付行交单即期付款。

由于商务英语信函准确，因此要求译文准确、严谨、明确。为了确保术语、缩略语、具有商务术语性质的词语以及商务套语翻译的规范性和准确性，翻译时必须采用对应的汉语术语。此外，还须确保事实细节（如日期、数量、金额等）等的准确翻译，不得疏漏。例如：

Please let us have your quotation in USD on the basis of CIF Port Klang including our 5% commission.

请用美元报巴生港到岸价，包括我方 5%的佣金。

The Credit could cover 85% of the local expenses if they are made under the responsibility of the British Contractor and within the limit of the down payments paid on the Contract, i.e.，15% as a maximum.

此项贷款可支付当地费用的 85%。但此项费用必须是英国承包商直接负责支付的，并必须在合同付款的幅度以内，即最高不得超过合同金额的 15%。

翻译时应注意保留原文的文体正式性和委婉礼貌性，对原文情态、礼貌程度、语气和态度应当仔细分析、整体把握并在译文中充分再现。例如：

We are most gratified that you have kindly support us for several years.

In the new millennium, we believe that you will find our new designs more attractive. They should get a very good reception in your market. Once you have had time to study the supplement, please let us know if you would like to take the matter further. We would be very happy to send samples to you for closer inspection. For your information, we are planning a range of classical English dinner services, which should do well in the North American market.

We will keep you informed on our progress and look forward to hearing from you.

贵公司多年来对本公司大力支持，特此致以深切谢意。

在新千年，我们相信贵公司对我们的产品会更有兴趣，也定能吸引顾客选购。烦请参阅上述附页，需查看样本，请赐复，本公司乐意效劳。本公司现正设计一系列款式古典的英国餐具，适合北美市场需求。如感兴趣，亦请赐知。

愿进一步加强联系，并候复音。

汉语商务信函用语和行文都常用文言词语和商务套语。常用的信函词语包括“收悉、承蒙、乞谅、见告、为盼、赐复”等，虽然大多数词语在现今生活中已不多用，但在商务文体中都还很常见。例如：

We greatly appreciate your letter describing the assistance you received in solving your air-conditioning problems. We are now in our fifty year of operation, and we receive many letters like yours indicating a high level of customer satisfaction with our installation.

We are pleased that our technical staff assisted you so capably. We would like you to know that if you need to contact us at any time in the future, our engineers will be equally responsive to your request for assistance. If we can be of service to you again, please let us know.

Thank you again for your very kind letter.

承蒙来信赞扬本公司提供的空调维修工程服务，欣喜不已。五十年前开业至今，屡获客户来函嘉奖，本公司荣幸之至。

欣悉贵公司赏识技术人员的服务，他日苛有任何需要，亦请与本公司联络，本公司定当提供优秀技师，竭诚效劳。

谨谢。

三、广告英语的文体特点及翻译

（一）广告英语（advertising English）的文体特点

广告在我们今天的社会几乎是无孔不入，它的传播介质多种多样，包括报纸、杂志、电视、广播、网络等。广告具有鲜明的目的性，即说服顾客进行购买，这种目的性决定了其语言的特色性风格，使其独立于其他文体。

外国品牌的广告现在越来越常见。如何能将在国外效果良好、大获成功，甚至广为流传的广告翻译成中文，并取得同样的效果，已是摆在外国企业、进出口商、广告人员及广大消费者面前的一个现实问题。

1. 词汇特点

广告英语的词汇丰富多彩，力图用最简洁、最准确的文字，为商品提供丰富的信息，使读者一目了然、过目不忘。但每一个词的选择都能和商品紧密联系。例如：

Born To Shine.

我本闪耀！

For *twogether*, the ultimate all inclusive one price sunkissed holiday.

两人共度一个阳光灿烂的假日，一切费用均包括在单人价格之内。（原文中 *twogether* 是 *together* 的异形，以突出“二人”共享假日之意。）

Diamond lasts forever.

钻石恒久远，一颗永流传。

2. 句法特点

优秀的商品广告简短精练。采用简单短语或短句，效果醒目易懂，容易记忆。例如：

Coca-Cola

可口可乐

Impossible is nothing.

一切皆有可能。

Fresh Up with Seven-up.

请饮七喜，倍添精神。

祈使句多，具有强烈的鼓动色彩。例如：

Just do it.

只管去做。

To be number one.

永争第一。

So come into McDonald’s and enjoy big Mac Sandwich.

走进麦当劳，享用大三明治。

常用省略句。省略句结构简单、节奏感强，能使广告在有限的篇幅中传达更多的信息量，给消费者很大的思考和回味的空间，也容易留下深刻印象。例如：

We lead. Others copy.

我们领先，他人仿效。

Intelligence everywhere.

智慧演绎，无处不在。

3. 修辞特点

广告英语经常会使用一些文学中的修辞方法，因此又被称为“半文学体”。这些修辞方法包括比喻、拟人、押韵、夸张、双关等。各种修辞格赋予广告简洁、生动、幽默、形象等特点，使广告语言成为一种具有独特魅力的语言艺术。例如：

比喻：A computer that understands you is like your mother.

懂你的计算机如母亲一般。

拟人：Flowers by Interflora speak from the heart.

植物园培育的鲜花倾诉衷肠。

双关：Look deep into our ryes (black cereal).

黑麦面包广告

Ask for More.

摩尔牌香烟的广告

(二) 广告英语的翻译

英语广告翻译应以功能对等（functional equivalence）为原，使译文对中国消费者产生类似甚至同样的感受和印象，并激发起兴趣和购买欲。由于广告兼有说服功能、美感功能及信息功能，因此在广告翻译时应仔细体会原文的主要功能，能顺畅直译就保留原文特色，也可根据情况充分发挥自己的想象力和创造力来灵活机动地处理原文，以最大限度地达到原文与译文在功能上的对等。

1. 直译

很多广告语语言流畅、平实，句法结构也与汉语一致。在翻译时采用直译法，既可在译文中保留原文内容和形式，又保留原文的语言特色。例如：

Let’s make things better.

让我们做得更好。

We’re Siemens. We can do that.

我们是西门子，我们能办到。

2. 意译

意译的翻译手法较为自由、灵活，翻译过程中通常考虑到译文目标读者因文化而产生的阅读和理解上的差异，因而不拘泥广告原文的形式。译文从读者角度看比较地道，可读性比较强。例如：

Easier dusting by stre-e-etch.（除尘布广告）

拉拉拉长，除尘力强。

Apple Thinks Different.

苹果电脑，不同凡“想”。

When you're sipping Lipton, you're sipping something special.

饮立顿红茶，品独到风味。

在某种程度上，意译虽然丧失了原文的句式结构，一些关键词的词义跟原文也有一些出入，但只要仔细琢磨，原广告词的精髓或深层意思仍然在译文中得以保留。

当然无论哪种译法都必须遵循译入语语言的特点、规律和习惯用法。为了确保广告语言艺术和广告语篇风格的再现，译者必须透彻地了解广告产品和广告语篇的内容及其艺术形式，从目的语中精选词语和句式来传达源语的显性意义和隐含意义。为此，翻译时选词上要力避生涩艰拗，造句上要尽量简洁明快，修辞上要多保留原文辞格。译文要注重整体把握，不为一词一句所限，要充分发挥译者的主观能动性。此外，广告翻译还应充分考虑中英两种语言间的文化差异。只有这样，才能使译文体现原文的各项功能，为产品畅销打下良好的基础。

练习 Exercises

综合练习：请将下面的语篇按照各自的文体特点译成中文

1. I found it wholesome to be alone the greater part of the time. Being in company, even with the best, is soon wearisome and dissipating. I love to be alone. I have never found a companion that was as friendly as solitude. We are for the most part lonelier when we go abroad among men than when we stay in our homes. A man thinking or working is always alone. Solitude is not measured by miles of space that intervene between a man and his fellowmen. The really diligent student in one of the crowded rooms of a college is as a hermit in the desert. The farmer can work alone in the fields or the woods all day, weeding or chopping, and not feel lonesome, because he is employed. But when he comes home at night, he cannot be alone. He must be where he can see "the folks", and he thinks, repay himself for his day's solitude. So he wonders how the student can sit alone in the house all night and most of the day without boredom and the "blues". But he does not realize that the student, although in his house, is still at work in his field, and chopping in his woods as the farmer in his, and in turn seeks the same recreation and society that the latter does, though it may be a more condensed form of it.

2. Most of us, when young, had the experience of a sweetheart being taken from us by somebody more attractive and more appealing. At the time, we may have resented this intruder—but as we grew older, we recognized that the sweetheart had never been ours to begin

with. It was not the intruder that "caused" the break, but the lack of a real relationship. On the surface, many marriages seem to break up because of a "third party". This is, however, a psychological illusion. The other woman or the other man merely serves as a pretext for dissolving a marriage that had already lost its essential integrity. Nothing is more futile and more self-defeating than the bitterness of spurned love, the vengeful feeling that someone else has "come between" oneself and a beloved. This is always a distortion of reality, for people are not the captives or victims of others, they are free agents, working out their own destinies for good or for ill.

Love is not a commodity; the real thing cannot be bought, sold, traded or stolen. It is an act of the will, a turning of emotions, and a change in the climate of the personality. When a husband or wife is "stolen" by another person, that husband or wife was already ripe for the stealing, or was already predisposed toward a new partner. The "love bandit" was only taking what was waiting to be taken, or what wanted to be taken... We tend to treat persons like goods. We ever speak of children "belonging" to their parents. But nobody "belongs" to anyone else; each person belongs to himself, and to God. Children are entrusted to their parents, and if their parents do not treat them properly, the state has a right to remove from their parents trusteeship.

3. It is simple enough to say that since books have classes, fiction, biography, poetry—we should separate them and take from each what it is right that each should give us, yet few people ask from books what books can give us. Most commonly we come to books with blurred and divided minds, asking of fiction that it shall be true, of poetry that it shall be false, of biography that it shall be flattering, of history that it shall enforce our own prejudices. If we could banish all such preconception when we read, that would be an admirable beginning. Do not dictate to your author; try to become him. Be his fellow worker and accomplice. If you hang back, and reserve and criticize at first, you are preventing yourself from getting the fullest possible value from what you read. But if you open your mind as widely as possible, then signs and hints of almost imperceptible fineness, from the twist and turn of the first sentences, will bring you into the presence of a human being unlike any other. Steep yourself in this, acquaint yourself with this, and soon you will find that your author is giving you, or attempting to give you, something far more definite.

4. If people mean anything at all by the expression "untimely death", they must believe that some deaths run on a better schedule than others. Death in old age is rarely called untimely—a long life is thought to be a full one. But with the passing of a young person, one assumes that the best years lay ahead and the measure of that life was still to be taken.

History denies this, of course. Among prominent summer deaths, one recalls those of Marilyn Monroe and James Dean, whose lives seemed equally brief and complete. Writers cannot bear the fact that poet John Keats died at 26, and only half playfully judge their own lives as failures when they pass that year. The idea that the life cut short is unfulfilled is illogical because lives are measured by the impressions they leave on the world and by their intensity and virtue.

5. At the threshold of the 21st century, we are going to embrace an age of chances and challenges, which is filled with risks and crises. Looking into the future, however, we can't afford to be optimistic. In spite of the more and more economic and technical achievements and progresses we have made, the ecological loss is unprecedented, which is demonstrated by the increasingly severe desertification, shrinking resources of fresh water, unbearable scales of air pollution, acid rain and chemical residues in food, etc. We cannot even tell whether we are sick. As a result, sub-health is discovered—an intermediate "butter" between health and sickness in which the uncomfortable body is below the health level but no pathological changes in organs are incurred. Anyone physiologically or psychologically diagnosed as having a certain disease belongs to this category.

6. I don't want to hate dogs. But I just can't imagine sharing my apartment with some dirty, dependent animal willing to trade unconditional love for canned food that, to be honest, I find a little salty. How can people love something so much that they are willing to walk behind it and retrieve its faeces with their own hands every day? I have yet to meet a woman for whom I'd do that. Dog owners are a mystery to me. I once went on a long series of nonproductive dates with one, and every time we were about to fool around she would have to leave to go home and walk her dog. Hey, wait. I think I just figured out something.

7. "San Francisco, open your Golden Gate" sang the girl in the theatre. She never finished her song. That date was 18th April, 1906. The earth shook and the roof suddenly divided, buildings crashed to the ground and people rushed out into the streets. The dreadful earthquake destroyed the city that had grown up when men discovered gold in the deserts of California. But today the streets of San Francisco stretch over more than forty steep hills, rising like huge cliffs above the blue waters of the Pacific Ocean.

The best way to see this splendid city, where Spanish people were the first to make their homes, is to take one of the old cable cars which run along the nine main avenues. Fares are cheap, they have not risen, I'm told, for almost a hundred years.

You leave the palm trees in Union Square—the heart of San Francisco—and from the shop signs and the faces around you, you will notice that in the city live people from many nations—Austrians, Italians, Chinese and others—giving each part a special character. More Chinese live in China Town than in any other part of the world outside China. Here, with Chinese restaurants, Chinese post-boxes, and even odd telephone-boxes that look like pagodas, it is easy to feel you are in China itself.

Fisherman's Wharf, a place all foreigners want to see, is at the end of the ride. You get out, pause perhaps to help the other travelers to swing the cable car on its turntable (a city custom) and then set out to find a table in one of the gay little restaurants beside the harbor. As you enjoy the fresh Pacific seafood you can admire the bright red paint of the Golden Gate Bridge in the harbor and watch the traffic crossing beneath the tall towers on its way to the pretty village of Tiberon.

8. The Elysee Palace in France enjoys equal popularity in the world with the Buckingham Palace in the United Kingdom, the Kremlin in Russia as well as the White House in the U.S.A. It is the residence of the president of the French Republic and the symbol of the supreme authority in France.

The Elysee Palace, with an area of 11,000 square meters, is at the eastern end of the Champs Elysee in the bustling city of Paris proper and backed by a large and tranquil garden of more than twenty thousand square meters. Its main building, quite handsome and graceful, is a 2-story classical stone architecture of European style, flanked by two side buildings facing each other and with an extensive rectangular courtyard in the middle. There are altogether 369 halls and rooms of different size.

The Elysee Palace, built in 1718, has a long history of closing to 300 years to date. This house was at first a private residence of a count named d'Evreau, hence it was called Hotel d'Evreau. It had later gone through many vicissitudes and its owners had been changed for many times but all the dwellers in it were distinguished personages and high officials. The house was renamed Bonaparte Mansion when it was owned by Louis XV and Louis XVI successively when they acted as emperors. Napoleon I signed his act of abdication here when he had suffered crushing defeat in the Battle of Waterloo in 1815. Napoleon III moved in the Mansion in 1848 when he was elected president, and the house became a Royal Palace when he proclaimed himself as emperor. The Third French Republic issued a decree in 1873, designating officially the Elysee Palace as the residence of president of the French Republic. Over the hundred odd years since then, almost all the presidents of the French Republic worked and lived there. Starting from 1989, the Elysee Palace is open to the public every year in September on the French Castles Day.

9. A famous American John Muir said in 1898: "The Grand Canyon...as unearthly in the color and grandeur and quantity of its architecture as if you had found it after death on some other star."

Like Muir, those of us who stand along the rim are prompted to wonder about the unearthliness and the forces that created and are still changing this place.

After more than 100 years of studies, many things are still obscure. Today visitors come by the thousands—the great and simple of the earth—all in a spirit of marvel. Travelers come from every state of the Union, from every country in Europe and Asia, pilgrims to a shrine that is the same as the creed.

From the depths of the canyon comes welling silence. Seldom can you hear the roar of the river. For all sounds are swallowed in this gulf of space. "It makes one want to murmur." A woman once whispered to her companion. This silence is not the silence of death; rather, it is a presence. It is like a great piece of music. But music made of man works up to a climax and ceases; the Grand Canyon is all climax, a chord echoing into eternity.

Perhaps the most spectacular feature of the Grand Canyon, its Redwall limestone cliff, stands about half way up the chasm and is practically vertical. Its average height is 550 feet—almost exactly that of the Washington Monument. Though it is actually gray-blue limestone, the surface of the cliff has been stained to a sunset hue by iron salts washing out of the rocks. Above the Redwall come alternating layers of red sandstone and shale 1,000 feet thick, then comes the next pale-blue layer. The topmost layers are a yellowish limestone.

Now, visitors to the South Rim alone may number 18,000 in a single day. Some of that number will travel by mule train down Bright Angel Trail to the canyon's floor, cross the raging river by a suspension bridge and amount to the North Rim.

Though the two rims face each other across only 12 miles, it is a journey of 214 miles by car from one to the other. Nor can you visit the North Rim except in summer, some 1,200 feet higher than the South Rim, it is snow covered much of the year except in July and August.

But there is no day that you may not visit the South Rim and find the sun warm on your face and the air perfumed with the incense of smoke from an Indian hearth. The Grand Canyon is an unearthly sight. No wonder an American writer and journalist said, "I came here an atheist, and departed a devout believer."

10. The United Nations has declared the year 2002 as the International Year of Ecotourism. The goals of this designation are lofty and the UN hopes to make environmental protection an integral part of tourism development. But the idea that tourism can be sustainable at all may be a myth. It may not be possible for struggling nations around the world to resist compromising their environment and their culture to lure affluent foreigners and their dollars.

Many different organizations, governments, and businesses have defined ecotourism, but I especially like the definition adopted by the Estonian Ecotourism Association. This definition says, "Ecotourism is responsible travel, that conserves the natural and cultural heritage and contributes to the well-being of local communities."

Some of the philosophies of ecotourism as outlined by the Estonian association include understanding the social carrying capacity of the area, understanding the ecological carrying capacity of the area, benefiting the local people, appropriate pricing strategies, building environmental costs into the prices of goods and services, and responsible marketing of tourist opportunities.

Has experience shown that these goals are even remotely possible?

Global tourism, while allowing some the opportunity to meet people, visit exotic environments, and understand cultures, provides billions of dollars to the corporations that are raping, polluting, and destroying the Earth, her people, and her animals. Of course there is ample corporate support for ecotourism efforts, and nations all over the world are getting help opening their doors to rampant consumerism and corporate takeover of every aspect of our world.

The vast majority of tourists are not folks with sustainability and community building on their minds who stay with local families and respect local customs. The vast majority of tourists sail in on huge cruise ships or fly in to stay in large hotels and take advantage of local people.

I think there needs to be a serious reality check done by ecotourism proponents about this idea that tourism will generate world peace and environmental harmony. What it does generate is deadly pollution, toxic chemicals and waste, the destruction of ecosystems, and the erosion of communities, turning local people into agents of the world's corporations.

While I applaud the efforts of organizations around the world to change the damaging effects of tourism, encouraging more people to travel through ecotourism may just be contributing to the problem. And I support those compassionate individuals who travel to be with people, not to take advantage of them. But as long as we have leaders committed to a global economy bent on developing every inch of the globe, ecotourism efforts may be playing into the hands of global corporations.

Possibly the best recommendation toward healing the tourism issues is to begin a worldwide effort to restore damaged cultures and twisted economies—and to ask people to just stay home.

11. Hong Kong Or Shanghai? There are few more predictable conversations around the dinner tables of SAR financial and government sorts than the perennial question of whether Hong Kong will be eclipsed by its northern competitor.

The official line in Hong Kong is that there is room enough for two Chinese financial centers. Economies like the United States support multiple centers serving specific industry clusters and regions. New York and Chicago compete and complement on each other at the same time, goes the reasoning.

Hong Kong's advantage is its clean government, predictable, and international orientation. The city is wired into the overseas Chinese network by bonds of language and history, has its Guangdong industrial hinterland and will remain the international finance raising center of China even as Shanghai develops a far larger domestic finance base and common law based legal environment.

On the "eclipse" side, the case is basically that every great trading port has its day. Just as the Venetian states and Liverpool fell off the trading map as the locus of trade and economic activity shifted, so Hong Kong's "competitive advantage" has a narrow window. The decline might be relative, but Shanghai's industrial, entrepreneurial and political power means that must dominate.

Hong Kong well knows the advantage of critical mass over ambitious competitors that protest to try harder. It has had that relationship with Singapore for years. The southern city-state has ambitiously courted fund managers, chip markers and software vendors with subsidies and freebies, but Singapore continues to chase without seriously threatening Hong Kong's Asian business hub status.

Recently, through its rebranding efforts, Hong Kong is intending to differentiate the city in the minds of outsiders. That seems a bit silly, but harmless.

In short, it doesn't matter whether Shanghai rules, as long as Hong Kong does what it does best, rather than ape what it believes a competitor such as Shanghai might do, if and when it becomes the dominant commercial Chinese city.

12. "The US governs the international system to protect its own economy. It is not in charge of protecting other economies," Soros says. "So when America goes into recession, you have anti-recessionary policies. When other countries are in recession, they don't have the ability to engage in anti-recessionary policies because they can't have a permissive monetary policy, because money would flee." In person, he has the air of a philosophy professor rather than a gimlet-eyed financier. In a soft voice which bears the traces of his native Hungary, he argues that it is time to rewrite the so-called Washington consensus—the cocktail of liberalization, privatization and fiscal rectitude which the IMF has been preaching for 15 years. Developing countries no longer have the freedom to run their own economies, he argues, even when they follow perfectly sound policies. He cites Brazil, which although it has a floating currency and manageable public debt was paying ten times over the odds to borrow from capital markets.

Soros credits the anti-globalization movement for having made companies more sensitive to their wider responsibilities. "I think (the protesters) have made an important contribution by making people aware of the flaws of the system," he says. "People on the street had an impact on public opinion and corporations which sell to the public responded to that." Because the IMF has abandoned billion dollar bailouts for troubled economies, he thinks a repeat of the Asian crisis is unlikely. The fund's new "tough love" policy—for which Argentina is the guinea pig—has other consequences. The bailouts were a welfare system for Wall Street, with western taxpayers rescuing the banks from the consequences of unwise lending to emerging economies. Now the IMF has drawn a line in the sand, credit to poor countries is drying up. "It has created a new problem—the inadequacy of the flow of capital from center to the periphery," he says.

The one economy Soros is not losing any sleepabout is the US. "I am much more positive about the underlying economy than I am about the market, because we are waging war not only on terrorism but also on recession," he says. "I have not yet seen an economy in recession when you are gearing up for war." He worries that the world's largest economic power is not living up to its responsibilities. "I would like the United States to live up to the responsibilities of its hegemonic power because it is not going to give up its hegemonic power," he says. "The only thing that is realisticis for the United States to become aware that it is in its enlightened self-interest to ensure that the rest of the world benefits from their role."

13. It sounds like Mission Impossible: Sell coffee to China's tea drinkers. Starbucks' solution is to select high-profile locations on the busiest streets, where stores are sure to seduce the see-and-be-seen set.

As Starbucks launches an aggressive expansion in China, a coffee frontier steeped in nearly 5,000 years of tea. The goal: to build hip hang-outs that tap into a new taste for China's emerging middle class.

Starbucks China doesn't plan any advertising, promotions, or other marketing strategies, aside from sponsoring an on-line coffee club and the occasional office-tower coffee tasting. Instead, the company is counting on selecting such high-visibility, high-traffic cafe locations that they market themselves. Its main advertising medium is the store itself.

But in fast-changing Chinese cities, finding locations that will embody the right lifestyle is more akin to gambling than science. The computerized mapping databases that the company uses to test a potential street corner in the United States would be little help in Chinese cities. Starbucks also faces an uphill battle. Local media reported that 70% of people they surveyed would rather not see the chain in Beijing's Forbidden City. And even for middle-class Chinese, Starbucks is a barely affordable luxury. While retailers say a top marketing weapon in urban China is to charge more for public consumption. That's because Chinese customers have different priorities than their American yuppie counterparts. Guys 40 years old are not coffee drinkers, but if the environment is good and the coffee is not bad, they'll come back. The store layout, artwork and food options make Starbucks friendlier to Chinese eyes, but coffee remains the core offering and people don't go there for the coffee. They go there to present themselves as modern Chinese in a public setting.

14. NASDAQ, acronym for the National Association of Securities Dealers Automated Quotation system, is one of the largest markets in the world for the trading of stocks, including the New York Stock (NYSE) and the American Stock Exchange (AMEX). The majority of companies listed on NASDAQ are smaller than most of those on the NYSE and AMEX. NASDAQ has become known as the home of new technology companies, particularly computer and computer-related businesses. Trading on NASDAQ is initiated by stock brokers acting on behalf of their clients. The brokers negotiate with market makers who concentrate on trading specific stocks to reach a price for the stock Exchange. The number of companies listed on NASDAQ is more than that on any of the other stock exchanges in the United States.

Unlike other stock exchanges, NASDAQ has no central location where trading takes place. Instead its market makers are located all over the country and make trades by telephone and via the Internet. Because brokers and market makers trade stocks directly instead of on the floor of a stock exchange, NASDAQ is called an over-the-counter market. The term over-the-counter refers to the direct nature of the trading, as in a store where goods are handed over a counter.

Since its inception in 1971, the NASDAQ Stock Market has been the innovator. As the world's first electronic stock market, NASDAQ long ago set a precedent fortechnological trading innovation that is unrivaled, the NASDAQ Stock Market is the market of choice for business industry leaders worldwide. By providing an efficient environment for raising capital NASDAQ has helped thousands of companies achieve their desired growth and successfully make the leap into public ownership, now poised to become the world's first truly global market.

15. Amid all the hammerings investors have endured since early 2000, the market plunge after September's terrorist attacks would seem to qualify as a bottom.

Trouble is, no one ever knows until much later when the market has reached its nadir. False bottoms and bear market rallies have trapped investors since time immemorial.

Capitulations don't occur in every market cycle. Of the ten bear markets since World War II, eight ended in a whimper, with the market steadily trending lower and no selling crescendo, says Lisa Kammert, U.S. equity market analyst at Birinyi Associates. Finally a bull market sets in. The 1990-91 market slump fits that pattern.

And bull markets aren't a guarantee even when there is a capitulation. Following a two-day, 25% selloff in October 1929, the market seemed to recover and then spent another three years falling apart all over again. It took a quarter-century to recover lost ground. A similarly frustrating thing took place in the 1970s. A cathartic selloff in 1974 was followed by a quick recovery and then years of blah performance.

The seers are blind. Economists have failed to call a single recession in the past four decades. A November 1989 National Association for Business Economists survey found them at their most optimistic in a decade, predicting clear sailing for at least three years. Eight months later a recession arrived.

Investors must wrestle with internal demons to time the market right. We are by nature momentum investors. We try to prepare for the future by extrapolating from the present, says Jeffrey Heisler, a Boston University professor who specializes in the impact of individual behavior on markets.

A price decline does not in itself make a good value. If a rebate offer lets you get a $33,000 sedan for only $30,000, you've got yourself a good deal. But discounted stocks aren't necessarily a bargain. Nor does the fact that they were higher before make them particularly likely to go up now.

On the positive side, the calendar suggests we're due for a turnaround. The bear market that began for the Dow in January 2000 is now the third longest since World War II. Only the 1,111-day bear market of 1946-49 was appreciably longer than the current 654-day one; the 1973-74 bear market lasted 694 days. In fact, by the time the media fills with warnings of recession, as it has in recent weeks, the worst has usually passed, says InvesTech's Stack.

Despite all, you can take advantage of a bear market. You don't have to be a market seer to take losses. Just have some plan for selling losers and reinvesting immediately in comparable, but not identical, stocks or funds. The tax collector will share your pain.

If you end up with a $50,000 capital loss, only $3,000 of it can be used annually to offset salary and interest income, but the other $47,000 doesn't go to waste. It is carried forward to offset capital gains in your other holdings two, three or ten years hence.

You can profit by buying and holding for a long time. Don't put much stock in short-term speculations. Buy stocks with a 20-year investing horizon, and have realistic expectations for them. Vanguard founder John Bogle suggests 8% a year as a reasonable return.

16. First and foremost, I want to say how absolutely thrilled and excited I am to be here today to recognize the new partnership between Motor Trend and Auto Club.

I see nothing but great things coming from this partnership. The extreme growth in the importance of the Chinese market is apparent from the measures currently being taken by global manufacturers to enter into this market and provide new vehicles to a vast new audience. We feel that Auto Club, and this partnership will play an integral role in introducing all of these new vehicles to the consumers and automotive enthusiasts throughout China.

In the more than 50-year lifespan of Motor Trend, no more widely recognizable symbol has emerged from its pages than the words "Car of the Year". Since its first appearance in 1949, Motor Trend's Car of the Year award has become the longest-running award program in the automotive publishing world. It's inspired countless clones, yet remains the most prestigious and coveted prize in the industry.

As the automotive industry has evolved, so has the award program, spinning off related competitions, including Truck of the Year, and Sport/Utility of the Year, to honor important new segments of the American automotive market as they've emerged.

Manufacturers' research has shown that a vehicle's winning this award immediately impacts that car's sales. In fact, platform teams at manufacturers charged with creating new car models have often motivated themselves by setting their sights on Motor Trend's Car of the Year trophy right from the drawing board.

Motor Trend's Car of the Year award seeks to recognize overall significance, competitiveness within a market segment, and value for money. In making the selection, the editors evaluate many factors, including styling; technology; and value. My editors and I are delighted to have the chance to evaluate and select the inaugural Car of the Year in China.

Primedia, Motor Trend's parent company is no stranger to the automotive industry. In addition to the multiple brand extensions of Motor Trend, including multiple web sites, a television show, a radio show and Auto Shows. Primedia produces more than 60 other consumer magazines on every aspect of the Automotive Industry.

I am proud to be participating in this partnership with Auto Club and I see a tremendous opportunity for growth for both Motor Trend and Auto Club with this partnership. I look forward to the future success that this relationship will certainly enjoy in the months and years to come, and am thankful to be a part of Auto Club's presence here as the authoritative voice for the automotive industry here in China.

Thank you for the opportunity to work with you and I look forward to establishing the partnership between Motor Trend and Auto Club as the World's Number One Automotive Authority. Thank you very much.

17. **How to Reduce Stress and Be Happy on the Job**

By Gary Dessler

QUSTION:

Have you any quick simple suggestions for how I can reduce the stress I'm under at work? I'm a manager in a large bank, and between company politics, customers who don't pay back their loans, and my heavy workload, I find myself under what seems to be unrelenting stress and pressure at work. The stress is beginning to affect my work and family life, and any suggestions would be appreciated.

ANSWER:

Suggestions range from "get more sleep" to "use meditation". But in a recent book, stress and the manager, Dr. Karl Albrecht suggests the following to reduce stress on the job:

• Build rewarding, pleasant, cooperative relationships with as many of your colleagues and employees as you can.

• Don't bite off more than you can chew. Take on only those assignments that you know you have time for.

• Build an especially effective and supportive relationship with your boss. Understand his or her problems and help the boss understand yours.

• Negotiate realistic deadlines on important projects with your boss. Be prepared to propose deadlines yourself, rather than have them imposed.

• Study the future. Learn as much as you can about likely coming events, so that you can anticipate them well in advance.

• Find time every day for detachment and relaxation.

• Take a walk now and then to keep your body refreshed and alert.

• Make a noise survey of your office area and find ways to reduce unnecessary racket.

• Get away from your office from time to time for a change of scene and a change of mind.

• Reduce the amount of trivia to which you give your attention. Delegate routine paperwork to others whenever possible.

• Limit interruptions. Try to schedule certain periods of "interruptability" each day and save other periods of time for your own purposes.

• Make sure you know how to delegate effectively.

• Don't put off dealing with distasteful problems such as counseling a problem employee.

• Make a constructive "worry list". Write down the problems that concern you and beside each write down what you're going to do about it, so that none of the problems will continue to bother your unconsciously.

18. **How Safe Is Your Home?**

Do you feel that your home is a safe place and that danger lies only in the outside world? Would danger lies only in the outside world? Would you be surprised to learn that your "safe place" could be a very dangerous place? The truth is that accidents at home result in more injuries than motor vehicle and workplace accidents put together. Serious injuries and even death can be caused by accidental falls, fires, burns, poisonings, and electrical hazards.

Falls are the number one cause of accidental deaths in the home every year and the main reason for accidental deaths of the elderly. They are mostly due to slippery surfaces or loose rugs. Fires, often caused by cigarette smoking, are more dangerous for the smoke and poisonous gases they create than for the actual flames. Electrical hazards, responsible for many home fires, are frequently caused by overloaded wires and fixtures. Burns happen most often to children and the elderly, usually in the bathroom, when the water is too hot. The leading cause of accidental deaths at home for people between the ages of 14 and 44 is poisoning, often the result of the misuse of medicines.

Accidents and injuries in the home don't have to happen. They can be prevented if simple precautions are taken.

In the kitchen

- Turn all pot handles toward the back of the stove.
- Use a steady step stool when reaching for items on high shelves.
- Keep a fire extinguisher nearby.
- Keep knives and sharp objects in a safe place.
- Store cleaning materials and poisons in their original containers and lock them away if you have small children.

Throughout the house

- Don't plug too many appliances into the same wall outlet or extensions cord.
- Make sure rugs and carpets are secure. Never hide an electrical cord under a rug.
- If an electrical cord is damaged in any way, do not use it. Have it repaired or replaced.
- Keep hallways and stairs well lighted and free from clutter.
- Install smoke detectors and keep them in working order.
- If you smoke, never smoke in bed and be careful not to smoke in a place where you might fall asleep.
- Keep emergency numbers next to the telephone.

19. It is a real pleasure to be here to open the third meeting of our forum and to be welcoming such a distinguished and influential group of people from both our countries, many of whom are now old friends. The forum aims to represent the strength of the relationship between our two countries outside the political relationship and looking round today it is clear that the relationship is very strong indeed.

It is a sign for me that the forum goes from strength to strength and I believe it is playing a key role in the relations between our two countries as confirmed by the Prime Minister in our call on him this morning. This year, we have taken the theme "The Challenge of Globalization" for our meetings and discussions. This theme has a particular resonance for me.

On 11th September, I, along with a number of world statesmen, was in Beijing to discuss China and the World in the 21st Century. None of us could possibly have known as we debated economic development, environmental change and security issues what was going to happen that day. But many of the speakers warned of the fragility of the world order. It made me realize more clearly than at any other time just how very important "understanding" between the nations of the world is.

Our forum, and the discussion we will have in the next day and a half, is part of this vital process of understanding. Globalization is a challenge for all of us, both developed and developing countries and we have a lot to share and learn. As globalization increases and as all our countries come to terms with the global reach of many industries, we can, as different nations, work together to understand the issues and effects these developments bring.

Those opportunities can only be grasped by people. People talk, travel, exchange ideas and experiences. And that is what we are here today to do. Our discussions here will centre around a number of very interesting issues: trade and the environment in the globalization of the economy, Chinese culture facing the world, e-learning and e-commerce, balancing public purposes and commercial interests in the media, and China after WTO to name but a few.

As far as I can see, joining the WTO presents a huge challenge for China. The requirements of joining WTO for corporate governance, for transparency and for reliable and enforceable laws, whilst producing some pain in the short term, will no doubt be part of the way in which economic growth can be encouraged and sustained. I personally am much looking forward to my own involvement in the discussions on small and medium sized enterprise.

This will be particularly true in the sessions on issues of competitiveness and corporate governance that will be held tomorrow. We are building on discussions and relationships that are already well founded and I believe that this forum will take the special role that our meeting plays in the relations between our two countries further forward.

20. "Fat, dumb and happy," commercial banks are being quickly replaced as financial intermediaries.

What would happen to the U.S. economy if all its commercial banks suddenly closed their doors? Throughout most of American history, the answer would have been a disaster of considerable proportions, akin to the Depression brought about by the chain-reaction bank failures in the early 1930s. But in 1993 the startling answer is that a shutdown by banks might be far from disastrous.

Consider this: though the economic recovery is now 27 months old, not a single net new dollar has been lent to business by banks in all that time. Last week the Federal Reserve reported that the amount of loans the nation's largest banks have made to businesses fell an additional $2.4 billion in the week ending June 9, to $2,748 billion. Fearful that the scarcity of bank credit might undermine the fragile economy, the White House and federal agencies are working feverishly to encourage banks to open their lending windows. In the past two weeks, government regulators have introduced steps to make it easier for banks to lend. For instance, less paperwork will be needed to process loans, and formal appraisals are no longer required for every real estate loan.

Is the government's concern fully justified? Who really needs banks these days? Hardly anyone, it turns out. While banks once dominated business lending, today nearly 80% of all such loans come from nonbank lenders like life insurers, brokerage firms and finance companies. Banks used to be the only source of money in town. Now businesses and individuals can write checks on their insurance companies, get a loan from a pension fund, and deposit paychecks in a money-market account with a brokerage firm. "It is possible for banks to die and still have a booming economy," says Edward Furash, a Washington bank consultant.

The irony is that the accelerating slide into irrelevance comes just as the banks reaped record profits of $43 billion over the past 15 months, creating the impression that the industry is staging a comeback. But that income was not the result of smart lending decisions. Instead of earning money by financing America's recovery, the banks mainly invested their funds—on which they were paying a bargain-basement 2% or so—in risk-free Treasury bonds that hit 7%. That left bank officers with little to do except put their feet on their desks and watch the interest roll in.

Those profits may have come at a price. Not only did bankers lose many loyal customers by withholding credit, they also accidentally opened the door to a herd of nonbank competitors, who swarmed into the lending market. "The banking industry didn't see this threat," says Furash. "They are being fat, dumb and happy. They didn't realize that banking is essential to a modern economy, but banks are not."

The soft economy has often been used by banks as an excuse for the slowdown in extending credit. Yet evidence abounds that banks are still gun-shy about lending to business. And no wonder. More than $125 billion in failed loans to real estate buyers, developing countries, farmers and the energy industry have had to be written off in the past five years.

The invasion of other financial companies eager to make loans has caused deep damage to the banking industry. "The banks are clearly losing the franchise of lending to business," says David Wyss, senior financial economist for DRI/McGraw-Hill, a large economic consulting firm. "That should be scaring them because this is where their real profits are."

Though banks lost most of their blue-chip corporate clients years ago to Wall Street's capital markets, they still retained another profitable part of banking: the small and mid-size business borrower. But that has changed in the past few years. The spread of computer technology and sophisticated new loan strategies reduced both the risk and cost of lending to small business owners. Soon financial giants such as Merrill Lynch and John Han-cock, as well as smaller finance companies like Access Capital, went after the banks' last domain of business borrowers.

The new competitors have succeeded in part because banks have alienated so many of their traditional customers. “My experience with banks has been horrible,” says Barry Weinstein, president of Fulton Computer Products in Rockville Centre, New York. “Even if you bank with someone for 25 years, that still doesn’t amount to a hill of beans.” Sales at Weinstein’s company jumped from $900,000 in 1988 to $18.5 million last year. Yet when Weinstein applied for a loan with 12 banks over a period of 24 months, all turned him down, even though he was never late in repaying his previous debts. He eventually borrowed $1 million from Access Capital, a fast-growing finance company based in New York.

Joseph Ricci, who runs a private school in Maine for children with behavioral problems, spent more than two years trying to borrow $700,000 from as many as five banks. But even with $17 million in assets and an unnerved credit history, Ricci walked away empty-handed. “We demonstrated to all of them how we could carry the loan. But the banks were just not lending money to business,” he says. Ricci went to a finance company and within six weeks got a loan.

That’s the way the credit crunch has brought rapid growth to many nonbank lenders. “There is plenty of demand for financing from small companies,” says Access Capital president Miles Stuchin. “It’s just that the banks are turning them down.” Stuchin set up a finance company in 1986 that Inc. Magazine last year placed in the top 20% of the 500 fastest-growing companies in the U.S..

Perhaps the greatest threat to commercial banks has come from life insurers and pension funds. The two have combined assets of $4.5 trillion, exceeding that of the entire banking industry. They are the largest source of financing for U.S. industry. While bank lending was dropping during the past two years, loans by life insurers jumped $50 billion.

One such loan went to IDB Communications Group, a telecommunications service company based in Culver City, California, whose $78 million line of credit was canceled by a group of banks. “I spent every waking hour for half a year on this issue,” says IDB’s chief financial officer, Ed Cheramy. “It was the worst experience of my life.”

Coming to the rescue with a $20 million loan was Teachers Insurance and Annuity Association, the nation’s third largest insurance company. In the past year, TIAA has lent a record $3.5 billion to business. Some $225 billion in loans to business are now held by the life-insurance industry, up 11% from two years ago.

Wall Street firms have also cherry-picked some of the banks’ best business. Merrill Lynch, for example, has been targeting smaller companies since the mid-1980s. Last year its business financial-services division had about 3,000 clients and $800 million in loan commitments.

With their loan portfolios under fire, banks are in danger of losing their depositors as well. Americans have withdrawn more than $500 billion from low-yielding bank accounts over the past three years in favor of higher-paying investments like mutual funds. Even the Federal Deposit Insurance Corporation’s $100,000 guarantee is no longer exclusively available to banks and S&Ls. Brokerage firms like Prudential Securities now offer "insured income accounts" with checking privileges and government insurance.

A few banks are vigorously working to recapture their share of business lending. This spring Chemical Bank, the nation's third largest, kicked off the biggest marketing blitz in its history to attract small and medium-size business borrowers. An army of 1,800 lending officers, including bank president Walter Shipley and chairman John McGillicuddy, went knocking door to door at 5,000 companies across five states. "Am I concerned about Wall Street firms and investment bankers coming into the market? Absolutely," says Frank Lourenso, who heads Chemical's midmarket lending division. "They are real players, and I take them very seriously. But we're going to be very aggressive in looking for new business."

That drive was underscored last month when the Federal Reserve gave Chemical the green light to sell and underwrite corporate bonds. Normally banks are barred from such investment-banking activity under the Glass-Steagall Act of 1933. But the Fed cited a loophole, and its decision allows certain banks to take on Wall Street directly in wooing business borrowers.

Unshackling the banking sector entirely from such Depression-era regulatory chains may be the only way to reverse the 20-year structural decline of the banks. But that is something the Congress has steadfastly refused to do. Nor do such comprehensive reforms appear on President Clinton's agenda. Yet until such changes are made, banks, once a fixture on the U.S. financial landscape, will continue their slow fade.

21. Last year, China faced a complex and volatile political and economic environment abroad and arduous and challenging reform and development tasks at home. Working hard with one heart and one mind under the leadership of the Communist Party of China (CPC), the Chinese people of all ethnic groups made significant achievements in reform, opening up, and socialist modernization. China's GDP reached 47.2 trillion *yuan*, an increase of 9.2% over the previous year; government revenue was 10.37 trillion *yuan*, an increase of 24.8%; and the country's grain output reached a record high of 571.21 million tons. A total of 12.21 million new urban jobs were created. The per capita disposable income of urban residents and the per capita net income of rural residents rose in real terms by 8.4% and 11.4%, respectively. We consolidated and built upon our achievements in responding to the global financial crisis, and got the Twelfth Five-Year Plan period off to a good start.

22. We made solid progress in making education more equitable. We thoroughly implemented the Plan for Education Reform and Development. Thanks to tireless efforts over the past 25 years, we have fully attained the goals of making nine-year compulsory education universally available and basically eliminating illiteracy among young and middle-aged adults. Over 30 million rural boarding school students were exempted from accommodation expenses, and 12.28 million of them who are from poor families in the central and western regions received living allowances. A comprehensive system for providing aid to students from poor

families was put in place. The children of rural migrant workers were generally granted access to compulsory education in cities where they live. A three-year action plan for preschool education was carried out, and the number of children enrolled in preschool increased. We vigorously developed vocational education. We strengthened training of primary and secondary school teachers, expanded trials of reforming the system of conferring professional titles on them, and raised their overall quality. All the graduates of 2011 who received tuition-free education in teachers' colleges and universities went to teach in primary and secondary schools, with over 90% of them working in central and western China.

23. The reform of the political structure is an important part of China's overall reform. We must continue to make both active and prudent efforts to carry out the reform of the political structure, and make people's democracy more extensive, fuller in scope and sounder in practice. We must ensure the unity of the leadership of the Party, the position of the people as masters of the country and law-based governance. To guarantee the fundamental position of the people as masters of the country and to reach the goal of enhancing the vitality of the Party and country and keeping the people fully motivated, we should expand socialist democracy, accelerate the building of a socialist country based on the rule of law, and promote socialist political progress. We should place greater emphasis on improving the way the Party exercises leadership and governance to ensure that it leads the people in effectively governing the country. We should attach greater importance to improving the system of democracy and diversifying the forms of democracy to ensure that the people conduct democratic elections, decision-making, administration and oversight in accordance with the law. We should give greater scope to the important role the rule of law plays in the country's governance and in social management, uphold the unity, sanctity and authority of the country's legal system and ensure that the people enjoy extensive rights and freedoms as prescribed by law. We should place high importance on systemic building, give full play to the strength of the socialist political system and draw on the political achievements of other societies. However, we will never copy a Western political system.

24. Dear buyer,

It is good to hear from you again. You inquired about our Silver-Line wood furniture on September 11, 2012. I sent you a catalog at that time. I can send you a new 2013 catalog if you need?

You are not the only importer in Italy that has asked us about Silver-Line wood furniture. I have also received inquires from ABC company from Rome and DEF Co Ltd from Sicily, but they always inquired another series. I will introduce our prime series for you if you need. Would you like me to help you by making a special sample for your Italian market?

We are a professional wood furniture manufacture with 10 years experiences in China, offering over 800 various kinds of products and monthly output up to 2,000 sets. We are the best manufacturer that you can trust in China. The details for the product you inquired and a sample with catalog together will be sent when we receive your detailed address.

I look forward to see your reply!

25. Dear Mr/Ms,

We have opened a sales office for our civil helicopters here in Melborne. We employ 3 sales persons and a well-trained service team which makes routine checks on all aircrafts purchased from us.

We would be pleased if you would take full advantage of our services and competitive prices. We fully guarantee the quality of our products.

Yours faithfully

26. Dear Mr/Ms,

Owing to the large increase in the volume of our trade with this country we have decided to open a branch in Tianjin, with Ms Wyeth as manager.

The new branch will open on 1st June and from that date all orders and enquiries should be sent to Ms Wyeth at the above address, instead of to our Keelung office.

We take this opportunity to express our thanks for your cooperation in the past. We hope the new arrangements will lead to even better results.

Yours faithfully

27. Dear Mr/Ms,

With the demolition of our premises at the above address under a redevelopment scheme, the part of our business carried on there will be discontinued after the end of October.

On Monday, 1st October, we are holding a closing-out sale. Stock on hand will be cleared regardless of cost. There will be substantial reductions in all departments and in some cases, prices will be marked down by as much as one half.

Stock to be cleared is unrivaled in both variety and quality. As the sale is likely to be well attended, we hope you make a point of visiting the store as early as possible during the opening days.

Yours faithfully

28. Our company manufactures a range of printing presses that are used successfully by companies in over 20 countries. A product specification brochure is enclosed.

We are considering expanding our products to new markets and we would appreciate your assistance. In particular, we would like to identify the best agents who are currently serving the printing industry in your region. We are looking for organizations which conduct their business in a truly professional manner. They must be fully conversant with the technical side of the printing industry and have a comprehensive understanding of all the features of the lines they represent. We would be very grateful if you could take a few moments to send us the names of three or four organizations that match our requirements. We shall then contact them to explore the possibility of establishing a mutually acceptable business relationship.

Thank you very much for your time and consideration in this matter.

29. Memories bright as a tropical bloom, fresh as a cool sea breeze, deep as the unhurried sea. This is the Sheraton Bal Harbour Resort. Time steps to a different measure here, just for the two of you. Palmbordered beaches gently kiss the water's edge. Sunset dance, nightlife sings under a star-filled sky; moonlight drips soft silver to tuck you in. This is the Sheraton Bal Harbour Resort. Where the days hesitate to end, and the memories linger forever.

参考书目

上篇　汉译英

1. Bassnett, S. *Comparative Literature: A Critical Introduction*. Oxford and Cambridge: Blackwell Publishers, 1993.
2. Cao, Xueqin & Gao, E. *A Dream of Red Mansions*. Trans. Yang, Xianyi & Gladys Yang. Beijing: Foreign Languages Press, 2006.
3. Li, C.N. & Thompson, S.A. *Subject and Topic: A New Typology of Language.* In C.N. Li (Ed.) *Subject and Topic*. London: Academic Press, Inc., 1976.
4. Stubbs, M. *Discourse Analysis*. Oxford: Basil Blackwell, 1983.
5. Venuti, L. The Translation Studies Reader. London and New York: Routledge, 2000.
6. Wu, Ching-Tzu. *The Scholars*. Yang Hsien-Yi and Gladys Yang. (Trans.) Beijing: Foreign Languages Press, 1973.
7. 曹雪芹，高鹗. 红楼梦. 上海：上海古籍出版社，1992.
8. 陈宏薇. 新实用汉译英教程. 武汉：湖北教育出版社，1996.
   汉英翻译基础. 上海：上海外语教育出版社，1998.
9. 陈望道. 修辞学发凡. 上海：上海教育出版社，1979.
10. 程镇球. 政治文章的翻译要讲政治. 中国翻译，2003（3）：18-22.
11. 范红升. 英语形合与汉语意合对翻译的启示. 解放军外语学院学报，1996（6）.
12. 何自然. 语用学与英语学习. 上海：上海外语教育出版社，1997.
13. 胡壮麟. 语篇的衔接与连贯. 上海：上海外语教育出版社，1994.
14. 黄国文. 语篇分析概要. 长沙：湖南教育出版社，1988.
15. 黄中习. 文化典籍英译与苏州大学翻译方向研究生教学. 上海翻译，2007（1）.
16. 刘宓庆. 当代翻译理论. 北京：中国对外翻译出版公司，1999.
17. 刘其中. 新闻翻译教程. 北京：中国人民大学出版社，2004.
18. 吕叔湘. 现代汉语词典. 北京：商务印书馆，1998.
19. 潘文国. 汉英语对比纲要. 北京：北京语言文化大学出版社，1997.
20. 秦洪武，王克非. 英汉比较与翻译. 北京：外语教学与研究出版社，2010.
21. 孙致礼. 新编英汉翻译教程. 上海：上海外语教育出版社，2004.
22. 王弄笙. 十六大报告汉英翻译的几点思考. 中国翻译，2004（1）：56-59.
23. 王寅. 认知语言学的翻译观. 中国翻译，2005（5）：17.
24. 吴敬梓. 儒林外史. 北京：人民文学出版社，1978.
25. 许渊冲，陆佩弦，等. 唐诗三百首新译. 北京：中国对外翻译出版公司，1988.
26. 张培基. 习语汉译英研究. 北京：商务印书馆，1979.

下篇 英译汉

1. Catford, J. C. *A Linguistic Theory of Translation*. Oxford: OUP, 1965.
2. de Beaugrade, R. & Dresser, W. *Introduction to Text Linguistic*. London: Longman, 1981.
3. Halliday, M. A. K. & Hasan, R. *Cohesion in English*. Beijing: Foreign Language Teaching and Research Press, 2001.
4. Halliday, M.A. K. & Hasan, R. *Cohesion in English*. London: Longman, 1976.
5. *Language, Culture, and Translation*. Nida, Eugene A. Shanghai: Shanghai Foreign Language Education Press, 1993.
6. Nida, E. A. & Charles R. T. *The Theory and Practice of Translation*. Leiden: E. J. Brill, 1969.
7. Quirk et al. *A Grammar of Contemporary English*. London: Longman Group Limited, 1972.
8. Werth, P. *Focus, Coherence and Emphasis*. London: CroomHelm, 1984.
9. Xiao, Richard, McEnery, Tony. A corpus-based approach to tense and aspect in English-Chinese translation. *Translation and Contrastive Studies,* Shanghai: Shanghai Foreign Language Education Press, 2005.
10. 圣才学习网．英汉翻译题库．http://yingyu.100xuexi.com/SpecItem/SpecDataInfo.aspx?id=76F9B0AA-987C-43BC-966A-76B 5B00868AF, 2010/8/14.
11. 巴尔胡达罗夫．语言与翻译．蔡毅，译．北京：中国对外翻译出版公司，1985.
12. 白靖宇．文化与翻译．北京：中国社会科学出版社，2000.
13. 陈宏薇．新实用汉译英教程．武汉：湖北教育出版社，1996.
14. 陈宏薇．*On Cottages in General*（*Abridged*）．中国翻译，1988（1）．
15. 陈力．语篇理论在 EFL 教学中的应用．课程·教材·教法，2006（8）：48-53.
16. 邓炎昌，刘润清．语言文化与英汉语言文化对比．北京：外语教育与研究出版社，1994.
17. 范仲英．实用翻译教程．北京：外语教学与研究出版社，1994.
18. 冯庆华．实用翻译教程．上海：上海外语教育出版社，1997.
19. 古今明．英汉翻译基础．上海：上海外语教育出版社，2002.
20. 郭颐顿，张颖．商务英汉翻译教程．广州：中山大学出版社，1995.
21. 郭著章．英汉互译实用教程．武昌：武汉大学出版社，1996.
22. 胡壮麟．语篇的衔接与连贯．上海：上海外语教育出版社，1994.
23. 胡壮麟．语篇的衔接与连贯．上海：上海外语教育出版社，2000.
24. 简·奥斯丁．傲慢与偏见．张玲，张扬，译．北京：人民文学出版社，1993.
25. 居祖纯．高级汉英语篇翻译．北京：清华大学出版社，2000.
26. 柯平．英汉与汉英翻译教程．北京：北京大学出版社，1993.
27. 李运兴．英汉语篇翻译．北京：清华大学出版社，1998.
28. 刘宓庆．文体与翻译．北京：中国对外翻译出版公司，2007.
29. 刘庆元．话语翻译研究的回顾与展望．西安外国语学院学报，2004（2）．
30. 刘庆元．衔接手段在篇章构建中的作用．外语学刊，2000（5）：72-76.

31. 刘士聪. 汉英、英汉美文翻译与鉴赏. 南京：译林出版社，2002.
32. 陆殿扬. 英汉翻译理论与技巧（上、下册）. 北京：时代出版社，1958.
33. 陆乃圣. 英汉差异及翻译. 上海：华东化工学院出版社，1993.
34. 吕瑞昌，喻云根. 汉英翻译教程. 西安：陕西人民出版社，1983.
35. 钱歌川. 翻译漫谈. 北京：中国对外翻译出版公司，1980.
36. 庆学先，晓燕. 考研英语难句突破 300 句. 北京：中国对外翻译出版公司，2006.
37. 申雨平. 实用英汉翻译教程. 北京：外语教学与研究出版社，2002.
38. 沈伟栋. 话语分析与翻译. 中国翻译，2000（6）.
39. 谭宝全. 现代英语翻译技巧. 上海：上海交通大学出版社，1997.
40. 田雨. 走向跨学科的翻译学. 中国翻译，2000.
41. 王恩冕，李正中. 大学英汉翻译教程. 北京：对外经济贸易大学出版社，1998.
42. 王克非. 关于翻译本质的认识. 外语与外语教学，1997.
43. 王克非. 近代翻译对汉语的影响. 外语教学与研究，2002（6）.
44. 王强，俞敏洪. 生而为赢. 杭州：浙江教育出版社，2012.
45. 王武兴. 英汉语言对比与翻译. 北京：北京大学出版社，2003.
46. 萧坤学. 英汉篇章粘连性对比与翻译初探. 长沙铁道学院学报，1993（5）.
47. 杨莉藜. 英汉互译教程. 开封：河南大学出版社，1993.
48. 张旅. 语篇层次上的翻译浅谈. 南昌教育学院学报，2006（3）.
49. 张鸾铃. 实用英汉翻译技巧. 广州：广东教育出版社，1996.
50. 张美芳. 英汉翻译中的信息转换. 外语教学与研究，2000（9）.
51. 张培基，喻云根，等. 英汉翻译教程. 上海：上海外语教育出版社，1980.
52. 赵桂华. 翻译理论与技巧. 哈尔滨：哈尔滨工业大学出版社，2002.
53. 朱光潜. 谈翻译. //朱光潜. 翻译研究论文集. 北京：外语教学与研究出版社，1984.
54. 朱永生. 韩礼德的语篇连贯标准. 外语教学与研究，1997（1）.